经济与管理科学智库丛书

区域软环境对高新技术企业创新能力的影响机理研究

王　晨　郭　韬　李盼盼　著

哈尔滨工程大学出版社
Harbin Engineering University Press

内 容 简 介

本书构建了区域软环境对高新技术企业创新能力影响的分析框架,识别了影响高新技术企业创新能力的关键区域软环境要素,探索了区域软环境对高新技术企业创新能力的影响效果和影响机理,从政府和企业两个层面对促进中国高新技术企业创新能力的提升给予切实可行的对策和建议。相关研究成果对提升中国高新技术企业整体创新能力和创新绩效水平、增强高新技术企业整体竞争实力、促进高新技术企业持续健康成长具有重要的理论价值和实践意义。

本书可作为相关专业研究生及研究人员的参考用书。

图书在版编目(CIP)数据

区域软环境对高新技术企业创新能力的影响机理研究/王晨,郭韬,李盼盼著. —哈尔滨:哈尔滨工程大学出版社,2019.9

(经济与管理科学智库丛书)
ISBN 978 - 7 - 5661 - 2138 - 7

Ⅰ.①区… Ⅱ.①王… ②郭… ③李… Ⅲ.①高技术企业 - 企业创新 - 研究 - 中国 Ⅳ.①F279.244.4

中国版本图书馆 CIP 数据核字(2018)第 269245 号

选题策划 刘凯元
责任编辑 张志雯
封面设计 博鑫设计

出版发行 哈尔滨工程大学出版社
社　　址 哈尔滨市南岗区南通大街 145 号
邮政编码 150001
发行电话 0451 - 82519328
传　　真 0451 - 82519699
经　　销 新华书店
印　　刷 北京中石油彩色印刷有限责任公司
开　　本 787 mm × 960 mm 1/16
印　　张 15.75
字　　数 260 千字
版　　次 2019 年 9 月第 1 版
印　　次 2019 年 9 月第 1 次印刷
定　　价 55.00 元
http://www.hrbeupress.com
E-mail:heupress@ hrbeu.edu.cn

前　　言

高新技术企业是国家创新驱动发展战略实施的重要主体,其创新能力的持续提升对缓解经济下行压力,促进产业结构优化升级,激发全社会创造力和创新活力等方面具有重要的现实意义。然而,由于技术原创动力不足、核心技术缺失,中国高新技术企业整体创新能力仍不尽人意。高新技术企业的创新能力与企业所在的区域软环境密切相关,不同区域内高新技术企业创新活动表现,以及区域软环境对高新技术企业创新行为的支持力度存在显著差异。识别影响高新技术企业创新能力的关键区域软环境要素,进而深入剖析区域软环境对高新技术企业创新能力的影响效果及影响机理,对于提高中国高新技术企业整体创新水平、促进高新技术企业创新能力持续提升、推动社会经济全面发展具有重要的理论意义和实践意义。本书主要研究内容包括:

第一,相关概念辨析与理论解析。界定和辨析了包括区域与区域软环境、高新技术企业的内涵与特征、创新能力与高新技术企业创新能力等在内的相关概念。对研究所涉及的理论(如区域经济学、经济地理学、资源依赖理论、网络嵌入理论等)进行了梳理与阐述,并结合本书研究主题进行了相关解析,构建了论文总体分析框架。

第二,中国高新技术企业创新能力的发展态势分析。采用核密度估计法对中国大陆地区 30 个省(自治区、直辖市)的高新技术企业创新能力的发展态势进行了实证分析,并从年份和区域两个层面对高新技术企业创新能力的发展态势进行了核密度分解,考察了高新技术企业创新能力发展态势在时间和空间上的变化趋势。

第三,影响中国高新技术企业创新能力的关键区域软环境要素识别。通过构建影响中国高新技术企业创新能力的区域软环境要素指标体系,采用熵权法测算了包括区域科技环境、区域市场环境、区域金融环境、区域政府环境、区域法律环境、区域文化环境等在内的各区域软环境要素的指标权重,通过权重排名,识别了影响中国高新技术企业创新能力的关键区域软环境要素。

第四,区域软环境对高新技术企业创新能力影响的空间计量分析。基于资源依赖理论,采用空间滞后模型分别就区域科技环境、区域市场环境、区域金融环境、区域政府环境、区域法律环境、区域文化环境对中国大陆地区 30 个省(自治区、直辖市)的高新技术企业创新能力的影响效果及在不同地区的影响效果差异进行了实证分析。

第五,区域软环境对高新技术企业创新能力的跨层次影响机理的理论分析与实证检验。基于网络嵌入理论,以 318 份高新技术企业调查问卷为研究样本,采用跨层次模型分析法分别就关系嵌入对高新技术企业创新能力的影响、结构嵌入对高新技术企业创新能力的影响,区域科技环境、区域市场环境、区域金融环境、区域政府环境、区域法律环境、区域文化环境分别在关系嵌入与高新技术企业创新能力间的调节作用,区域科技环境、区域市场环境、区域金融环境、区域政府环境、区域法律环境、区域文化环境分别在结构嵌入与高新技术企业创新能力间的调节作用进行了实证检验。

第六,中国高新技术企业创新能力提升的对策建议。将区域软环境对高新技术企业创新能力的影响效果及影响机理的实证结果与政府和企业的实际情况紧密结合,从政府和企业两个层面,提出优化区域科技资金配置水平、规范区域外商企业引入制度、完善区域融资平台体系建设、提高区域税收优惠政策效力、推进区域产权保护深入落实、培育区域创业精神落地生根、强化高新技术企业诚信体系建设、提升高新技术企业自身能力建设、加紧高新技术企业内部环境建设等相关的对策和建议,力求理论与实践的统一。

本书共有 7 个章节,具体写作分工如下:王晨(广东机电职业技术学院)负责编写第 1 章 ~ 第 5 章;郭韬(哈尔滨工程大学)负责编写第 7 章;李盼盼(哈尔滨工程大学)负责编写第 6 章。

韦竣彬(广东机电职业技术学院)参与了后期的整理工作,主要负责图片资料的整理、数据公式的检查、参考文献的校对等。在此对其表示感谢。

本书受国家社会科学基金项目"区域因素对创新型企业成长的影响及对策研究"(11CGL040)支持,由广东省教育厅普通高校青年创新人才类项目"区域软环境对广东省高新技术企业创新能力提升的影响机理研究"(2018GWQNCX023)和广东机电职业技术学院高层次人才科研启动经费项目"粤港澳大湾区深度融合发展背景下区域文化对广东省物流企业创新能力的影响机理研究"(Gccrcxm - 201910)联合资助出版。

　　本书在编写过程中参考了大量相关文献资料，收集了大量调查问卷，在此向这些资料的提供者和受访者致以诚挚的谢意。由于编者水平有限，编写时间仓促，书中难免存在缺点和不足之处，恳请各位专家、学者和读者不吝赐教，批评指正。

著　者

2019 年 9 月

目　　录

第1章　绪论 ··· 1

  1.1　研究背景、目的和意义 ··· 1

  1.2　国内外研究现状 ·· 6

  1.3　研究思路与研究内容 ··· 18

  1.4　研究方法 ·· 21

  1.5　创新之处 ·· 23

第2章　区域软环境对高新技术企业创新能力影响的理论分析 ········ 25

  2.1　相关概念辨析 ·· 25

  2.2　区域软环境对高新技术企业创新能力影响的理论解析 ······ 43

  2.3　区域软环境对高新技术企业创新能力影响的分析框架 ······ 50

  2.4　本章小结 ·· 54

第3章　高新技术企业创新能力的发展态势分析与区域软环境关键

       影响因素识别 ··· 56

  3.1　中国高新技术企业创新能力发展现状的回顾 ··············· 56

  3.2　高新技术企业创新能力的发展态势描述与分析 ············· 62

  3.3　影响高新技术企业创新能力的关键区域软环境要素识别 ······ 69

  3.4　本章小结 ·· 85

第4章　区域软环境对高新技术企业创新能力影响的空间计量分析 ···· 86

  4.1　区域软环境对高新技术企业创新能力影响的研究假设 ······ 86

  4.2　空间计量模型构建与研究设计 ······························ 89

  4.3　区域软环境对高新技术企业创新能力影响的实证检验 ······ 94

  4.4　区域软环境对高新技术企业创新能力影响的结果分析 ········ 106

  4.5　本章小结 ·· 114

第5章　区域软环境对高新技术企业创新能力的跨层次影响机理分析 ⋯ 116

　　5.1　区域软环境对高新技术企业创新能力跨层次影响的假设提出 ⋯⋯ 116

　　5.2　跨层次模型的建立 ⋯⋯⋯⋯⋯⋯⋯⋯⋯⋯⋯⋯⋯⋯⋯⋯⋯ 122

　　5.3　区域软环境对高新技术企业创新能力跨层次影响机理的
　　　　研究设计 ⋯⋯⋯⋯⋯⋯⋯⋯⋯⋯⋯⋯⋯⋯⋯⋯⋯⋯⋯⋯⋯ 125

　　5.4　本章小结 ⋯⋯⋯⋯⋯⋯⋯⋯⋯⋯⋯⋯⋯⋯⋯⋯⋯⋯⋯⋯⋯ 151

第6章　区域软环境对高新技术企业创新能力的跨层次模型检验 ⋯⋯⋯ 152

　　6.1　网络嵌入的主效应跨层次检验 ⋯⋯⋯⋯⋯⋯⋯⋯⋯⋯⋯⋯⋯ 152

　　6.2　区域软环境在关系嵌入与创新能力间调节效应跨层次检验 ⋯⋯ 158

　　6.3　区域软环境在结构嵌入与创新能力间调节效应跨层次检验 ⋯⋯ 170

　　6.4　区域软环境对高新技术企业创新能力影响的跨层次实证
　　　　结果分析 ⋯⋯⋯⋯⋯⋯⋯⋯⋯⋯⋯⋯⋯⋯⋯⋯⋯⋯⋯⋯⋯ 186

　　6.5　本章小结 ⋯⋯⋯⋯⋯⋯⋯⋯⋯⋯⋯⋯⋯⋯⋯⋯⋯⋯⋯⋯⋯ 192

第7章　促进中国高新技术企业创新能力提升的对策研究 ⋯⋯⋯⋯⋯⋯ 193

　　7.1　优化区域软环境的政府对策建议 ⋯⋯⋯⋯⋯⋯⋯⋯⋯⋯⋯⋯ 193

　　7.2　促进创新能力提升的企业对策建议 ⋯⋯⋯⋯⋯⋯⋯⋯⋯⋯⋯ 204

　　7.3　本章小结 ⋯⋯⋯⋯⋯⋯⋯⋯⋯⋯⋯⋯⋯⋯⋯⋯⋯⋯⋯⋯⋯ 209

参考文献 ⋯⋯⋯⋯⋯⋯⋯⋯⋯⋯⋯⋯⋯⋯⋯⋯⋯⋯⋯⋯⋯⋯⋯⋯⋯ 210

附录 ⋯⋯⋯⋯⋯⋯⋯⋯⋯⋯⋯⋯⋯⋯⋯⋯⋯⋯⋯⋯⋯⋯⋯⋯⋯⋯⋯ 235

后记 ⋯⋯⋯⋯⋯⋯⋯⋯⋯⋯⋯⋯⋯⋯⋯⋯⋯⋯⋯⋯⋯⋯⋯⋯⋯⋯⋯ 241

第1章 绪 论

1.1 研究背景、目的和意义

1.1.1 研究背景

自国际金融危机爆发后,世界经济陷入低迷困境,中国经济保持的健康快速发展势头逐渐成为拉动世界经济复苏与增长的关键引擎[1]。伴随近年来国内经济增速放缓,市场需求增长乏力,中国经济步入新常态,呈现经济增长动力与经济下行压力并存的错综复杂局面[2]。2015 年全国科技工作会议中明确提出,为了主动适应经济新常态,要加快实施以科技创新为核心的全面创新驱动战略。2018 年 4 月,习近平主席在博鳌亚洲论坛 2018 年年会上做了题为《开放共创繁荣,创新引领未来》的主旨演讲,进一步强调了变革创新是推动人类社会向前发展的根本动力。高新技术企业属于技术密集型企业,是国家创新驱动发展战略实施的重要主体。现阶段,特别是在稳增长、调结构、促转型等供给侧结构性改革的背景下,促进高新技术企业创新能力水平的不断提升,对于保持高新技术企业平稳、健康、持续的发展,转变经济增长方式、优化产业结构、激发全社会创造力和创新活力等方面的重要作用日益凸显。

1. 创新驱动引领下高新技术企业成为新一轮科技竞争的制高点

首先,解决目前国内经济所面临的突出问题和矛盾,将中国经济带入稳中向好轨道的根本途径在于供给侧结构性改革。改革的本质在于通过体制机制改革激发创新活力,所以创新发展是中国未来经济发展的核心理念[3]。"中国制造 2025 计划"明确提出了"立足科技创新,坚持创新驱动,实现中国制造向中国创造转变,中国速度向中国质量转变,中国产品向中国品牌转变"的发展理念与发展构想。处于转型期的中国,亟需向创新的集约型方式转变[4]。其次,21世纪新技术革命在全球范围内带来的巨大冲击对社会生产力、生产方式以及经济社会发展格局产生了深刻变革与影响。《2017 全球创新报告》显示,虽然全球创新增速放缓,但仍处于上升趋势。创新驱动是大势所趋,新一轮科技革命和产业变革与中国加快转变经济发展方式形成历史性交汇,为高新技术企业发展提供了难得的机遇,同时也面临严峻的挑战。最后,高新技术企业逐渐成为新常态下中国经济增长的引领者。据统计数据资料显示,截至 2015 年,全国高新技术企业创造工业总产值 189 757.5 亿元(人民币,下同),出口创汇 4 768.7亿美元,整体规模和效益水平好于其他工业企业。高新技术企业不仅是创新驱动战略的践行者,更是提高综合国力的战略支撑,大力发展高新技术企业亦是增强国家科技竞争力的必由之路。

2. 中国高新技术企业整体技术创新能力水平亟待提升

对外开放 40 多年来,中国从一个相对封闭的国家跃升为世界第二大经济体。中国制造席卷全球的背后,是由贴牌加工到委托设计生产,再到自主品牌营销的坎坷发展历程[5]。当前,中国正在经历从中国制造到中国创造的巨变:"十三五"期间,我国航空、航天、高端装备、通信、互联网、电子商务等领域均呈现蓬勃发展的喜人态势;中国的产业结构也正在逐渐呈现智能化、高端化的高技术特征。在国家产业结构转型升级过程中,高新技术企业无疑将扮演关键角色。然而,受国家综合创新能力和高新技术企业自身创新能力水平所限,中国高新技术企业"大而不强"仍是不争的事实。一方面,中国综合创新能力与欧洲国家、美、日等主要发达国家仍存在一定的差距,国家综合创新能力对高新技术企业创新行为的辐射与拉动效应有待进一步增强。2016—2017 年《全球竞争力报告》数据显示,中国在前沿科技国内市场应用水平、创新活力等方面的表现仍落后于主要发达国家。另一方面,技术原创动力不足、核心技术缺失、产品市场转化乏力等多重瓶颈依然严重制约中国高新技术企业由大做强,中国高新技术产品出口仍处于低效益的数量扩张阶段,"两低两高"的产品出口结构格局依旧存在。中国高新技术企业由大做强的过程,本质上是高新技术企业自身创新能力不断强化的过程。识别影响高新技术企业创新能力的关键影响因素,是全面提升高新技术企业创新能力的重要前提和必然要求,对于实现高新技术企业可持续创新和快速健康成长具有重要意义。

3. 区域软环境对高新技术企业创新能力具有重大影响

企业成长的外生理论从环境层面系统分析了外部环境因素对企业成长的重要作用[6,7]。创新是企业成长的根本动力,企业创新能力的形成与提升需要所在地区提供必要的资源和条件;科技、市场、金融、政府、法律、文化等方面的区域软环境与高新技术企业创新能力水平息息相关。然而,区域发展水平的巨大差异,以及生产要素的空间分布与流动的区域差异,客观上造成不同区域内高新技术企业创新能力水平的差异。2016年《中国企业家成长与发展专题调查报告》指出,在产品创新方面,东部地区企业走在前列,中、西部地区企业与其仍存在一定差距。另外,不同区域内企业创新活动表现以及区域软环境对企业创新行为的支持力度大相径庭[8-10]。2017年《中国企业创新能力百千万排行榜》数据显示,中国高新技术企业主要集中于广东、北京、江苏、上海、浙江等经济发达地区,来自上述地区的企业在高新技术企业前1 000强中占比达到64.4%。由此可见,区域软环境资源禀赋差异直接影响了高新技术企业创新能力水平的发挥,区域软环境资源分布失衡对高新技术企业创新能力水平的发挥具有十分重要的影响。可见,就区域软环境对高新技术企业创新能力的影响予以充分重视,并借此深入剖析区域软环境对高新技术企业创新能力的影响机理,对于全面提升高新技术企业创新能力、促进高新技术企业创新绩效水平快速增长、增强高新技术企业整体实力具有重要意义。

综上所述,高新技术企业成长与发展恰逢中国经济面临结构性调整和转型升级的历史机遇期,在创新驱动发展战略和国际创新浪潮共同推动下,高新技术企业逐渐成为引领创新变革的中坚力量。区域软环境对高新技术企业创新能力的影响意义深远,区域社会经济发展的失衡和区域软环境资源要素禀赋差异从根本上影响了高新技术企业创新能力水平的发挥。重视并关注区域软环境对高新技术企业创新能力的重要影响,深入剖析区域软环境对高新技术企业创新能力的影响机理并提出相应对策,对提高中国高新技术企业整体创新能力水平,增强高新技术企业整体竞争实力,促进高新技术企业稳定、健康、持续的发展具有重要的理论价值和实践意义。

1.1.2 研究目的和意义

1. 研究目的

本书旨在进行拓展性研究,希望进一步探究区域软环境对高新技术企业创新能力的影响机理。本书尝试从描述和分析我国高新技术企业创新能力的发展态势、识别影响高新技术企业创新能力的关键区域软环境要素、探索空间相关性视角下区域软环境对高新技术企业创新能力的影响效果及区域差异化表现、深入剖析网络嵌入视角下区域软环境对高新技术企业创新能力的跨层次影响机理等若干方面对高新技术企业创新能力进行较为系统和深入的研究,并据此提出促进中国高新技术企业创新能力提升的对策建议,以期更好地推动中国高新技术企业全面快速发展。

2. 研究意义

本书的研究意义具体体现在以下几方面。

(1)理论意义

一方面,丰富了区域软环境对高新技术企业创新能力的理论内涵,拓展了相关研究边界。保持高新技术企业创新能力的稳步提升是高新技术企业获得竞争优势和实现可持续发展的动力源泉。区域软环境是高新技术企业资源获取的重要平台,更是促进高新技术企业创新能力提升的重要载体。在以往的研究中,相关研究的理论基础多以企业成长论、能力基础观、权变理论等为主,并在此基础上就区域环境对企业创新能力的影响进行了卓有成效的探索。然而既有研究对于区域软环境的经济、社会、地理等属性的综合考量还不充分,基于这样的认识,本书系统整合区域经济学、经济地理学、资源依赖理论、网络嵌入理论等相关学科理论,在力求学科交叉、融合的前提下,以高新技术企业为研究对象,在深入探索区域软环境对高新技术企业创新能力的影响机理过程中,进一步丰富了相关理论的内涵,拓展了相关研究的边界。

另一方面,揭示了区域软环境对高新技术企业创新能力的影响机理及效应传导机制。在以往的研究中,学者们围绕区域环境对企业创新的影响机理问题进行了大量有益的探索,但区域资源禀赋的客观差异造成了不同区域软环境对企业创新能力的影响效果差异,区域软环境要素的空间相关性特征是研究效果差异的重要条件,但既有研究在此方面的讨论略显不足。另外,在以往的研究中,学者们更倾向于将区域环境要素作为影响企业创新能力的前置变量和先决条件。但事实上,区域软环境对高新技术企业创新能力的影响机理很大程度上是通过与企业行为形成交互,进而对企业创新能力产生实质性的影响。嵌入视角下,企业通过借助网络嵌入行为并与区域网络内利益相关者形成良性的交互作用对企业创新能力产生了实质性的影响,以此作为研究视角和切入点进而展开相关研究设计可能更具研究价值和探索空间。

基于这样的认识,本书所构建的区域软环境对高新技术企业创新能力影响的分析框架是对既有研究成果的进一步丰富。通过阐述中国高新技术企业创新能力的发展现状及所面临的问题,对高新技术企业创新能力在时间和空间上的发展态势分别进行了描述与分析,深化了对研究高新技术企业创新能力的重要意义,进一步识别了影响高新技术企业创新能力的关键区域软环境要素。在此基础上,基于空间相关性的视角,探索了区域软环境对高新技术企业创新能力的影响效果及在不同地区影响效果的差异表现。基于网络嵌入的视角,设计了区域软环境对高新技术企业创新能力影响机理的跨层次模型。本研究对于更加全面地诠释和明晰区域软环境对高新技术企业创新能力的深层次影响具有十分重要的意义。

(2)现实意义

首先,对高新技术企业创新资源要素投入的优化具有重要指导意义。创新驱动发展战略的提出与世界创新浪潮的冲击亟待高新技术企业全面提升自身创新能力。区域软环境对高新技术企业创新能力的影响至关重要,通过识别关键影响因素,借此加以挖掘和利用是从根本上提高高新技术企业创新能力的关键所在。本书通过科学的评价分析方法识别了影响高新技术企业创新能力的关键区域软环境要素。在此基础上,基于空间相关性的讨论,进一步分析了区域软环境对高新技术企业创新能力的影响效果,以及在四大地区内影响效果的差异化表现,这为优化高新技术企业资源配置,提高资源投入的科学性、合理性、针对性提供了切实依据。

其次,对提高高新技术企业创新产出水平具有重要的借鉴意义。中国高新技术企业大而不强,直接体现在企业总体创新产出效率不高、水平低下,并伴随资源错配和资源浪费等行为。本书借鉴网络嵌入理论,将网络嵌入、高新技术企业创新能力、区域软环境三者有机地结合在一起,通过探讨网络嵌入与区域软环境交互作用的发挥,继而深入剖析了区域软环境对高新技术企业创新能力的影响机理。相关研究成果有助于高新技术企业围绕外部区域软环境适时进行内部创新活动的调整与完善,一定程度上有利于高新技术企业创新产出水平的提高。

最后,对增强高新技术企业持续创新能力具有重要的实践意义。高新技术产品逐渐成为拉动中国外贸出口和刺激内需消费的主力军,增强高新技术企业持续创新能力是高新技术企业获得持续竞争优势,占据创新制高点的必由之路。本书围绕区域软环境对高新技术企业创新能力的影响机理进行了深入分析,相关研究结论不仅能使高新技术企业的资源获取行为更具目的性和针对性,同时在资源识别、甄选过程中也间接提高了高新技术企业的创新意识。更重要的是,通过强化高新技术企业前端资源获取的合理性,积极与区域网络内利益相关者开展合作、增进互动,也进一步提高了高新技术企业终端资源利用的时效性,对全面提升高新技术企业创新能力具有重要的实践意义。

1.2　国内外研究现状

1.2.1　区域软环境的相关研究现状

区域软环境不仅是各地区经济、社会发展差异形成的重要诱因,而且更是影响产业布局与聚集、企业生存与发展的先决条件。目前,国内外学者针对区域软环境的相关研究主要包含以下四个方面。

1.区域软环境构成及相关组成要素

关于区域软环境构成及组成要素的相关研究成果列举如下。葛亮等[11]利用江苏省民营科技企业竞争力调查问卷对省内民营科技企业所处环境进行了系统的分析,其中的区域软环境包括社会文化环境、法律环境、政策环境、市场环境、知识产权保护环境、社会服务环境等。林汉川等[12]对中国东、中、西部中小企业的竞争力进行了比较分析,其中所涉及的企业外部区域软环境及相关要素包括贸易环境、法治环境、资金环境、竞争环境、市场环境、信用环境、社会环境、政府服务等。

魏潾[13]系统研究了影响中国私营经济发展的软环境,其中的区域软环境包括政治环境、法律环境、经济发展环境、社会环境等。林迎星[14]对福建沿海民营企业自主创新的当前区域软环境进行了评价,其中的区域软环境及相关要素包括行业准入、融资环境、劳动力供应、中介服务、政府服务、税费负担、企业合作等。范钧[15]利用层次分析法对浙江省的区域软环境进行了评价,其中的区域软环境及相关要素包括政府服务、社会文化、商业法治、市场环境、教育科技、金融服务等。

徐彪等[16]以中国52个城市的工业制造企业为样本研究了区域背景对企业

绩效的影响,其中的区域软环境及相关要素包括制度环境和开放环境。于东平[17]对区域软环境的概念及区域软环境的构成维度进行了文献梳理,发现区域软环境主要包括制度环境、政务环境、社会人文环境、市场环境、教育科技环境、金融服务环境等。于东平等[18]以 262 份云南中小企业问卷调查数据为样本,研究了区域软环境、企业家能力和中小企业绩效三者间的作用关系,其中的区域软环境主要包括制度环境、政务环境、社会文化环境、市场环境、教育科技环境、金融服务环境等。

2. 区域软环境要素对企业成长的影响

关于单一区域软环境要素对企业成长影响的相关研究成果列举如下。Yang 等[19]以台湾地区新竹科学工业园内技术企业为研究对象,研究发现,科技人才流动带来的知识转移会加速创新型企业研发进程,增强研发能力,进而促进企业成长。沈红波等[20]利用 2001—2006 年中国制造业上市公司数据研究发现,金融发展水平越好,越有利于企业获得外部资金,进而越有利于企业成长。刁丽琳等[21]利用 2000—2006 年中国 28 个省市区统计数据研究发现,区域科技环境所提供的科技资源丰裕程度和科技资源配置效率对企业成长至关重要。

黄志忠等[22]以 2002—2010 年深、沪上市公司财务数据为基础研究发现,区域金融市场的发展营造了良好的金融生态环境,有效缓解了企业融资约束压力。Fitjar 等[23]对挪威 5 个城市 1 604 家企业创新水平进行了分析,认为区域创新网络内成员间合作频率的增加强化了知识溢出效应,促进了企业创新水平的提升,有助于企业快速成长。Ogala[24]进一步研究认为,地区市场化水平越高,生产要素配置越充分,对于企业成长越有利。Montmartin 等[25]利用 1990—2009 年期间 25 个经合组织国家的数据库分析指出,高质量的政府运作效率可有效支持企业的技术创新活动,促进企业成长。李贲等[26]利用 2000—2011 年中国工业企业数据库数据实证研究表明,开发区的设立促进了企业规模扩大,且国家级开发区的影响程度优于省级开发区,"政策效应"和"集聚效应"是开发区影响企业成长的重要传导机制。

关于多区域软环境要素对企业成长影响的相关研究成果列举如下。范钧[27]通过对浙江省 170 家制造业中小企业研究发现,政府服务、社会文化、商业法治、市场环境、教育科技、金融服务对中小企业竞争优势作用明显。徐彪等[16]利用中国 52 个城市的工业制造企业数据研究发现,区域资源禀赋(如科学技术、区位因素、社会资本等)对工业制造业企业利润提升有显著的促进作用。

Hashi 等[28]指出,税收负担、不公平竞争以及不适当的融资方式等环境壁垒是造成中小企业成长障碍的主要因素。Lasch[29]认为,社会资本、产业结构、产业聚集等对高新技术企业成长具有影响。任颋等[30]研究证实,政府与市场关系、法律环境、非国有部门发展水平、产品和要素市场发展水平、市场中介发展水平越完善,民营企业可获得的路径选择机会越多,企业成长空间越广阔。

关于企业成长区域差异的相关研究成果列举如下。Athreye[31]对英国剑桥和美国硅谷地区的区域环境以及高新技术企业的状况进行了比较后发现,在区域环境极其相似的情况下,从业人员数量和区域经济生产总值是造成两地区区域差异的主要因素。Baten[32]对德国不同区域企业生成环境进行了比较发现,区域政策、区域专业化程度及区域产业聚集程度等环境因素是导致企业出生率存在异质性的重要原因。

钱丽等[33]对 2003—2010 年中国各省份企业的绿色科技研发、成果转化效率以及区域间的技术差异进行了研究,发现各区域间效率差异显著,东部地区创新技术水平高于中、西部且差距逐年增大;大部分东部地区企业的技术效率主要受到企业管理水平的制约,而中、西部地区企业的技术效率则受到生产技术和管理效率的共同制约,区域间技术差异的客观存在加剧了不同地区企业成长的异同。朱福林等[34]基于北京市 286 家科技型中小微企业的调查数据实证研究发现,社会资本强度是影响企业成长差异的重要诱因。赵玉奇等[35]利用 2005—2008 年中国企业微观数据研究发现,市场分割越严重,效率越低的企业越可能转向国际市场,而效率越高的企业越可能在国内销售;国内市场分割对企业出口倾向的影响存在较大的区域差异,这也是导致企业成长区域差异的潜在因素。

3. 区域软环境要素对产业发展的影响

关于区域软环境要素对产业布局影响的相关研究成果列举如下。范剑勇[36]研究认为,中国现阶段仍处于"产业高集聚、地区低专业化"的状况,国内市场一体化水平总体上仍较低且滞后于对外的一体化水平,这一现状使制造业集中于东部沿海地区无法向中部地区转移,进而推动了地区差距不断扩大。谷任等[37]认为,大力发展区域金融有助于产业集群突破技术"锁定"和制度"锁定",避免产业集群出现衰退,保持产业集群持续创新优势,进而提高产业竞争力水平。王艳荣等[38]利用安徽省五大农业产业集聚区的样本调查数据行分析,结果表明资源禀赋的存在促进了产业环境和外部环境的改善,进而引起产业内的竞合互动,最终促成农业产业集聚的形成。

Hsu等[39]研究发现,地区非熟练劳动力的增多导致企业区位选择重要性下降,贸易自由化分散,最终非熟练劳动力导致地区产业集聚产生非单调的影响。Kondo[40]发现,当贸易成本较高时工业化国家越来越愿意选择更高的研发补贴来吸引制造业投资,防止制造业迁移;结果导致制造业快速发展,产业聚集效果显著。刘新艳等[41]深入探讨了区域环境对集群创新绩效的作用机制后发现,社会文化对集群创新绩效具有直接的积极影响,要素环境和区域政策正向影响集群创新能力进而影响集群创新绩效。

关于区域软环境要素对产业结构影响的相关研究成果列举如下。Levine[42]研究认为,金融机构通过资本积累和技术创新这两个主要渠道来影响产业结构优化。綦良群等[43]认为,在产业机构升级过程中企业技术创新活动、技术传播与扩散、人力资本、对外开放程度、产业政策等因素发挥了重要作用。Zhao等[44]研究发现,外商直接投资对中国工业发展具有一定的溢出效应,外商直接投资流入加速了中国的工业化进程,对推动中国产业结构调整发挥了一定的作用。

宋凌云等[45]通过研究政府补贴对产业结构变动的影响发现,政府补贴显著地加快了产业结构变动,政府补贴的结构变动效应与行业外部融资依赖度、资本密集度和国有化程度显著正相关。余东华等[46]以中国光伏产业为例研究发现,政府偏好于对战略性新兴产业进行的不当干预引致和加剧了光伏产业的产能过剩,光伏产业中政府干预程度越深的环节,产能过剩程度越严重。李新功[47]利用拉姆齐－卡斯－库普曼斯模型对河南省金融改善情况与产业结构优化程度进行了研究,发现金融改善指标与产业结构调整指标间存在长期均衡关系,对产业结构优化的影响比较明显。

4. 区域软环境要素对经济发展的影响

关于区域软环境要素对经济发展影响的相关研究成果列举如下。张憬等[48]利用1991—2005年中国省际面板数据研究发现,区域金融发展有助于经济增长方式从"粗放型"向"集约型"转变;但政府干预会固化中国目前依靠资本投入和积累速度提高的"粗放型"经济增长方式,因而对经济增长方式转型产生极为不利的影响。曹洪军等[49]利用1978—2009年山东省相关数据研究发现,山东省区域经济发展环境对经济增长的支撑作用差异明显,经济发展阶段越高,经济增长越多地依赖隐性环境指标。

Checcherita等[50]通过对12个欧元区国家政府债务研究发现,政府公共债务与经济增长之间呈倒"U"形关系,债务转折点的经济增长率占国内生产总值的90% ~100%。Pegkas[51]研究认为,外国直接投资与经济增长之间存在积极的长期协整关系,外商直接投资存量是对欧元区国家经济增长产生积极影响的重要因素。Yang[52]对利用1990—2012年中国29个省份的省际面板数据研究发现,适度的权力下放有助于促进经济增长,然而急功近利的财政分权行为会阻碍经济增长。

Durusu等[53]建立了一个新的索罗 - 斯旺经济增长模型,对1989—2011年期间的40个国家金融发展对经济增长的作用研究发现,信贷市场发展和股市发展对人均国内生产总值稳定水平均有长期正面影响,这意味着金融发展在大多数研究样本国家的经济增长中起着重要的作用。Bunte等[54]研究了外商直接投资对利比里亚经济增长的影响,发现相较投资于农业和林业而言,投资于采矿业对利比里亚经济具有积极的增长效应;相较于美国投资者而言,给予中国投资者更多的自然资源特许经营权对利比里亚经济具有积极的增长效应。

1.2.2   高新技术企业创新能力的相关研究现状

高新技术企业是国家创新驱动发展战略实施的重要实践主体,创新更是高新技术企业安身立命之本。高新技术企业创新能力的强弱体现在企业创新绩效水平、创新效率等诸多方面。另外,正确识别影响高新技术企业创新能力发挥的重要因素、探索高新技术企业创新能力的作用机制、对高新技术企业创新能力进行有效的评价对提高高新技术企业创新能力水平、提升高新技术企业竞争优势及增强高新技术企业核心竞争力至关重要。目前,国内外学者针对高新技术企业创新能力的相关研究主要包含以下五个方面。

1. 高新技术企业的创新绩效水平

关于结果导向型的高新技术企业创新绩效的相关研究成果列举如下。陈学光等[55]研究发现,研发团队海外知识搜索深度和广度均分别对高新技术企业创新绩效有显著积极影响;研发团队海外关系强度和网络规模均分别对企业创新绩效有显著积极影响。Nunes 等[56]研究认为,对于高科技中小企业而言,企业研发强度与创新绩效之间呈"U"型关系;研发投入强度对于研发投入水平较低的高科技中小企业创新绩效提升不明显,但对于研发投入水平较高的高科技中小企业创新绩效提升效果明显且影响积极。张玉臣等[57]利用上海张江高新技术产业开发区 2008—2010 年高新技术企业统计数据研究发现,技术效率、内部研发投入、企业规模对高新技术企业绩效有显著正向影响,政府优惠政策对不同类型企业创新绩效的作用不同,所有制并非是影响高新技术企业创新绩效的重要变量。

解学梅等[58]利用2005—2009 年中国 27 个省(自治区、直辖市)高新技术企业的相关数据进行实证分析表明,研发投入与新产品创新绩效之间存在显著的正相关关系;从长期来看,东部地区高新技术企业中的研发人员得到了充分的利用,而中西部地区的人才不论从数量还是质量上都亟待提高。Hong 等[59]研究发现,私人研发资金对促进高新技术企业创新具有重要的积极作用,而政府补助对每个高新技术子行业的企业创新都有不同程度的影响。

关于过程导向型的高新技术企业创新绩效的相关研究成果列举如下。张光磊等[60]对 77 家高新技术企业 458 个研发团队进行了实证研究,发现知识转移渠道在集权程度、反馈速度与团队创新绩效的关系之间具有部分中介效用;在部门整合能力与团队创新绩效之间具有完全的中介效用。Wang 等[61]认为,当高科技企业从合同制转向自主品牌经营时,研发投入与创新业绩的联动效应将逐步显现;当高新技术企业采用混合业务类型时,研发投入可以更有效地提升高新技术企业创新业绩。李永周等[62]运用结构方程模型实证验证发现,创新能力通过工作联结和工作牺牲影响研发人员工作嵌入对高新技术企业创新绩效具有正向作用。

Hsieh 等[63]利用 149 家台湾地区高新技术企业数据进行实证研究表明,企业保持良好的客户关系对服务创新绩效有积极的影响,另外客户知识评估行为在客户关系与服务创新绩效间起中介作用。Gu 等[64]以 106 家中国高科技中小企业为研究对象,通过实证研究发现,客户投入和合作网络对高科技中小企业的创新绩效有积极的影响;研发强度正向调节高科技中小企业客户投入、网络规模和创新绩效之间的关系。Sheng 等[65]以 70 家台湾地区企业 200 份高科技企业调查问卷为研究对象,实证研究发现学习导向对高科技企业渐进式创新绩效有显著促进作用,潜在的吸收能力有助于强化学习导向对渐进式创新绩效的正向影响。

孙锐等[66]通过对我国300余家高新技术企业问卷调查研究发现,企业组织情绪能力以组织学习为中介对企业产品创新绩效和流程创新绩效产生正向影响,组织承诺会在组织情绪能力以组织学习为中介对创新绩效作用的间接关系中产生调节效果。黄玮等[67]利用中国5个城市10家高新技术企业456个员工和78个上级调研数据进行分析表明,越轨创新总体上对个体创新绩效具有正向影响;创造力和地位对越轨创新和创新绩效的关系还具有联合调节作用,当个体创造力和地位均较高时,越轨创新才对创新绩效存在显著正向影响。

2. 高新技术企业的创新效率

关于高新技术企业创新效率的相关研究成果列举如下。顾群等[68]选取2006—2010年90家沪、深股市A股高新技术企业,研究发现融资约束客观上降低了高新技术企业的代理成本,高新技术企业面临的融资约束的上升会进一步促进创新效率的提高。熊飞等[69]以丰台科技园区42家高新技术企业为研究对象,利用数据包络分析法分别从技术效率、纯技术效率及规模效率三个角度对高新技术企业创新效率进行评价。

李刘艳[70]对包括医药制造业、航空航天制造业在内的五个高新技术行业在2003—2009年的创新效率进行了测度,结果发现高新技术产业制造业技术进步的提高快于资源配置的提高;我国高新技术企业科技人员投入和经费投入比例失调是导致科技活动效率低的原因。张俊瑞等[71]对陕西省195家高新技术企业调研数据分析表明,现行高新技术企业所得税优惠政策并不能显著提高高新技术企业的创新效率。

陈晔婷等[72]利用2010—2014年企业上市公司数据并结合合成控制法实证分析表明,高技术企业进行对外直接投资能够增强其研发效率,对外投资的国家发达程度越高,对其研发效率的影响越显著。戴魁早等[73]利用中国高技术产业1997—2009年省级面板数据研究发现,企业特征影响着创新效率,规模较大、外向度较高、经济绩效较好;技术密集度较低的高新技术企业中,要素市场扭曲对创新效率的抑制程度较低。

3. 高新技术企业创新能力的影响因素

关于高新技术企业创新能力影响因素的相关研究成果列举如下。马宁等[74]对北京市和江苏省960家高新技术企业的调查数据进行分析表明,高新技术企业区域科技开发资金投入(R&D)强度对高新技术企业创新能力有直接影响,且随着企业规模的扩大呈阶梯下降趋势,创新强度大体呈凸"U"型分布,相当一部分小型高新技术企业的创新效率较低。方建国[75]基于动态能力观,以2007年电子信息技术业和医药制造业188家上市公司为研究对象,实证研究表明,组织学习能力、产学研合作、研发能力对高技术企业技术创新能力有显著的正向影响。

沙文兵等[76]对1995—2008年中国高技术产业17个细分行业的面板数据进行研究发现,内资企业自主科技研发投入是形成其创新能力的最主要因素。郑霞[77]构建了结构方程模型,结果表明科技研发投入、组织能力、制造水平、决策能力和营销能力对高技术企业技术创新能力的影响均显著。王公为等[78]基于知识观和二元性整合视角以中国高技术企业上市公司为样本进行实证研究,发现国际化广度和国家化深度对高新技术企业创新能力具有显著正向影响。

4. 高新技术企业创新能力的作用机制

关于高新技术企业创新能力作用机制的相关研究成果列举如下。Boly等[79]认为,高科技企业创新成功与否取决于管理者随时识别和抓住机会的能力,正式的新产品开发专业认证(NPDP)有助于提升高新技术企业的创新能力。Kodama[80]以日本移动通信运营商NTT DoCoMo和大型电器制造商三菱电机株式会社这两家高科技企业为案例,分析结果表明两家高新技术企业通过组建战略社区,面向客户有针对性地开发相关商业模式,进而形成新的知识活力,提高了企业的创新能力。Hung等[81]以台湾地区1 139家高科技企业为研究样本,通过实证研究发现,组织学习对高新技术企业创新能力的提高有显著影响,全面质量管理在两者间具有调节效应。

Verdu等[82]提出了一种实际期权推理提高产品/流程技术创新水平的概念模型,以7个欧盟国家204份调查问卷为研究对象,分析结果表明当外部环境的不确定性水平较高时,实际期权推理可显著提高高科技企业产品/流程技术创新水平。曹勇等[83]以中国战略性新兴产业122家高新技术企业为研究对象,发现高新技术企业的研发新颖度在知识溢出效应与企业创新能力之间具有部分中介作用。Marra 等[84]调查了美国旧金山、纽约,英国伦敦的绿色科技公司后提出,上述三大都市绿色科技公司在技术创新过程中使用基于元数据的网络分析有助于提升产品、服务、技术创新水平,进而有利于提高绿色科技公司的创新能力。

5.高新技术企业创新能力的评价

关于高新技术企业创新能力评价的相关研究成果列举如下。唐惠英等[85]利用粗糙集属性约简算法与熵值法相结合的方法,从潜在技术创新资源、技术创新活动、技术创新产出能力、技术创新环境等四个方面对高新技术企业自主创新能力进行了综合评价。刘晶等[86]结合高新技术企业特点,从投入能力、研发能力、制造能力、营销能力、产出能力、管理能力等六个方面构建了高新技术企业技术创新能力的评价指标体系。张目等[87]通过建立灰关联投影寻踪模型对高新技术企业自主创新能力进行了评价。

吴其叶等[88]从创新投入、创新实施、创新产出、创新环境等四个方面构建了高新技术企业研发中心创新能力测度与评价体系。贺明等[89]运用数据包络分析法,从创新投入和创新产出两方面对北京中关村科技园区的高新技术企业创新能力进行了评价。梅强等[90]利用误差反向传播算法(BP)神经网络模型,从自主创新投入能力、自主创新实施能力、自主创新产出能力等三个方面对苏州高新区 11 家高新技术企业的自主创新能力进行了评价。

杜丹丽等[91]基于速度特征的视角从创新资源投入、创新实施能力投入、创新产出等三个维度建立了高新技术企业创新能力评价的指标体系,进一步研究发现中国各省份的高新技术企业创新能力由创新资源投入、创新实施能力投入、创新产出等共同决定,各方面的动态变化都将引起总体创新能力的变动。肖海莲等[92]基于异质性视角从综合创新能力、探索式创新能力和常规式创新能力三个方面构建了广东省高新技术企业创新能力评价指标体系。

1.2.3   区域软环境要素对高新技术企业创新能力影响的相关研究现状

高新技术企业创新能力的形成与提升有赖于区域软环境要素,纵观国内外学者就区域软环境要素对高新技术企业创新能力影响问题的探讨,绝大部分学者认为,区域软环境要素对高新技术企业创新能力具有深刻的影响。

关于区域软环境要素对高新技术企业创新能力影响的相关研究成果列举如下。Storey 等[93]阐述了欧盟国家在 20 世纪 80 年代至 90 年代初高科技企业的基本情况,认为政府通过建立科学园区,强化科学技术教育,增进企业与高校、科研院所的交流与合作,加大财政支持力度,提供技术咨询服务等有助于提高高新技术企业创新能力,引导企业良性、健康发展。Fontes 等[94]认为,区域公共研究及地方科技知识对葡萄牙新技术型企业创新能力的提高至关重要,同时对新技术型企业商业化进程的加快大有益处。

Löfsten 等[95,96]对瑞典科技园区的新技术型企业进行研究发现,园区内新技术型企业通过增进与高校的联系可促进企业创新能力水平的提高。Fukugawa 等[97]对日本科技园区内高科技企业增值行为进行研究发现,园区内高科技企业与当地高等教育机构建立的紧密联系有助于提升高科技企业创新能力。马月婷等[98]对北京市高科技园区的 12 家高科技企业、1 家孵化器企业以及政府管理机构进行实地调研发现,愿景驱动、顾客导向、奖励变革、宽容失败、应用型学习、人性化关怀、团队合作和开放式沟通八种文化价值观对高科技企业创新能力具有重要影响。

Casson 等[99]探讨了英国创新企业市场融资类型与企业研发能力的关系后发现,股权融资与创新型企业研发支出水平呈单调上升趋势,债务融资与创新型企业研发支出水平则呈倒"U"型关系。朱建新等[100]基于 138 份哈尔滨高新技术企业问卷调查数据进行实证研究发现,政策法律环境、市场环境、资源环境、社会服务环境、科学技术环境以及社会文化环境与哈尔滨市高新技术企业自主创新存在正相关关系。洪伟等[101]以清华科技园区内的高科技中小企业为研究对象,发现清华科技园区内的中小企业在创新各方面的表现均优于非园区内的企业,科技园区对高科技中小企业创新能力的提高效果显著。

马伟红[102]以 2007—2009 年中国中小企业板 67 家上市高新技术企业作为研究样本,研究发现税收激励与政府资助对高新技术企业科技研发投入都有促进作用;与政府资助相比,税收激励对高新技术企业创新能力的作用影响更大。Sadeghi 等[103]开发了一个评估影响伊朗高科技中小企业成功因素的模型,通过研究发现,市场特征是关乎伊朗高科技中小企业成败的重要影响因素之一。

庞瑞芝等[104]基于 2006—2010 年创新型试点企业非平衡面板数据进行实证研究发现,强化产权管理能够有效地保护知识产权,进而激发创新型试点企业创新的积极性,因此无论是对企业创新能力建设,还是建设创新型国家,都具有非同一般的意义。夏冠军等[105]对中国高新技术企业上市公司动态面板数据进行检验发现,资本市场提供的外部股权融资促进了高新技术上市公司的研发投入,并且这种正向影响对规模小的高新技术企业更为明显。

邢夫敏[106]对长江三角洲地区 3 124 家高新技术企业的数据研究表明,外商直接投资嵌入集群情境能够促进集群中本土高新技术企业创新投入强度的提高。Teixeira 等[107]对葡萄牙技术创新企业的研究发现,外商直接投资可对技术创新企业人力资本产生重要影响,可通过提高企业工程技术人员质量,进而影响技术创新企业创新能力水平。Wonglimpiyarat[108]在探讨了中国在支持高科技中小企业创新战略方面面临的新问题与新挑战后发现,政府干预政策是推动高科技中小企业创新能力提升的重要力量。翟淑萍等[109]以 2010—2014 年高新技术上市公司为样本,通过实证检验发现,政府资助对高新技术上市公司的研发投资具有显著的激励效应。

李静等[110]通过多案例分析法和扎根理论,以中兴通讯股份有限公司、荣事达集团、赛特斯集团、宏微科技公司为案例,发现研发实力、企业家精神、研发阻力、研发市场需求、合作主体以及合作意愿是影响高新技术中小企业研究联合体自主创新能力的六个主要因素。王淑娟等[111]利用 2000—2014 年中国大陆地区 30 个省(自治区、直辖市)的面板数据研究发现,股票市场规模的扩张和股票市场融资效率均有利于通过增加企业研发累计投入来促进高新技术企业自主创新能力提升,金融创新和金融改革均有利于通过提高企业研发累计投入来提升高新技术企业自主创新能力。

1.2.4 　国内外研究现状评述

综上所述,国内外学者围绕区域软环境、高新技术企业创新能力、区域软环境要素对高新技术企业创新能力的影响三个核心问题展开了细致深入的研究,从不同研究视角、针对不同研究情景、采用不同研究方法对上述领域进行了卓有成效的探索,取得了大量丰富的研究成果,这无疑值得肯定和借鉴。既有研究主要在以下三个方面取得了进展。

第一,针对区域软环境的相关研究,学者们分别从经济社会发展的微观、中观、宏观三个层面做了细化研究。特别是将研究和关注焦点由企业内部逐渐转移到企业外部,凸显了外部区域软环境及相关构成要素的重要研究意义与研究价值。不仅丰富了相关研究成果,而且为后续进一步深入探讨区域软环境对高新技术企业创新能力的影响及两者间的作用关系奠定了坚实的研究基础。

第二,针对高新技术企业创新能力的相关研究,学者们从创新绩效、创新效率、能力影响因素、作用机制、能力评价等多个方面予以充分讨论。同时,基于不同国家、不同期限跨度的研究样本、不同研究方法的探索较为全面、系统地涵盖了高新技术企业创新能力的相关研究现状,为进一步深入探讨区域软环境对高新技术企业创新能力的影响效果和作用机理提供了有力的理论支撑和借鉴意义。

第三,国内外学者关于区域软环境要素对高新技术企业创新能力的影响进行了探索式研究,并逐渐意识到区域软环境要素对高新技术企业创新能力的深刻影响,取得了较为丰硕的研究成果。上述研究成果为深入剖析影响高新技术企业创新能力的前置要素和相关作用机理提供了有益的思路。

然而,通过对相关研究成果进行系统梳理和归纳后发现,既有研究仍难免存在一定的不足和部分值得完善之处。

第一,关于区域软环境要素的构成有待于进一步明确。通过对既有文献的梳理发现,迄今学者们对影响高新技术企业创新能力的区域软环境要素构成的认知与理解存在一定的差异。研究视角的分散化、研究对象的差异化以及区域环境复杂性与多样性等特点可能是造成研究结论存在出入的潜在原因。同时,以高新技术企业为考察对象的针对性与系统性研究还不多见,既有相关研究多见于关于工业企业、创业企业等的探讨,紧密围绕高新技术企业自身特点,据此针对"影响高新技术企业创新能力的区域软环境要素有哪些""哪些是关键影响要素"等重要问题尚存在不同说法。

第二,基于"区域空间相关性"视角分析区域软环境对高新技术企业创新能力影响的研究成果还不够丰富。区域软环境要素的空间流动和环境要素在不同地区所体现的收敛与发散特点,是造成不同区域内高新技术企业创新能力水平差异的重要条件。因此,在研究区域软环境对高新技术企业创新能力的影响时要对要素空间相关性的特点给予充分重视。尽管近年来一些学者意识到了区域空间相关性问题的重要性,并在此方面做出了不同程度的尝试,但相关研究成果主要集中在经济增长的宏观层面和产业发展的中观层面,就企业微观层面特别是针对区域软环境对高新技术企业创新能力影响的研究成果还不够丰富,亟待进一步探索。

第三,关于区域软环境对高新技术企业创新能力的影响机理及相关路径实现机制的研究仍处于相对模糊的状态。已有研究多侧重于将区域环境要素作为影响企业创新能力的前置变量和先决条件,但事实上,区域软环境和企业创新能力分属两个不同的层面,将两部分研究内容置于同一研究框架的设计有待进一步商榷。另外,已有研究在一定程度上忽视了区域软环境对高新技术企业创新能力的影响大部分情况下是借助企业行为这一因素,通过企业行为与区域软环境形成良性的交互效应,进而对高新技术企业创新能力产生实质性的影响。因此,关于区域软环境对高新技术企业创新能力的影响机理的研究仍有待进一步探索、丰富和完善。

1.3　研究思路与研究内容

1.3.1　研究思路与框架

本书以区域软环境对高新技术企业创新能力的影响机理为研究主题,基于以下研究思路开展相关研究工作。

首先,在充分借鉴国内外已有研究成果的基础上,对相关概念进行界定与辨析,并结合区域经济学、经济地理学、资源依赖理论、网络嵌入理论等相关理论对研究问题进行深入阐述与剖析,构建区域软环境对高新技术企业创新能力影响的分析框架。其次,采用核密度估计法描述并分析了中国高新技术企业创新能力的发展态势,并对影响高新技术企业创新能力的关键区域软环境要素进行了识别。第三,基于空间相关性的视角,针对区域软环境对高新技术企业创新能力的影响效果及区域差异进行了空间计量分析。第四,基于网络嵌入的视角,就区域软环境对高新技术企业创新能力的跨层次影响机理进行了理论分析与实证检验。最后,根据理论分析与实证研究的结果,从政府和企业两个层面分别提出了优化区域软环境和促进高新技术企业创新能力提升的对策和建议。本书研究框架如图 1.1 所示。

区域软环境对高新技术企业创新能力的影响机理研究

文献研究 ← 研究背景 → 研究现状 → 文献评述 → 文献梳理

文献研究法 区域软环境对高新技术企业创新能力影响的分析框架 分析框架的构建

概念界定 理论分析 框架构建

核密度法熵权法 区域软环境对高新技术企业创新能力影响的关键要素识别 企业创新能力发展态势的分析与关键要素识别

高新技术企业创新能力的现状 高新技术企业创新能力发展态势 区域软环境的关键要素识别

空间计量模型 区域软环境对高新技术企业创新能力影响的空间计量分析 创新能力的影响效果及地区差异表现

研究命题 研究设计 实证检验

问卷调查多元统计分析 区域软环境对高新技术企业创新能力的跨层次影响机理分析 跨层次模型的构建及问卷设计与检验

假设提出 模型构建 研究设计

跨层次模型分析 区域软环境对高新技术企业创新能力影响的跨层次模型检验 创新能力的影响机理及路径效应传导

主效应跨层次检验 调节效应跨层次检验 实证检验结果分析

促进中国高新技术企业创新能力提升的对策建议

研究方法 ←——— 研究内容 ———→ 拟解决问题

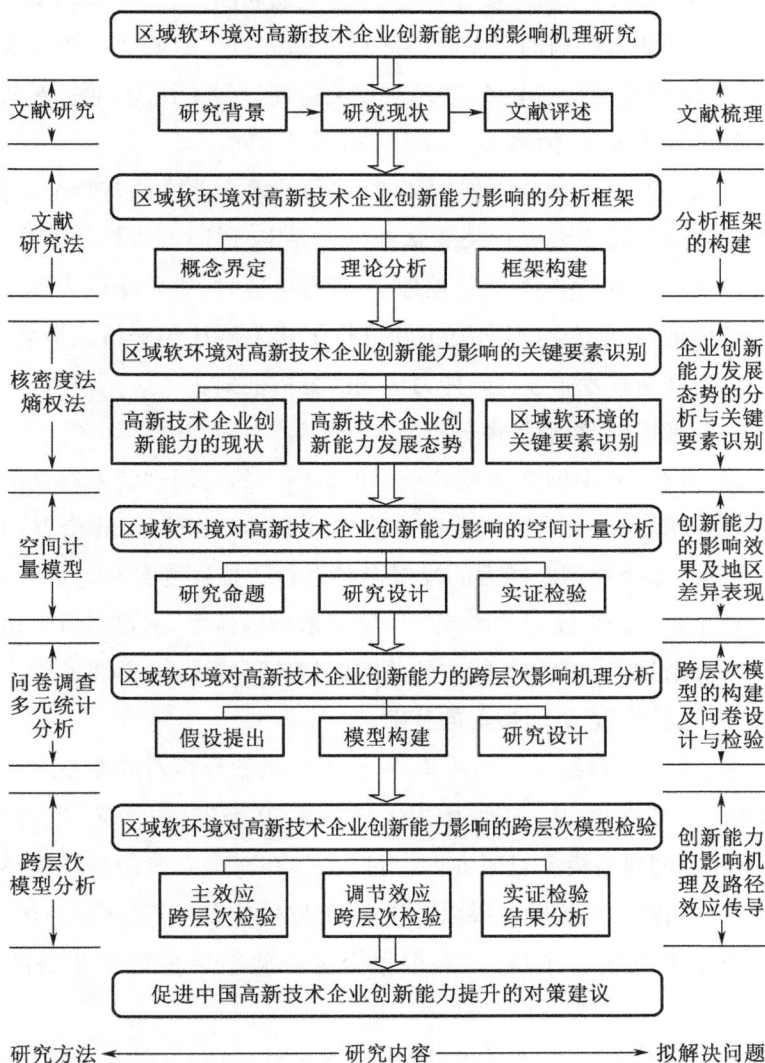

图 1.1 研究框架

1.3.2 研究内容

基于上述研究思路,本书严格按照"问题提出—理论分析—影响机理与实证检验—对策研究"的研究脉络,层层递进,逐步展开分析,具体包含以下若干部分。

1. 问题提出与理论分析

第 1 章,通过对区域软环境、高新技术企业创新能力、区域软环境要素对高新技术企业创新能力影响的三个核心研究问题进行文献研究。在对既有文献进行全面、系统梳理的基础上,客观地对相关研究进行了评述,通过对研究缺口与不足之处的深入分析,为本书后续研究指明了方向。

第 2 章,首先,对区域与区域软环境、高新技术企业内涵与特征、创新能力与高新技术企业创新能力等相关概念进行了界定、说明与辨析。其次,对研究所涉及的理论如区域经济学、经济地理学、资源依赖理论、网络嵌入理论等相关理论进行了梳理,并结合本书研究主题进行了相关阐述与解析。最后,构建了区域软环境对高新技术企业创新能力影响的分析框架。

2. 关键要素识别、影响机理分析与实证检验

第 3 章,首先,对中国高新技术企业创新能力的发展现状及存在的问题进行了回顾与说明。其次,采用核密度估计法对中国大陆地区 30 个省(自治区、直辖市)高新技术企业创新能力的发展态势进行了描述与分析。最后,构建了影响高新技术企业创新能力的区域软环境要素指标体系,通过对权重值的排序识别了影响高新技术企业创新能力的关键区域软环境要素,并将此作为后续相关模型构建、变量测量、数据搜集的基础。

第 4 章,基于空间相关性的视角,提出了区域软环境对高新技术企业创新能力影响效果的研究假设。选取中国大陆地区 30 个省(自治区、直辖市)的相关数据,采用空间滞后模型对研究假设进行了检验,进一步就区域软环境对高新技术企业创新能力的影响效果以及在东部地区、中部地区、西部地区、东北地区的影响效果差异进行了检验,并根据上述检验结果进行了相关的分析与讨论。

第 5 章,基于网络嵌入的视角,提出了区域软环境对高新技术企业创新能力跨层次影响机理的研究假设。构建了以网络嵌入(关系嵌入、结构嵌入)为外生变量、高新技术企业创新能力为内生变量、区域软环境(区域科技环境、区域市场环境、区域金融环境、区域政府环境、区域法律环境、区域文化环境)为调节变量的跨层次模型。在此基础上,设计了区域软环境对高新技术企业创新能力影响的调查问卷,并就问卷设计、问卷预试、问卷发放和回收等流程进行了相关说明与检验。同时,对涉及问卷数据的同质性、同源偏差、问卷量表的信效度、跨层次数据的聚合等问题进行了相关检验,为后续实证研究奠定了基础。

第 6 章，在第 5 章研究的基础上，以 318 份高新技术企业调查问卷为研究样本，采用跨层次模型分析的方法就网络嵌入（关系嵌入、结构嵌入）对高新技术企业创新能力影响的主效应，区域软环境（区域科技环境、区域市场环境、区域金融环境、区域政府环境、区域法律环境、区域文化环境）在网络嵌入与高新技术企业创新能力间的调节效应分别进行了检验，并根据上述检验结果进行了相关分析与讨论。

（3）对策研究

第 7 章，重点将区域软环境对高新技术企业创新能力的影响效果及影响机理的相关实证检验结果与高新技术企业实际情况紧密结合，从政府和企业两个层面，对促进中国高新技术企业创新能力的提升予以切实可行的对策和建议，力求理论与实践的统一。

1.4　研究方法

为了科学开展上述研究工作，本书采用如下研究方法。

1.4.1　文献研究法

在文献回顾、概念界定与辨析、理论分析等方面采用了文献研究的方法。围绕区域软环境、高新技术企业创新能力、区域软环境要素对高新技术企业创新能力的影响进行了文献梳理。对区域与区域软环境、高新技术企业的内涵与特征、创新能力与高新技术企业创新能力的相关概念进行了界定与辨析。结合研究主题对包括区域经济学、经济地理学、资源依赖理论、网络嵌入理论等在内的相关理论进行了阐述与分析。

1.4.2　核密度估计法

为了描述和分析中国高新技术企业创新能力的发展态势，本书采用了非参数估计法中的核密度估计法。通过借助 Eviews 软件分别对中国大陆地区 30 个省（自治区、直辖市）高新技术企业创新能力发展的总体态势进行了核密度估计，进一步从时间和空间两个层面对高新技术企业创新能力的发展态势进行了核密度分解。

1.4.3　熵权法

为了识别影响高新技术企业创新能力的关键区域软环境要素,本书采用了指标权重确定方法中的熵权法。通过构建影响高新技术企业创新能力的区域软环境要素指标体系,采用熵权法对各区域软环境要素的指标权重值进行测算,通过对指标权重值的排序,识别了影响高新技术企业创新能力的关键区域软环境要素。

1.4.4　空间计量分析

为了研究区域软环境对高新技术企业创新能力的影响效果,本书采用了空间计量分析的方法。通过构建空间滞后模型,借助 OpenGeoDa 软件就区域软环境对高新技术企业创新能力的全局影响效果,以及区域软环境对高新技术企业创新能力在东部地区、中部地区、西部地区、东北地区的影响效果差异进行了实证检验。

1.4.5　问卷调查法

为了获取区域软环境对高新技术企业创新能力影响的相关数据,本书采用了调查研究的方法。基于相关的成熟量表,并在此基础上设计了区域软环境对高新技术企业创新能力影响的调查问卷,通过实地纸质问卷调研和网络电子问卷发放相结合的方式获取了研究所需的一手数据,为后续进一步深入探索区域软环境对高新技术企业创新能力的跨层次影响机理提供了数据支持。

1.4.6　多元统计分析

为了确保问卷量表所有题项具有足够的鉴别力,本书采用了独立样本 T 检验的方法,通过借助 SPSS 软件对问卷量表题项进行检验;为了分析研究变量间的相关性,本书采用了皮尔森相关性检验的方法,通过借助 SPSS 软件就双变量之间的相关性进行检验;为了对问卷量表的信度与效度进行验证,本书采用了可靠性分析和因子分析的方法,通过借助 SPSS 软件对问卷量表的信效度进行检验。

1.4.7 跨层次模型分析

为了更进一步探索区域软环境对高新技术企业创新能力的跨层次影响机理,本书采用了跨层次模型分析的方法。借助 HLM 软件分别就网络嵌入(关系嵌入、结构嵌入)对高新技术企业创新能力影响的主效应,区域软环境(区域科技环境、区域市场环境、区域金融环境、区域政府环境、区域法律环境、区域文化环境)在网络嵌入与高新技术企业创新能力间的调节效应进行了实证检验。

1.5 创 新 之 处

本书的创新之处主要体现在以下四个方面。

第一,采用核密度估计法分析了中国高新技术企业创新能力的发展态势。与既有研究相较缺乏关于高新技术企业创新能力发展态势的针对性探索不同,本书通过利用核密度估计法从时间和空间两方面对中国高新技术企业创新能力发展态势进行了描述与深入分析,发现中国高新技术企业的创新能力在时间上已由收敛趋于扩散,在空间上四大地区高新技术企业创新能力的发展态势差异明显。这不仅有利于对中国高新技术企业创新能力的发展态势及未来发展趋势做出合理的判断,而且为后续探索区域软环境对高新技术企业创新能力的影响奠定了研究基础。

第二,采用熵权法识别了影响高新技术企业创新能力的关键区域软环境要素。与既有研究相较缺乏基于高新技术企业自身特点来构建相关指标体系不同,本书紧密围绕高新技术企业的自身特点,论述了影响高新技术企业创新能力的区域软环境包括区域科技环境、区域市场环境、区域金融环境、区域政府环境、区域法律环境、区域文化环境。在此基础上,构建了影响高新技术企业创新能力的区域软环境要素指标体系,借助科学的评价方法对影响高新技术企业创新能力的关键区域软环境要素进行了识别,并以此作为后续相关模型构建、变量测量、数据搜集的基础,使本书的研究结果和相关研究论断更具针对性和科学性。

第三,采用空间计量模型分析了区域软环境对高新技术企业创新能力的影响效果及区域效果差异。有别于绝大多数学者在探讨区域软环境对高新技术企业创新能力影响的研究中忽视对区域空间相关性问题的关注和思考,本书基于空间相关性的视角,通过构建空间计量模型研究发现,高新技术企业创新能力在空间上呈现"高－高"和"低－低"的聚集效应;总体上,区域科技环境、区域金融环境、区域政府环境、区域文化环境对高新技术企业创新能力的影响效果显著,不同地区内各区域软环境对高新技术企业创新能力的影响效果差异明显。本书从空间相关性的角度为探索区域软环境对高新技术企业创新能力的影响效果提供了有力支撑和合理的证据。

第四,揭示了网络嵌入视角下区域软环境对高新技术企业创新能力的跨层次影响机理。既有研究往往将区域环境因素作为前置变量,据此探索其对高新技术企业创新能力的影响机制。但事实上,区域软环境对高新技术企业创新能力的影响机理很大程度上是通过与企业行为形成交互,进而对企业创新能力产生实质性的影响。本书基于网络嵌入的视角,更侧重于探索高新技术企业网络嵌入行为与区域软环境所形成的交互效应对高新技术企业创新能力的跨层次影响。通过构建区域软环境对高新技术企业创新能力影响的跨层次模型,分别验证了网络嵌入对高新技术企业创新能力影响的主效应,以及区域软环境在网络嵌入与高新技术企业创新能力间的调节效应,继而深入剖析了区域软环境对高新技术企业创新能力的跨层次影响机理。通过进一步明确区域软环境对高新技术企业创新能力影响的路径效应及传导机制,为挖掘区域软环境影响高新技术企业创新能力背后更深层次的运行机制提供了有益借鉴。

第2章 区域软环境对高新技术企业
创新能力影响的理论分析

本章是基础研究部分。首先,对包括区域与区域软环境的构成、高新技术企业及发展现状、创新与创新能力、高新技术企业创新能力的内涵与特征等相关概念进行了界定及辨析。其次,对包括区域经济学、经济地理学、资源依赖理论、网络嵌入理论等在内的相关理论进行了阐述,并结合区域软环境对高新技术企业创新能力的影响这一主题进行了分析。最后,构建了区域软环境对高新技术企业创新能力影响的分析框架。

2.1 相关概念辨析

2.1.1 区域与区域软环境

1. 区域

区域(Region)是地理学研究中所涉及的通用概念[112]。近代地理学区域学派创始人 Hettner 认为,区域是形态上内部性质相对一致而外部差异性最大的地表连续的地段或状态,根据这一标准划分的区域是均质区域[113]。Losch[114]认为,区域是描述属于同一地区的任何两个地方以某种方式具备相似的属性。美国区域经济学家 Hoover 对区域进行了精辟的概括,认为区域是基于描述、分析、管理、计划或制定公共政策等目的而作为一个应用性的整体来考虑的地区[115]。陈传康[112]认为,区域是用均质共性、辐射吸引力、管辖权、土地类型结构分布范围、职能作用等特定指标划分出来的一个连续而不分离的空间。崔功豪等[116]从地理学视角将区域定义为地球表面占有一定空间的,以不同的物质实体为对象的地域结构形式。郝寿义等[117]从经济学视角将区域定义为便于组织、计划、协调、控制经济活动并考虑到行政区划基础的一定空间范围。黄鲁成[118]认为,区域是指特定时空范围内社会资源、技术资源和自然资源的集合。吴殿廷[119]认为,区域是地球表面上被某种特征所固定的空间系统,亦称为空间系统。Dewar 等[120]将区域定义为反映和体现社会经济等功能的,相互关联的要素聚合单位。Behrens 等[121]认为,区域是分布在同一地点的空间实体。

从统筹地理学和经济学视角看,本书认为区域是在地球表面占有一定空间,反映和体现社会、经济、文化等各方面属性功能的开放性系统。系统中各方面属性资源要素统称为区域因素。中国幅员辽阔,区域差异显著,根据国家统计局 2011 年 6 月 13 号的划分办法,为科学反映中国不同区域的社会经济发展状况,为党中央、国务院制定区域发展政策提供依据,根据《中共中央、国务院关于促进中部地区崛起的若干意见》《国务院发布关于西部大开发若干政策措施的实施意见》以及党的十六大报告的精神,将中国大陆地区的经济区域划分为东部、中部、西部和东北四大地区。相关区域分类与所属省级行政区域见表 2.1。

表 2.1　中国大陆地区经济区域划分

区域	省级行政区域
东北地区	辽宁省、吉林省、黑龙江省
东部地区	北京市、天津市、河北省、上海市、江苏省、浙江省、福建省、山东省、广东省、海南省
中部地区	山西省、安徽省、江西省、河南省、湖北省、湖南省
西部地区	内蒙古自治区、广西壮族自治区、重庆市、四川省、贵州省、云南省、西藏自治区、陕西省、甘肃省、青海省、宁夏回族自治区、新疆维吾尔自治区

注:相关资料来源于国家统计局。

2. 区域环境

区域环境是在特定时期、特定区域内直接或间接影响该区域经济社会活动的各环节要素及相互关系的总和。按照环境构成要素的属性,区域环境可划分为区域硬环境和区域软环境两大类。

区域硬环境是指由有形物质所构成且已客观存在的、能直接影响区域内经济社会发展的环境因素总称。区域硬环境主要包括地理环境和基建环境两大类。地理环境主要包括:(1)自然条件,如气候、土壤、地质、地貌、地理空间上的障碍物(高山、河流等)等;(2)自然资源,如土地资源、水资源、生物资源、海洋资源等;(3)地理区位。基建环境主要包括:(1)区域交通系统,如铁路、公路、水路、航空运输、管道运输、城市交通等;(2)公用事业系统,如环境卫生、自来水、电力、煤气、电信、热力供应等;(3)公共工程,如防洪工程、灌溉工程、防护林工程等。

区域软环境是由制度、文化、政府等多种无形物质所构成且受人为意识形态改变的,间接影响区域内经济社会发展的环境因素的总称。区域软环境集中反映了区域内社会在科技、教育、金融、市场、政府、法律、文化等方面的社会状况和社会风貌。进一步对比区域硬环境和区域软环境可以发现:(1)在物质形态构成方面,区域硬环境具有静态有形的特点,区域软环境具有动态无形的特点;(2)在受人为意识改变的程度方面,区域硬环境不受人为意识的影响,区域软环境深受人为意识的影响;(3)在环境作用影响方面,区域硬环境的作用影响直接且立即呈现,区域软环境的作用影响间接且缓慢呈现。区域硬环境和区域软环境的区别见表2.2。

表 2.2　区域硬环境与区域软环境的区别

差异	区域硬环境	区域软环境
物质形态	静态有形	动态无形
人为改变	独立于人为意识,不受影响	植根于人为意识,深受影响
作用影响	立即呈现	缓慢呈现

注:相关资料由著者整理而成。

区域硬环境作为一种物质环境,其作用的发挥更多地体现在为区域社会进步、经济发展、企业创新提供一个稳定、高效的物质保障空间和场所。区域软环境作为一种精神环境,其作用的发挥更多地体现在通过强调人的主观能动性的发挥,在区域社会风气、社会状况等无形气氛因素的影响下有意识地改造社会、促进创新。从区域硬环境和区域软环境两者间的关系来看,区域硬环境是区域软环境的重要保障与支撑。在社会经济发展中,区域软环境始终依赖区域硬环境所提供的物质平台才能充分发挥作用[13]。譬如,区域内丰富的自然资源、优越的地理环境、便利的基础设施对外商资金的流入会产生积极的影响。区域软环境对区域硬环境作用的发挥起制约作用。当区域软环境起促进作用时,区域硬环境的功能和作用可以得到充分的发挥;当区域软环境起抑制作用时,区域硬环境的功能和作用就会受到极大的限制甚至造成系统停摆[13]。区域创新要素资源禀赋的客观差异需要高新技术企业有意识地对企业所在区域内的创新资源进行识别与获取,进而提高高新技术企业创新资源投入的针对性,促进高新技术企业创新能力的可持续性。从这个角度来看,探索区域软环境对高新技术企业创新能力的影响更为迫切,同时也有利于探究区域软环境对高新技术企业创新能力更深层次的影响。

西方主要国家政治制度和经济体制较为完善,软环境的建设空间较小,所以关于软环境的相关研究并不多见。中国近年来逐步意识到软环境在社会经济发展中的重要作用,软环境的建设空间开始变大,因此软环境的相关研究极具中国特色[69]。国内学者关于区域软环境概念界定的代表性观点主要有:魏潾[13]认为,区域软环境是通过人为干预可以改变的非物质产品形态的环境因素。范钧[15]认为,区域软环境是区域社会生产实践与交往活动中创造并反映于制度上和精神上的境况的总和。于东平等[18]认为,区域软环境是影响中国省级行政区域生产生活并在短期内可人为干预而改变的、无形的各种因素的总和。综上所述,本书认为,区域软环境是区域内可受人为意识形态干预和改变的,动态无形的,间接影响区域社会经济发展的环境要素总和。区域软环境具有以下五个特点。

(1)非物质性。区域软环境不具备实体形态,因而无法直接通过一定的测量手段和测量方法衡量,难以制定量化的标准。

(2)非同质性。区域软环境涵盖了政治、经济、文化、历史等多种环境要素,各环节要素差异显著。

(3)非可预测性。区域软环境的改变伴随人类社会活动和人类思维活动而产生和发展,并随着时间的推移不断更替和变化,因而无法进行准确预测,不确定性大,而且区域软环境的发展往往滞后于社会需求。

(4)非直接性。区域软环境是由无形要素构成的境况,其对区域内社会经济发展的影响力是缓慢呈现的,作用途径是间接的。

(5)非单一性。区域软环境不仅可以作用于宏观层面的区域社会经济发展,也可以作用于中观层面的产业规划和微观层面的企业创新等多个领域。

通过对相关文献和资料进行整理[11-18]，对各区域软环境在相关研究中出现的次数与频率进行提取，最终总结归纳出的区域软环境包括区域科技环境、区域市场环境、区域金融环境、区域政府环境、区域法律环境等五类。区域软环境的构成见表2.3。需要特别说明的是，世界两大权威竞争力评价机构瑞士洛桑国际管理发展学院和世界经济论坛在对一个国家竞争能力进行评价时，涉及大量与区域软环境相关的内容，两者发布的《全球竞争力年鉴》和《全球竞争力报告》具有较高的学术价值。另外，细化区域软环境构成要素的初衷在于改善地区投资环境，为招商引资提供便利条件。2016年，中国21世纪经济研究院发布的《中国投资环境指数》中关于区域软环境的测量指标也是值得借鉴和参考的。

表2.3　区域软环境的构成

环境/环境要素	来源
社会文化环境、法律环境、政策环境、市场环境、知识产权保护环境、社会服务环境	参考文献[11]
贸易环境、法治环境、资金环境、竞争环境、市场环境、信用环境、社会环境、政府服务	参考文献[12]
政治环境、法律环境、经济发展环境、社会环境	参考文献[13]
行业准入、融资环境、劳动力供应、中介服务、政府服务、税费负担、企业合作	参考文献[14]
政府服务、社会文化、商业法治、市场环境、教育科技、金融服务	参考文献[15]
制度环境、开放环境	参考文献[16]
制度环境、政务环境、社会文化环境、市场环境、教育科技环境、金融服务环境	参考文献[17]
制度环境、政务环境、社会人文环境、市场环境、教育科技环境、金融服务环境	参考文献[18]
经济效率、政府效率、商业效率	《全球竞争力年鉴》（2013年）
制度、宏观经济环境、初级教育、高级教育与技能、商品市场效率、劳动市场效率、金融市场发展、技术准备度、市场规模、商业成熟度、创新	《全球竞争力年鉴》（2013—2014年）
开办企业、登记财产、执行合同、地区民企投资增速、民企就业增速、民企数量增加	《中国投资环境指数》（2016年）

本书构建的区域软环境紧密围绕中国高新技术企业自身特点,且能对企业创新行为产生实质性影响。高新技术企业产品(服务)知识密集度高、科技含量大的特点要求高新技术企业要掌握关键技术以确保技术创新活动的顺利开展。加大区域科技研发资金的投入力度,以及高新技术企业通过参与市场竞争从外部知识携带者中学习到的新技能都能有效地加快企业创新进程。所以,区域科技环境和区域市场环境会影响高新技术企业技术创新的成功性;高新技术企业高强度的技术研发活动,要求并严重依赖资金的高投入。区域金融机构为高新技术企业提供的融资支持可以有效预防企业资金供应链的断裂,缓解融资紧张。因此,区域金融环境满足高新技术企业资金需求的稳定性;高新技术企业主要产品(服务)属于国家重点支持的高新技术领域范围,区域政府的政策引导与税收优惠扶持大幅降低了高新技术企业创新成本,使企业专注于知识创造。因此,区域政府环境确保高新技术企业竞争优势的持续性;高新技术企业知识密集型的特点使其更迫切需要法律来保障企业的核心权益,通过强化区域知识产权保护力度,完善产权保障体系建设有效捍卫了高新技术企业的合法权益。综上所述,区域法律环境提高了高新技术企业知识创造的积极性。高新技术企业知识创造行为和企业创新能力的形成与提升均有赖于多元化的企业创新意识与创新精神,以创业精神为代表的区域文化创造力使敢为人先、开拓进取、和衷共济等区域文化精神深深植根于高新技术企业内部,并通过信仰、意识形态、形式化的规则体系与企业创新行为兼容并蓄,融为一体,所以说区域文化环境增强了高新技术企业知识创造的多样性。

(1)区域科技环境是指区域内为社会经济发展、企业成长创新提供智力支持和相关技术服务的因素总称。区域科技环境一定程度上反映了一个地区科技资源丰裕度与配置情况。区域科技环境主要包括区域技术创新基础(如高等院校、科研机构单位、高新区的数量等)、区域科技研发资金投入力度、区域科技研发成果产出等相关要素。

需要说明的是,高等院校和科研机构单位通常被认为是社会基础设施即区域硬环境的一部分,属于"硬性"的指标。但区域内高等院校和科研机构单位作用的发挥是提供一个知识交流与分享平台,促进区域内知识的流动,通过借助人为有意识的合作与交流来进一步放大这种知识辐射效应,从这个角度来看区域技术创新基础体现了"软"的属性,故本书将其视为区域软环境的构成要素。

（2）区域市场环境是指以宏观因素为主导,体现区域内参与社会经济活动的各主体(竞争者、顾客、供应商等)彼此间相互作用关系的因素总称。区域市场环境一定程度上反映了一个地区市场化水平和市场竞争程度。区域市场环境主要包括区域商品市场的规模、区域市场的潜力、区域市场的开放程度等相关要素。

（3）区域金融环境是指区域内为参与社会经济活动的各主体提供金融服务和资金支持的因素总称。区域金融环境一定程度上反映了一个地区金融发展的广度与深度,以及相关金融服务的发达程度。区域金融环境主要包括区域金融市场的规模、区域资本市场的规模、区域融资便利的程度等相关要素。

（4）区域政府环境是指通过财政支出、税收政策满足和调节区域内参与社会经济活动的各主体总需求的因素总称。区域政府环境一定程度上反映了一个地区政府的工作效率、服务化水平和调控能力等。区域政府环境主要包括区域政府对企业的税收优惠扶持力度、区域政府维稳工作力度(如社会保障、一般公共服务、公共安全等)等相关要素。

（5）区域法律环境是指通过完备的法律、法规规范区域内参与社会经济活动的主体行为规则,调整各行为主体间利益关系的因素总称。区域法律环境一定程度上反映了一个地区法治建设水平和社会法治化程度。区域法律环境主要包括区域知识产权保护力度、区域普通劳动者权益保护情况、区域行政执法情况等相关要素。

（6）区域社会文化环境是指区域内所集中体现的一个地区社会形态下的风俗习惯、价值观念、道德规范等各种行为规范,是影响区域内主体活动的各种精神文化环境的因素总称。区域文化环境一定程度上反映了一个地区精神文化层面的生产力、创造力和传播力。区域文化环境主要包括区域文化生产的基础、区域内的创业精神、区域文化的传播等相关要素。

综合上述分析,本书最终确定区域软环境的构成如图 2.1 所示。

2.1.2　高新技术企业的内涵与特征

1.高新技术企业的内涵

高技术(High-Tech)是指建立在最新科学技术成就上的技术,能对国家军事、经济等产生重大影响,具有较大社会影响力或能形成产业聚集的新技术或尖端技术[122]。受历史因素等制约,中国原始技术积累薄弱,现处于经济转型升级和结构调整的过渡期。在注重高技术研发攻关的同时,也寄希望于引进更多的新技术,通过消化吸收不断缩短与西方发达工业国家的技术差距。显然从这一层面上来看,高新技术是高技术的延伸,是高技术与新技术的结合。

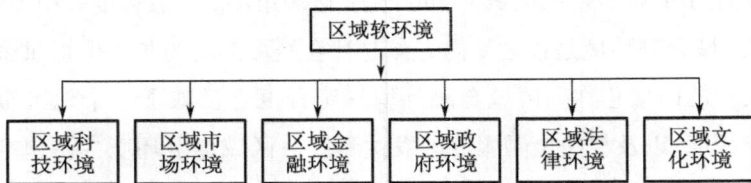

图 2.1   区域软环境的构成

高新技术企业的形成与发展是高新技术不断完善与突破的必然结果。不同国家围绕自身技术发展水平对高新技术企业的界定标准存在差异[123]。如美国采用 R&D 强度占总产出的比例和 R&D 人员占总劳动力的比例两项指标作为界定高新技术企业的主要标准。日本对高技术企业的界定主要以资源和能源消耗、技术密集程度、技术创新速度、未来产品市场规模、对相关产业的影响等为标准。经济合作与发展组织(OECD)将 R&D 强度作为高新技术企业的界定标准。2008 年,我国科技部、财政部、税务总局联合颁布的《高新技术企业认定管理办法》及《国家重点支持的高新技术领域》对中国高新技术企业的界定给出了明确的标准;2016 年,我国科技部、财政部、税务总局对《高新技术企业认定管理办法》进行了修订与完善,在新版《高新技术企业认定管理办法》中规定高新技术企业须同时满足若干条件,其中的硬性条件和重要指标包括:

(1)企业主要产品(服务)涉及的技术应属于《国家重点支持的高新技术领域》规定的范围(具体详见国科发火〔2016〕32 号文件)。

(2)企业从事研发和相关技术创新活动的科技人员占企业当年职工总数的比例不低于 10%。

(3)企业近三个会计年度的研究开发费用总额占同期销售收入总额的比例符合如下要求:

①最近一年销售收入小于 5 000 万元(含)的企业,比例不低于 5%。

②最近一年销售收入在 5 000 万元至 2 亿元(含)的企业,比例不低于 4%。

③最近一年销售收入在 2 亿元以上的企业,比例不低于 3%。其中,企业在中国境内发生的研究开发费用总额占全部研究开发费用总额的比例不低

于60%。

（4）近一年高新技术产品（服务）收入占企业同期总收入的比例不低于60%。

根据新版《高新技术企业认定管理办法》中关于高新技术企业的认定条件并立足中国基本国情，本书认为，中国大陆境内（不包括港、澳、台地区）的高新技术企业是在电子信息、生物与新医药、航空航天、新材料、高技术服务、新能源与节能、资源与环境、先进制造与自动化等八大领域内，持续进行科学研发与技术成果转化，据此形成自主知识产权和核心竞争力的企业。另外，高新技术企业除了包含上述八大领域内的企业外，军工集团近年来通过不断深化军民融合，有效整合优质创新资源，科技创新优势明显，逐渐成为中国高新技术企业快速发展的重要推动者，同样也是中国高新技术企业的重要组成部分。综上所述，高新技术企业是集知识密集、资金密集、人才密集、技术密集于一体的经济实体，是引领社会进步的重要变革力量，是践行国家创新驱动战略的重要实践主体，是促进经济发展与转型升级的重要原动力。

2. 高新技术企业的特征

高新技术企业的主要特征可以概括为以下五方面。

（1）高创新性

高创新性是高新技术企业的基本特征。高新技术企业知识密集性和技术密集性的特点就决定了创新是高新技术企业成长与发展的灵魂。在信息化和知识经济飞速发展的今天，科学技术发展日新月异，知识更新与传播速度兼程并进，持续的技术创新是确保高新技术企业竞争优势的关键因素。寻求不断的技术创新，提高产品的科技含量和科技附加值是高新技术企业获得超额利润的动力来源。此外，高新技术企业产品更新换代快、生命周期短、时效性强等特点更是要求企业不断进行产品创新以满足市场需求，迎合消费者多样化、个性化的选择偏好。归根结底，高新技术企业就是通过围绕创新来开展日常工作，将科技成果逐渐转化为现实生产力，大幅提高企业劳动生产效率与社会经济效益。

（2）高投入性

高新技术企业的高投入性主要体现在两个方面：一是资金的高投入；二是人员的高投入。其中，资金的高投入是确保高新技术企业取得核心竞争力的基础。财力的投入并不是短期的、间断的、盲目的,从技术研发到试验再到商业化流程,各个阶段都需要保持充足的资金供应,资金投入往往是长期、持续、专一地对某一前沿科技进行专业化、系统化的研发。另外,技术研发的关键设备、相关配套生产设备、技术服务与顾问咨询、外来技术引入与消化吸收等方面也需要资金的高投入。特别是,技术攻关难度越大、研发周期越长、技术要求越复杂,资金的追加投入就会越多。人员的高投入是确保技术研发成功的重要保障。高新技术企业从事的是智力活动,这有赖于人力资本的高投入。有别于其他传统企业,高新技术企业人员结构中科技型人才、专业技术人员所占员工总数比例较高。高新技术企业价值创造过程中高科技人员的重要性日益显现,人员的高投入在技术研发、创新管理、日常生产等环境中均发挥了关键性作用。

（3）高收益性

高新技术企业的高收益性主要来源于技术创新行为所带来的垄断性和超额性利润。技术创新所带来的回报是丰厚的,通过高强度的技术研发活动,高新技术企业可以迅速掌握科技前沿技术,通过与生产实践相结合,迅速将其商业化,为高新技术企业在市场竞争中确立先发优势,给企业创造更多的销售利润。更重要的是,核心技术攻关研发取得成功后,高新技术企业极有可能在业内形成技术垄断,设立标准门槛,建立相关准入制度,以此进一步巩固自身竞争优势,确保高回报率和高盈利率的稳定性。另外,高收益性还来源于政府的大力扶持。由于高新技术企业主要产品和服务属于国家重点支持的高新技术领域范围,这就决定了高新技术企业会享受到诸如税收减免、贷款优惠、技术援助等方面的政策支持,无形中降低了企业的运营成本,使企业保持较高的净利润。

（4）高风险性

高新技术企业的高收益与高风险是并存的。高风险性来源于多个方面,譬如技术研发风险、市场需要的不确定性、侵权风险、核心人才流失、融资来源不稳定性等多方面。技术研发风险主要是技术研发失败造成的损失风险,具体表现在技术成果转化的高度不确定性和其他替代技术的出现导致处在研发中的技术迅速贬值,甚至惨遭淘汰。市场需求的不确定性体现在消费者偏好的难以捕捉和市场产品接受能力的难以把握上。由于中国知识产权保护的相关法律仍不完备,唯利是图者借机通过仿冒、伪制等手段削弱企业核心竞争力,危及企业生存发展。科技人才市场竞争激烈,高新技术企业核心人才的频繁流失,将使企业遭受沉重的打击。融资来源的不稳定性,特别是资金供应渠道的单一与闭塞易使企业面临资金缺口,现金流的断裂将使企业成长步入停滞状态,深陷发展僵局。

（5）高成长性

高成长性是高新技术企业最重要的特征。据国家工商总局数据显示,近五年内退出市场遭遇"夭折"的企业平均寿命为 6.09 年,企业成立后的 3～7 年当期平均死亡率较高,其中第三年为死亡危险期。与一般企业高死亡率相比,高新技术企业得以快速成长的关键在于持续不断地创新。有别于其他企业,高新技术企业对前沿科学技术的发展反应更灵敏,对市场需求变化感应更灵敏,相应地,对组织结构的设置、管理制度、生产工艺的安排等都更为灵活。因此,高新技术企业通过依托核心技术的创新突破,不断研发、设计、制造满足市场需求的创新产品,凭借高技术产品的新奇性、独特性、先进性迅速占领市场,进而获得垄断利润,创造巨额效益。沿着这一成长轨迹,众多高新技术企业短短数年由当初的小企业一跃成为各方面均日臻完善的大企业,并保持着高速成长势头。

3.高新技术企业的发展现状

中国高新技术企业的发展大致经历了 5 个发展阶段。如图 2.2 所示。

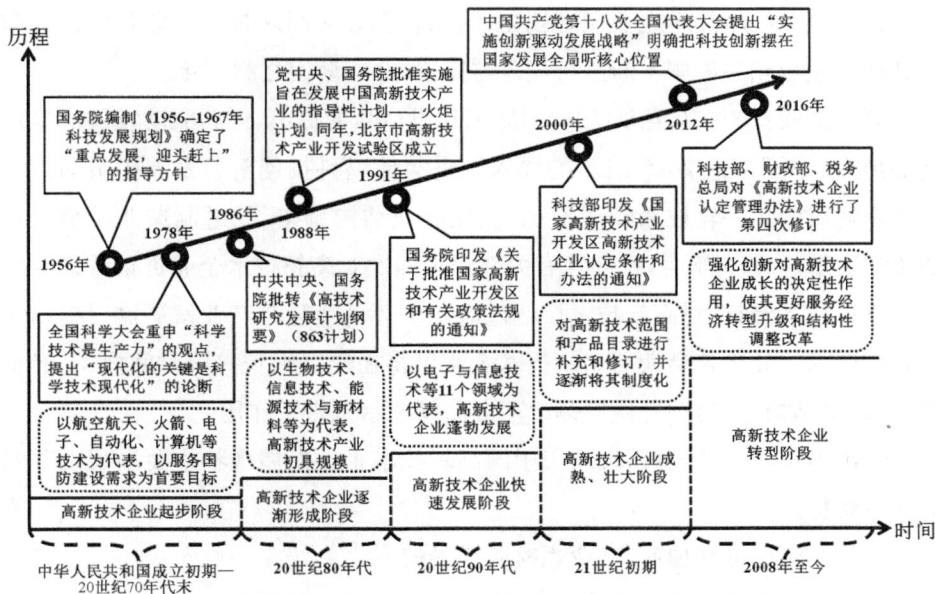

图 2.2　中国高新技术企业发展历程

注:图片由著者根据相关资料绘制而成。

　　第一阶段:中华人民共和国成立初期至 20 世纪 70 年代末。为了打破国外技术封锁,由政府牵头主导制定一系列若干科学发展计划,集中全国人力、物力重点发展与国防事业相关的尖端科技,在此背景下,逐渐带动了中国高新技术企业的发展。

　　第二阶段:20 世纪 80 年代。随着科学技术现代化目标的提出和相关配套政策的出台与落实,中国对高新技术企业的发展有了新的认识与思考。高新技术企业的发展逐渐由单纯服务国防,以军为主过渡到军民结合,以民为主的阶段。1985 年 5 月,经国务院批准,北京的中关村成为中国第一个国家级高新技术产业开发区,由此在全国范围内掀起了建设高新开发区的浪潮,高新技术产业初具规模,推动了高新技术企业的飞速发展。

　　第三阶段:20 世纪 90 年代。伴随社会主义市场经济建设进入新时期,中国高新技术企业也步入蓬勃发展阶段,发展方式由政府主导向市场导向迈进。这一时期,高新技术成果转化速度不断加快,高新技术开发区数量大幅增加,高新技术企业的成长活力与发展潜能进一步得到激活与释放。

　　第四阶段:21 世纪初期。高新技术企业继续保持着良好、迅猛的发展势头。随着越来越多高新技术企业相继创立,国家各部委对高新技术企业资格认证和高新技术领域相关说明不断进行规范与完善,并逐渐使之制度化。

　　第五阶段:2008 年至今,创新型国家建设口号的提出、创新驱动发展战略规划的出台、中国制造 2025 战略的深入推进等使以科技创新为发展指引的高新技术企业成为新一轮拉动经济增长、优化产业结构调整、促进制造业转型升级的关键引擎。2016 年,科技部等有关部门第四次对高新技术企业资格认证与条件审查进行了修订,对高新技术企业适应经济环境变化与产业发展需要提出了更高的要求。处于转型期的高新技术企业仍将在未来很长一段时间内,在经济稳增长、调结构、促转型等供给侧改革方面发挥示范带头作用。

　　经历多年的飞速发展,现阶段中国高新技术企业发展现状主要呈现以下两方面主要特点:

　　一是产业化进程加速,产业规模居世界前列。

　　高新技术企业的快速成长迅速带动了高新技术产业的发展与进步。客观上来讲,中国高新技术产业的发展本质上就是"后来者"和"落伍者"对"先发者"和"领导者"的追赶与超越的过程[124]。胡鞍钢等[124]研究发现,"十二五"期间,截至 2015 年,经测算中国高新技术产业增加值占世界比例为 29.08%,中国相对美国的赶超系数突破了 100%,使中国真正意义上成为世界高技术产品工厂。相关数据资料见表 2.4。

表 2.4　2000—2015 年中美高技术产业增加值占世界比例及赶超系数

项目	中国占世界比例/%	美国占世界比例/%	赶超系数
2000 年	3.16	37.75	8.4
2005 年	9.39	32.83	28.6
2010 年	17.92	31.38	57.1
2014 年	27.10	28.69	94.5
2015 年	29.08	28.94	100.5
2000—2015 年变化量	25.92	-8.81	

注:相关数据资料来源于参考文献[124]。

中国高新技术产业化进程的加速更受益于高新技术开发区(简称"高新区")的崛起与壮大。中国高新区的设立可追溯到 1988 年,同年 8 月伴随火炬计划的实施,中国高新区发展掀开了崭新的一页。中国高新区以政策导向和智力密集为依托,在企业技术创新活动中发挥主导作用,促进新技术不断涌现与高端产业逐渐形成。截至 2015 年,中国各地高新区总数达 146 个,与 2014 年相比,在企业数、从业人员数、总收入、创造工业总产值、净利润、上缴税额、出口创汇等方面均明显提升,保持着良性向好的发展势头,如图 2.3 所示。中国高新技术产业的日臻完善,势必对高新技术企业发挥重要的引领作用。

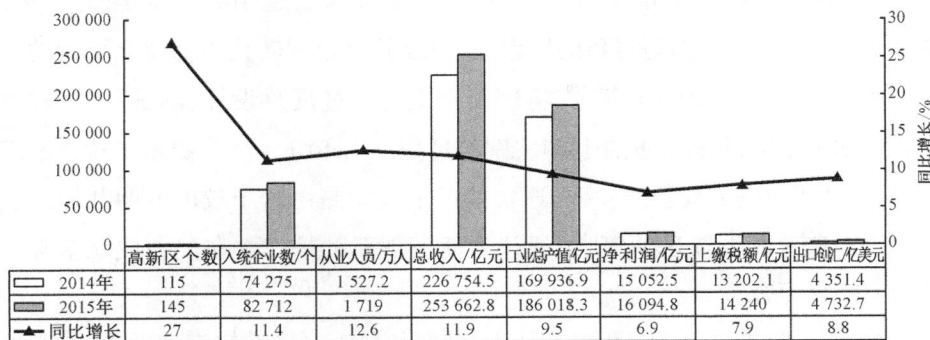

	高新区个数	入统企业数/个	从业人员/万人	总收入/亿元	工业总产值/亿元	净利润/亿元	上缴税额/亿元	出口创汇/亿美元
2014年	115	74 275	1 527.2	226 754.5	169 936.9	15 052.5	13 202.1	4 351.4
2015年	145	82 712	1 719	253 662.8	186 018.3	16 094.8	14 240	4 732.7
同比增长	27	11.4	12.6	11.9	9.5	6.9	7.9	8.8

图 2.3　2014—2015 年中国高新区企业主要经济指标

注:图片由著者绘制,相关数据资料来源于科技部火炬高技术产业开发中心。

二是高新技术企业发展区域差异化显著,企业极化发展趋势开始显现。

中国高新技术企业的成长与发展差异化显著。以大中型高新技术企业为例,据《中国高技术产业统计年鉴》数据资料显示:2016 年东部、中部、西部、东北地区高新技术企业数量依次为 5 703 家、1 381 家、953 家、211 家,其各自占全国高新技术企业比例依次为 69.14%、16.74%、11.55%、2.57%。可以看出,东部地区一直保持绝对领先的地位,中、西部地区紧随其后,东北地区发展相对缓慢。另外,在主营业务收入、利润总额、出口交货值等方面,这种阶梯化的发展趋势依旧明显。在企业创新方面,2016 年东部、中部、西部、东北地区大中型高新技术企业 R&D 人员全时当量依次为 440 233 人/年、71 174 人/年、56 271 人/年、12 571 人/年,其各自占全国高新技术企业比例依次为 75.86%、12.27%、9.70%、2.17%。可以看出,东部地区绝对优势明显,中、西部地区保持平稳增长,东北地区依旧滞后。四个地区高新技术企业发展的失衡,很可能造成未来很长一段时间内高新技术企业的极化发展趋势。

2.1.3　创新能力与高新技术企业创新能力解构

1. 创新

"创新之父"Schumpeter[125]认为,创新是应运社会技术变革而生,是经济社会不断实现生产要素和生产条件的重新组合。创新是一个相对简单的单向传导过程,始于基础研究,渐强于应用研究并逐渐转向技术开发和扩散。Thompson[126]认为,创新是新思想、流程、产品或服务的产生、接受和实现的过程。Drucker[127]将创新定义为赋予了新的能力来创造财富和资源的行为。Jessua 等[128]认为,创新是将新的思想、发明或科学原理转化为商业上可行的产品或服务的过程。Grubler 等[129]将创新定义为通过反复设计、测试、应用和改进技术解决方案,最终把想法付诸实践的过程。Grafstrm 等[130]提出了这样的观点,创新并不总是需要新的发明,通常情况下创新是由若干较旧发明共同组成的集合。这种说法与 Bers 等[131]所认为任何创新都是建立在先前成就基础上的观点不谋而合。

综上所述,本书基于过程导向认为,创新是建立在已有知识基础上,将新思想、新观点、新发明通过不断的技术完善与改进最终将创意转化为现实生产力的过程。创新的精神源自创新者新奇的想法。创新者之所以能够将想法转化为有力的影响,靠的是创新的勇气——积极地与现状背道而驰,同时坚定而主动并且巧妙地去进行冒险[132]。

事实上,创新是一个动态的概念。随着创新研究的逐渐深入和创新实践的不断丰富,创新的内容也不断拓展。如 Freeman[133]根据技术变革的影响范围和影响程度将创新划分为激进式创新和渐进式创新。Henderson 等[134]根据对现有公司能力影响的不同将创新划分为渐进性创新、结构性创新、模块化创新、突破性创新。OECD 在《奥斯陆手册(第三版)》中将创新划分为产品创新、工艺创新、营销创新和组织创新[135]。另外,国内外学者将研究视野拓展到其他方面的创新研究,如二次创新[136]、持续性创新[137]、包容性创新[138]、大爆炸式创新[139]等。

2. 创新能力

创新能力是企业竞争优势的主要来源,是企业更深层次的能力[140]。Chandler 等[141]认为,创新能力是企业通过新产品开发、技术进步等手段为自身创造竞争优势的潜力。Xu 等[142]认为,创新能力是获得、开发、实施创新型产品设计和制造技术的能力。Ngo 等[143]将创新能力定义为利用企业的集体知识、技能和资源来整合执行与技术创新(产品或服务、生产工艺技术)和非技术创新(管理、市场和营销)相关活动的能力。Lemasson 等[144]认为,创新能力是集体活动中生成和创造新知识的能力。Hogan 等[145]将创新能力定义为企业将集体知识和技能应用于与新产品相关的创新活动、服务或管理、营销或工作组织系统中以便为企业或其利益相关者创造附加值的能力。Saunila 等[146]将创新能力定义为企业在文化支持、员工技能与创新、员工福利、领导实践、个人知识发展、外部信息来源、战略目标联系等方面的驱动力。

综合上述学者们的观点,本书认为,企业的创新能力是借助知识与技能的整合,通过不断研发、改进新技术,创造新产品并使之不断满足市场需求的能力。张军等[147]认为,企业是"社会 - 技术"的系统,企业的创新能力不仅具有社会性活动的内生性特征,更应兼具技术要素对创新的社会性特征。从这一层面来看,企业的创新能力属于技术创新领域的范畴[148],所以本书研究的企业创新能力更多地偏向企业技术创新能力。想要深刻认识企业技术创新能力,就要明确技术创新的相关概念,在此方面,国内外学者们进行了大量的有益探索。

诺贝尔经济学奖得主 Solo[149]提出技术创新成立的两个核心条件:一是新

思想的来源;二是以后阶段的实现与发展。Solo 的"两步论"思想为后继技术创新研究学者奠定了理论基础。随着研究的深入,学者们逐渐将"创新"的概念发展为"技术创新",并且把"技术创新"提高到"创新"的主导地位。Myers 等[150]认为,技术创新是从新思想、新概念开始,通过不断解决问题,最终使一个有经济价值和社会价值的新项目得到实际成功的应用。Utterback[151]认为,技术创新是技术发明创造的首次应用。Mueser[152]对 3 008 篇技术研究文献进行系统梳理与分析后认为,技术创新是以其构思新颖性和成功实现为特征的有意义的非连续性事件。其中暗含两方面含义:其一,技术创新活动的非常规性,包括新颖性和非连续性;其二,技术创新活动必须取得最后成功,并且最终得以实现。

国内关于技术创新概念界定的研究也同样丰富。傅家骥教授[153]在沿袭 Schumpeter 创新"五点论"基础上将技术创新界定为企业家抓住市场潜在盈利机会,以获取商业利益为目的,重新组织生产条件和要素,建立起效能更强、效率更高、费用更低的生产经营系统,从而推出新的产品、新的生产(工艺)方法、开辟新的市场、获得新的原材料或半成品供给来源、建立企业新的组织等一系列的综合过程。吴贵生[154]认为,技术创新是从技术的新构想、研究开发或技术组合到获得实际应用并产生经济效益的商业化全过程的活动。陈劲等[155]认为,技术创新是以满足市场需求为出发点和最终归宿,从新思想的产生到研究、发展、试制、生产制造等一系列的商业化过程。许庆瑞[156]认为,技术创新泛指一种新的思想的形成,直到得以利用并生产了满足市场用户需要的产品的整个过程。广义而论,技术创新不仅包括了技术创新成果本身,也包括了成果推广、扩散和应用过程。综上所述,本书认为,技术创新是始于一个新奇的想法和新的思想,通过对生产要素重新的组合来加速新成果的推广、扩散和应用,以不断满足市场需要的商业化过程。在技术创新能力含义界定方面的研究主要有以下几个方面。

从战略管理的角度来看,魏江等[157]将企业的技术创新能力定义为企业以资金能力支撑,为支持技术创新战略实现,由产品创新能力和工艺创新能力为主体并由此决定的系统整合功能。Burgelman 等[158]将技术创新能力定义为企业为促进和支持技术创新战略的一系列综合能力。

从知识基础观的角度来看,Kogut 等[159]认为,技术创新能力是企业通过知识重组来创造新知识,进而产生产品创新或工艺创新的能力。Lall[160]认为,技术创新能力是企业所需的有效吸收、掌握、提高现有技术,从而创造新技术的知识能力。

从要素构成系统的角度来看,Adler 等[161]认为,技术创新能力是:(1)通过开发新产品来满足市场需求的能力;(2)使用适当的工艺技术制造这些产品的能力;(3)开发和引进新产品和新工艺技术来满足未来需求的能力;(4)有效应对竞争对手未预料到的技术活动和不可预见的市场力量的能力。Barton[162]认为,技术创新能力是由技术工程师、创新管理、技术体系、科学理论等因素彼此相互作用所产生的综合能力。

基于上述三个视角的研究,战略管理视角和要素构成系统角度均不同程度地强调了技术创新能力中创新整合的重要性,但忽略了创新的社会性特征;知识基础观视角考虑到了知识作为更深层次创新驱动力的重要作用,但未就技术创新中"新观念与新思想"来源这一关键因素予以讨论。综上所述,本书在"社会 – 技术"的系统框架下,结合企业创新来源的客观认知,将企业技术创新能力定义为,由一个新思想所产生,以服务社会为最终目的,企业借此从事知识重组与增强行为并通过技术创新资源(技术研究人员、技术设备、技术信息、组织管理等)的投入、吸收、应用、改进、调控来实现高效产出的能力。技术创新能力是企业技术创新行为的最高层次,是企业创新能力的核心所在。企业的创新能力就是企业通过技术创新行为不断形成、完善、强化与技术创新活动相关的能力。

3. 高新技术企业的创新能力

(1)高新技术企业创新能力的内涵

结合高新技术企业自身特点及对企业创新能力概念的界定,本书认为,高新技术企业的创新能力是在高技术行业内,企业通过对内部知识的重新组合,或从企业外部搜寻、识别、获取新的知识,最终凭借自主创新行为产生能创造市场价值,并能将之商业化的一系列战略、组织、服务等行为的能力。

首先,高新技术企业创新能力的本质是一个多维度的惯例过程。高新技术企业的创新能力并不是创新要素间简单的组合与排列,而是嵌入创新要素常规行为过程中的高级知识创造过程。这包括从选择创新源(搜寻和选择知识源)到获得创新源(获取知识源),再到最终实现创新目标(集成、创造、利用新知识)的一系列惯例过程[163]。

其次,高新技术企业创新能力的形成是企业自主创新的结果。与一般产业不同,高技术产业内企业间的竞争依靠的是具有自主知识产权的高技术产品的竞争[164]。因此,技术的引进与模仿是高新技术企业创新能力形成过程中的前端环节,高新技术企业最终创新能力的形成关键在于企业自主创新能力的突破与形成,在高新技术领域不断推陈出新是高新技术企业取得成功的关键。

最后,高新技术企业创新能力形成的最终目的是提高企业创新绩效水平,获得并保持可持续的竞争优势[165]。随着创新驱动逐渐成为时代发展的主流,高新技术企业绩效水平的提升、竞争优势的获取必须依赖于企业创新能力的提高。这不仅是高新技术企业从事技术创新活动的根本目的,更是激发和引导高新技术企业积极开展技术创新活动的重要动力来源。

综上所述,高新技术企业的创新能力是包含企业创新意识、企业知识获取能力、企业知识整合能力、企业知识转化能力等在内的综合作用能力。高新技术企业通过有意识地强化外部知识的获取,将获取的知识与企业既有知识进行系统集成与整合,通过提高企业驾驭新知识的熟练度和知识创造行为的可持续性,进而加速了企业科技创新成果的市场转化速度,不断为企业创造超额收益,确保高新技术企业在激烈的市场竞争中保持足够的竞争优势。

(2)高新技术企业创新能力的特征

①创造性

创造性是高新技术企业创新能力的核心特征。高新技术企业所处的高技术领域往往是与国家经济建设和社会发展息息相关的关键工程与核心行业,这就要求高新技术企业的创新能力不仅要具备足够的技术开发能力,更要拥有并保持足够的创造性,特别是技术转化能力。高新技术企业的创新能力是基于企业创新所涉及的一整套价值链的复杂过程。研发能力是高新技术企业创新能力的前期环节,企业要保持高收益性的特点,关键在于企业后期商业化与市场化的能力。有别于多数企业的创新能力仅停留在技术研发与改造层面,高新技术企业的创新能力主要突出体现在面向技术前沿和顾客需求的技术产品与服务的创造。

②悖论性

高新技术企业创新能力的悖论性主要表现为资源的稳定复用与企业的行为刚性。对于高新技术企业而言,企业的竞争优势建立在异质性资源的投入与组合方面。利益驱动下,高新技术企业为了获得稳定、超额的垄断利润通常更倾向于对既有的可控资源进行稳定的利用与编排,进而滋生了企业的行为刚性,并逐渐形成路径依赖。具体地,高新技术企业资源高投入性与收益高风险性并存的特点,决定了企业很难找到现有资源复用方式的替代方案,企业资源利用行为往往依照企业主导逻辑来塑造创新能力。然而,在瞬息万变的外部环境中,受制于稳定的资源承诺和组织结构惯例的影响,高新技术企业易陷入能力陷阱,进而抑制了企业的组织变革与对外部环境做出及时响应的战略柔性。

③系统性

高新技术企业的创新能力是一个集成的能力,是由研发能力、工程化能力、商业化能力、营销能力等诸多能力共同作用和综合组成的。有别于多数企业单一要素驱动发展观,高新技术企业高创新性的特点是建立在多要素相互协同匹配和对异质性要素整合规划基础上的。高新技术企业的创新能力并不意味或是代表某一特定的组织资源(如人力、技术、设备等),而是囊括和涵盖了包括战略、组织、运营等各环节在内的协作系统。高新技术企业通过对创新要素的协同与匹配,有助于增强组织内部知识的多元化与多样性,有利于培育创新者的身份认同感和组织归属感,有利于克服企业单一要素能力的刚性演化及能力锁定问题,对实现企业能力跃迁有极大的益处。高新技术企业创新能力的系统观更能有效地帮助企业快速实现价值创造。

2.2　区域软环境对高新技术企业创新能力影响的理论解析

2.2.1　区域经济学视角的理论解析

区域经济学又称为地域经济学或是区位经济学,是建立在对区域和空间认知的基础上研究经济活动区域特征和空间规律的学科。Nourse[166]把这门学科定义为研究为人们所忽视的经济空间秩序和稀有资源地理分布的科学。区域经济学研究的主要内容实质上就是稀缺资源的空间配置问题,空间互动的思想逐渐成为区域经济学的核心思想[167],这也是区域经济学对经济学理论的贡献之一。自然禀赋的差异性、经济活动的不完全可分性、空间距离的不灭性是区域经济学逻辑前提和客观基础存在的三大基石。

　　1. 自然禀赋的差异性

　　自然禀赋的差异主要体现在自然条件的异质性、资源的稀缺性、生产要素分布的不均衡性和不完全流动性三个方面。首先,地域空间经历时间岁月的变迁,自然条件千差万别;其次,与人类需求的无限性相比,无论是自然资源还是社会经济资源都是有限的。这些稀缺的资源即使分布均匀,由于区位效应的作用,也会向某些地区集聚,最终导致一种资源在某一区域相对丰富,而在另一区域则相对稀缺;最后,生产要素分布的不均衡性和生产要素的不完全流动性,使得人类的经济活动不可能形成空间"均质"状态。

　　2. 经济活动的不完全可分性

　　自然因素在区域经济中起着不可忽视的作用,甚至起着决定性作用,但这些因素如不通过人类有目的的经济活动转化为经济因素,资源优势将不能转变成经济优势。西方古典经济学代表人物亚当·斯密[168]就注意到了规模经济的重要性,并根据生产要素和其他货物与服务的不完全可分性进行了分析说明。规模经济体现在经济规律运行下,要素的流向总是趋向于使其增值或提高效率的方向,推动了生产要素和企业在一定空间范围内的相对集中,从而形成以城市为极化中心的区域经济。

　　3. 空间距离的不灭性

　　空间的出现自然而然地就会产生距离。人类要顺利开展经济活动就要破除空间因素的制约,最大限度地降低支付距离的成本。区位论视角下,产品和服务在空间上的移动必须尽量克服空间的摩擦,为此一定要付出时间、费用和劳动力等。很大程度上,距离成本限制了特定区域自然禀赋优势的发挥和空间聚集经济实现的程度,使经济活动局限于一定的空间范围内。

　　综上所述,自然禀赋的差异和空间距离的不灭性是区域差异形成的前提与基础。

　　区域差异的客观性一定程度上塑造了不同地区高新技术企业创新能力的异同。资源禀赋是高新技术企业进行创新活动不可或缺的资源基础,但受区位条件和外部环境因素等影响,高新技术企业创新水平的成败与创新能力的高低一定程度上取决于该企业在本地区可获得生产资源的概率、资源使用机会和资源占有率,这些因素也间接影响着高新技术企业创新的可持续性。对于高新技术企业来说,在本地区尽可能地掌握、控制、占有一部分关键性生产要素和稀缺资源,通过合理配置来有序安排创新活动,是提高高新技术企业创新能力并在市场竞争中获得比较优势的关键所在。

另外,受限于技术创新能力的区位锁定效应,知识和技术的溢出通常会收缩在以创新中心为核心的空间区域内,与该中心邻近的企业,区域技术创新能力对其作用强度较大,辐射影响范围也就更广。显而易见,区域技术创新能力的区位锁定作用一定程度上造成了不同地区高新技术企业创新能力的先天差异,区域创新资源越丰富,区域技术创新能力的锁定效应越强,对本地区高新技术企业创新能力的影响越大。

2.2.2　经济地理学视角的理论解析

经济地理学这一学科名称由俄国科学家 Lomonosov 于 1760 年首次提出。德国地理学家 Götz 在 1882 年首次明确论述了经济地理学的性质和特点,他认为经济地理学就是把地球空间作为人类经济活动的舞台,为国民经济提供考察自然基础的专门学科[169]。从经济地理学在地理学中的地位来看,经济地理学是人文地理学的一个重要分支。经济地理学在试图寻求经济活动的区位和空间组织的一般规律等社会实践方面发挥越来越重要的作用。同时,经济地理学在完善区域空间治理,协调区域资源配置与整合等方面也扮演了关键角色[170]。

经济地理学的核心观点认为,任何两个地区在资源禀赋、要素结构等方面均存在差异,这决定了两个地区在经济结构形成条件、经济基础、经济发展存在的问题也各不相同。经济地理学中的集群理论进一步认为,不同地区企业创新能力的异同实质上是企业集群效应的结果。创新能力较强或是有强烈创新意愿的企业往往向区域内核心地区聚集;相反地,创新能力较弱或是创新意愿与创新倾向较低的企业往往向区域内边缘地区聚集。从某种程度上来说,集群是企业进行或考虑创新活动时的一种选择效应。

集群对高新技术企业创新能力的影响效果是明显的。集群的形成通常情况下会成为高新技术企业创新所需技能和知识的汇集地,通过地理位置上的集中或靠近产生创新集群效应,从而弥补单个企业创新资源不足的缺陷。企业与企业间彼此集中在一起,大幅降低了知识搜寻成本,进一步深化了专业分工,强化了共同培育新知识的基础。尤为重要的是,随着时间的推移,集群域内知识不断积累,并从个体知识逐渐转化为公共知识。地缘上的接近使相互竞争的高新技术企业或是彼此关联具备互补属性的高新技术企业相互受益,最终导致并形成"1 + 1 > 2"的双赢局面。从整体来看,集群促进了知识和技术的扩散,加速了智力资本在区域内的流动。集群内部的共生机制为高新技术企业创新活动提供了便利条件,提高了集群内高新技术企业创新资源的获取能力,加速了隐性知识向显性知识转化的进程,进而大幅提高了高新技术企业创新能力的水平。

2.2.3　资源依赖理论视角的理论解析

企业成长内生论的关注点在于企业内部资源与能力对企业成长的决定性作用,认为企业成长主要依靠内部资源的扩展和能力提升实现业务活动的增长。毋庸置疑,内部资源与能力对于企业成长的重要意义贯穿于企业生命周期的始终;但与此同时,企业成长所需的大部分资源仍需从外部汲取。显而易见,企业成长所需的资源无法通过自身生产全部满足,因而必须从其他组织或组织外部来获取,即会产生资源依赖[171](Resource Dependency)。资源依赖理论(Resource Dependency Theory)是建立在 Emerson 社会交换理论基础上的对资源基础理论的补充和发展。资源依赖理论的核心观点认为,企业外部资源的供应者塑造并约束了企业内部战略的选择和制定,企业能否保持足够竞争力将严重依赖于外部资源的供给与可得[172]。

同时,权变理论进一步认为,组织就是一个与外部环境不断进行交互而获得发展机会的开放系统,企业经营策略要与外部环境相匹配才能充分发挥效力,环境是企业发展中所必须面临的权变变量[173]。这里引用的交互的定义来自 Rivkin[174]关于复杂相互依存系统的研究。在两个要素中,若一个要素依赖于另一个要素存在,那么就可以说两要素之间存在交互作用[175]。组织与外部环境进行交互的首要目的就是获取资源,尽管企业是一个开放的系统,但由于企业不是完全独立和自给自足的,就必须依靠外部环境来不断交换资源和信息。在这一过程中,首先,企业必须是渴望生存的;其次,企业根据自身的要求可以从外部环境中获取部分资源;最后,这部分资源对企业的部分经营活动是关键且重要的[171]。

对高新技术企业而言,企业创新能力深受各种外部环境的影响,企业通过对外部有价值的、稀缺的、难以复制的、不可替代的资源进行有效的获取和掌握[176]，并通过对外部资源的进一步整合和利用来提高企业自身创新能力水平。特别是通过识别、强化对外部关键性和具有创新属性要素资源的获取与掌握，提高了高新技术企业抵御外部风险的能力。同时，关键性、异质性、稀缺性的资源还会帮助高新技术企业建立差异化的创新优势，使竞争者难以模仿和复制，最终易使高新技术企业创新能力得到持续的巩固与提升。

高新技术企业是如何识别外部环境中的关键性资源的呢？从组织生态学视角来看，组织的进化往往会受到组织惯性和资源专一性的限制[177]。简言之，随着高新技术企业组织结构惯性的逐渐增强，高新技术企业会不断积累沉没成本，并最终形成创新经验。创新经验的累积与丰富为高新技术企业创新行为建立了资源筛选机制，使企业意识到哪些外部资源是对企业创新行为起关键性作用的，这进一步提高了企业对外部关键性资源获取的目的性和针对性。高新技术企业通过实质性获取、控制，并将这类资源投入企业技术创新活动中，大幅提高了高新技术企业的创新能力水平。

2.2.4 网络嵌入理论视角的理论解析

嵌入及嵌入理论最早源于西方关于社会学及社会理论的相关研究。"嵌入性"的概念最早由 Polanyi 提出，并在 Marsden、Granovetter、Uzzi 等人的研究下不断丰富和完善。

Marsden[178]认为，嵌入描述了这样一个事实，即组群内的交流与讨论通常会形成一段历史，在历史期内所形成的稳定的、惯例化的成员联系即为嵌入。随后，学者们将嵌入的研究视角由组织内部逐渐拓展到组织外部。Granovetter[179]认为，经济行为嵌入在社会结构和社会关系之中，网络中任何成员的成功与失败都会深受其他成员态度和行为的影响。Uzzi[180]创造性地将嵌入性思想与社会网络理论相结合，认为网络嵌入是企业和其合作伙伴之间的关系数，网络嵌入的研究焦点是研究网络成员间的相互影响程度。孙骞等[181]认为，网络嵌入具有多重性特征，即同一个企业会同时嵌入多个外部网络中，而网络的异质性又必然导致资源分布的差异性，从而对企业行为产生不同影响。如果企业与其合作伙伴联系紧密，可以认为该企业的网络嵌入程度较高，并会对网络内其他成员产生较大的影响；如果企业与其合作伙伴没有什么联系，可以认为该企业的网络嵌入程度较低，对网络内其他成员的影响程度也较低。

Wuyts 等[182]系统分析了网络嵌入中各成员间的相互关系。如图 2.4 所示,网络内的参与者包括供应商(企业)、分销商(主要合作伙伴)、其他合作伙伴(包括合作伙伴 A、合作伙伴 B、合作伙伴 C、合作伙伴 D 等)。其中,任何一个企业与主要合作伙伴之间的二元关系都是相互关联的、紧密的,将之称为"焦点关系"(Focal relationship)。企业主要合作伙伴

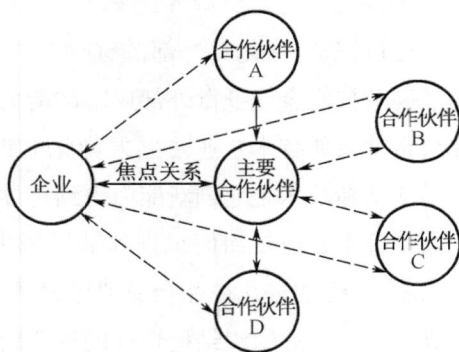

图 2.4　网络嵌入概念图

注:相关图片资料来源于参考文献[182]。

也可以同时拥有众多的合作伙伴,包括它的联盟伙伴、供应商、客户、金融和政府机构等。在这个网络中,企业也可能拥有与其主要合作伙伴相同的第三方(合作伙伴 A、B、C 或 D),如同一个供应商、客户、金融和政府机构等。随着其他合作伙伴数量的增多,越来越多的利益相关者会共同参与到企业的生产经营中去(其中最普遍、效果最佳的做法就是联合开发产品),并且极大促进了企业彼此间知识和信息的共享与交换。

在网络嵌入维度划分方面,学者们基于研究视角的差异对不同嵌入形式进行了研究。Zukin 等[183]将网络嵌入划分为文化嵌入与政治嵌入。其中,文化嵌入是基于共同价值观所形成的行为约束规范;政治嵌入是政治框架与制度下政治、法律因素对经济行为产生的影响。Granovetter[184]将网络嵌入划分为关系嵌入和结构嵌入。Hagedoorn[185]将网络嵌入划分为环境嵌入、组织间嵌入和双边嵌入。其中,环境嵌入是企业所面临区域、政府、产业等给企业经济行为带来的影响;组织间嵌入是企业受到的网络环境、合作伙伴关系等的影响;双边嵌入是企业受到的与其他合作伙伴或利益相关者间重复关系的影响。Packard 等[186]将网络嵌入划分为位置嵌入和交界嵌入。其中,位置嵌入是个体与网络内成员的合作程度;交界嵌入是目标个体嵌入之前网络内成员间彼此连接的程度。在关于网络嵌入维度划分的研究中,关系嵌入和结构嵌入被广泛提及与探讨,同时也是迄今为止研究网络嵌入维度划分的主流共识。其中,关系嵌入是指以信任、互惠、契约为基础,网络成员间建立起来的紧密互动关系;结构嵌入是指网

络中信息的位置或配置情况及其对企业经济行为的影响程度。

Rowley 等[187]认为,当一家企业的网络嵌入程度较高时,它对其他网络成员产生的影响会促使网络内各成员之间建立起群体规范,并以此作为企业行为是否适当,能否被其他网络成员所接受的评判标准。在群体规范的约束下,一方面,企业合作伙伴的关注重点将由以自我为中心的利己行为逐渐向合作共赢转变,而这种转变将有利于企业进行诚信交流和冲突协调,最终使网络成员的目标保持一致性[182];另一方面,这样密切的相互联系会进一步加深网络内成员的共同理解,合作伙伴会更愿意通过集体努力和公平交易来提高企业经济效益。由此可见,网络嵌入环境下,群体规范将企业与合作伙伴紧密地连接在一起,根据双方期望参与交流,为了共同愿景彼此积极配合,营造了一种合作更加默契的网络氛围,这对企业生产经营行为和企业创新活动产生了重要的影响。

对于高新技术企业而言,高新技术企业通过关系嵌入行为嵌入所在区域的网络内,增进与区域内的高等院校、科研机构、金融机构、政府部门、其他企业等利益相关者的沟通交流,建立起稳定的合作关系和良性的沟通管道。高新技术企业通过不断强化自身关系嵌入能力,进一步增强了高新技术企业与所在区域内网络成员之间的信任度与好感,导致互惠行为的发生,确保了高新技术企业获得资源的灵活性和可持续性。同时,区域内网络成员遵守共同的信任规范并在其指引下加速了知识在网络成员间的扩散与传播,而违反准则的成员将会被视为机会主义和利己行为被其他成员所摒弃[187]。这种和谐共融的区域网络环境对营造良好、稳定的区域网络关系氛围至关重要,进而提高了企业间知识共享的意愿和创新合作发生的概率,有利于提高高新技术企业的创新能力。

高新技术企业通过结构嵌入行为嵌入所在区域的网络内,增进与区域内的高等院校、科研机构、金融机构、政府部门、其他企业、创业者等利益相关者的沟通交流,建立起稳定的合作关系和良性的沟通渠道。高新技术企业不断强化自身结构嵌入能力,有利于高新技术企业在区域网络内占据关键位置,发挥核心作用,有助于高新技术企业快速地从区域网络中搜集和获取高质量的信息与异质性资源[188]。伴随高质量信息和异质性资源流入数量的增多,企业成员也在不断提高自身适应能力来逐步调整自己对新知识、新信息的看法和观点。企业成员通过反复沟通、交流和激烈讨论、商议,在自由开放的情境下,可以充分发挥团队成员头脑风暴的关键性作用,为高质量信息的产生创造了必要的条件[189]。同时,团队成员将彼此掌握和观察到的信息进一步共享和交流,可以有效促进成员彼此间共同意愿的形成,并基于共同观点逐渐达成创新共识。特别是独特想法和新奇观点的出现,极大促进了企业成员在制定解决方案时创造性思维的形成,这不仅有助于高新技术企业找到一个新的解决方案,也进一步增强了企业整体的创造力,提升了企业整体创新水平[190]。

2.3 区域软环境对高新技术企业创新能力影响的分析框架

区域软环境对高新技术企业创新能力影响的分析框架主要包含四个研究要点:首先,描述中国高新技术企业创新能力的发展态势,并对其展开深入分析;其次,识别影响高新技术企业创新能力的关键区域软环境要素,并将此作为后续相关模型构建、变量测量、数据搜集的基础;再次,探讨区域软环境对高新技术企业创新能力的影响效果及在不同地区内的影响效果差异;最后,构建区域软环境对高新技术企业创新能力影响的跨层次模型,进一步揭示了区域软环境对高新技术企业创新能力的影响机理。研究框架的具体内容如下。

1. 高新技术企业创新能力发展态势的分析

在研究区域软环境对高新技术企业创新能力的影响机理之前,需要进一步明确和清楚地认识到中国高新技术企业创新能力的发展现状、面临的问题,以及高新技术企业创新能力的发展态势。随着时间的推移,高新技术企业自主创新能力逐步形成,自有技术保有量不断增加,企业核心能力不断显现,企业创新能力也将呈现动态的发展趋势。同时,区域软环境资源禀赋的客观差异也进一步拉开了不同区域内高新技术企业创新能力的发展差距。准确描述和深入分析高新技术企业创新能力的发展态势及其在时间和空间两个层面的差异化表现,有利于使我们对高新技术企业创新能力的发展态势有一个清楚的认知和判断,进而提高本书研究的针对性和时效性。

2. 影响高新技术企业创新能力的关键区域软环境要素识别

高新技术企业创新能力的形成与提升不仅依靠企业自身能力的不断突破,同时更有赖于外部区域软环境对企业创新能力塑造产生的深刻影响。企业与外部环境既相互依赖,又时常产生冲突,冲突和依赖的轮流出现决定着高新技术企业会经常面临外部软环境的不确定性[171]。环境的不确定性是环境的未来状态不可被预期和精准预测的程度。不确定性问题自身并不存在问题，只有在企业与重要的环境元素互动时才会产生不确定性。外部软环境不确定性的加剧，会导致高新技术企业创新能力的轨迹发生偏移，甚至导致企业创新活动的失败。所以，高新技术企业需要对外部软环境进行扫描，并有意识地对关键性创新要素和稀缺性资源进行控制。这就进一步需要高新技术企业从大量外部区域软环境构成要素中对能够有效提高高新技术企业创新能力的关键要素进行识别与提取，重点解决哪些区域软环境要素对高新技术企业创新能力的影响是主要的，哪些是次要的。通过明确影响高新技术企业创新能力的关键区域软环境要素，有利于提高高新技术企业创新资源获取的目的性，提高创新资源投入的针对性，继而确保高新技术企业创新能力的稳定性、高效性与可持续性。

3. 区域软环境对高新技术企业创新能力的影响效果分析

要素的空间流动以及要素在不同地区所展现的收敛与发散特点，使我们在研究区域软环境对高新技术企业创新能力的影响效果时要充分考虑要素空间相关性的特点。创新的扩散和知识的溢出在相互邻接的地区存在一定的空间交互作用，同样邻接区域内的高新技术企业创新能力的提升也不同程度地存在交互作用。基于这样的认识，需要进一步探讨空间效应下，区域软环境对高新技术企业创新能力是否产生影响，将会产生怎样的影响。在识别影响高新技术企业创新能力的区域软环境要素基础上，将其作为衡量区域软环境的代理变量，通过构建空间计量模型来进一步探讨区域软环境对高新技术企业创新能力的全局影响效果。同时，考虑到区域差异在塑造和约束不同地区高新技术企业创新能力异同的独特性，仍需进一步深入剖析空间效应下，不同地区区域软环境对高新技术企业创新能力的影响效果及效果差异。

4. 区域软环境对高新技术企业创新能力的跨层次影响机理分析

从企业外部视角来看，区域软环境是高新技术企业开展技术创新活动所面临的重要外部环境。受企业资源约束限制，影响高新技术企业创新能力的关键要素有赖于企业外部软环境资源的供给与可得。区域科技环境是高新技术企业创新能力形成、提升的前提条件和先决因素；区域市场环境影响高新技术企业技术创新的成功性；区域金融环境满足高新技术企业资金需求的稳定性；区域政府环境确保高新技术企业竞争优势的持续性；区域法律环境提高了高新技术企业知识创造的积极性。区域文化环境增强了高新技术企业知识创造的多样性。

从企业内部视角来看,创造性往往蕴藏于人际交往互动所形成的社会网络中。在网络嵌入视角下,关系嵌入描述的是嵌入企业在网络中与其他网络成员间相互影响的程度,结构嵌入描述的是企业所处网络位置对企业行为和绩效的影响程度。高新技术企业的技术创新行为深深植根并嵌入在社会结构和社会关系之中,社会网络中任何成员的成功与失败都会潜移默化地影响着其他成员的态度和行为。高新技术企业通过强化自身网络嵌入行为对高新技术企业创新能力产生重要影响:一方面,高新技术企业通过不断强化自身关系嵌入能力,进一步以信任关系为纽带增进与区域内网络成员间的互惠行为,进而大幅提升了区域内的知识转移能力,加速了区域内企业的创新进程,最终提高了高新技术企业整体创新能力水平;另一方面,高新技术企业通过不断强化自身结构嵌入能力,特别是通过融入大规模、高密度的区域网络中,抑或是在区域网络内占据有利的网络位置(如企业处于区域网络中心或结构洞位置),有利于提高企业掌握、控制关键性创新资源的能力,进而通过拓宽创新资源获取渠道,确保高新技术企业创新能力的稳步、持续提升。

企业外部的区域软环境和企业内部自身的网络嵌入行为两者间并不是孤立的。高新技术企业通过网络嵌入行为有效影响企业创新能力归根结底就是企业的网络嵌入行为与外部区域软环境进行联动,两者彼此间通过形成良性的交互效应来提高高新技术企业创新能力的过程。具体地,高新技术企业通过增进与区域网络内的高等院校、科研机构、金融机构、政府部门、其他企业、创业者或创业团队等利益相关者的沟通交流,彼此间保持高度的信任关系,并在区域网络内占据关键位置,发挥核心领导作用等均有助于提高高新技术企业从外部区域软环境中获取高质量信息、关键性知识等异质性资源的概率,为高新技术企业顺利开展技术创新活动创造更加有利的条件。高新技术企业通过强化自身网络嵌入能力,有针对性地增强网络嵌入行为,并与外部区域软环境形成良性的交互效应,大幅增强了企业外部异质性资源的流入,最终提高了高新技术企业整体创新能力水平。

综上所述,高新技术企业通过不断提升自身关系嵌入和结构嵌入的能力水平,并与所在区域网络内的高等院校、科研机构、金融机构、政府部门、其他企业、创业者或创业团队等利益相关者形成良性的交互效应,有效提高了高新技术企业的创新能力。区域软环境、网络嵌入、高新技术企业创新能力三者间的作用关系如图2.5所示。

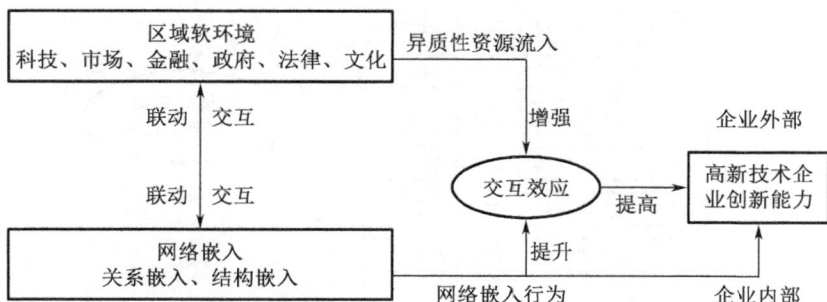

图2.5　区域软环境、网络嵌入、高新技术企业创新能力关系图

在此基础上,本书进一步构建了以网络嵌入(关系嵌入、结构嵌入)为外生变量,高新技术企业创新能力为内生变量,区域软环境(区域科技环境、区域市场环境、区域金融环境、区域政府环境、区域法律环境、区域文化环境)为调节变量的跨层次模型,进一步深入剖析了区域软环境对高新技术企业创新能力的跨层次影响机理,具体包含两方面的内容:一方面,探讨了网络嵌入对高新技术企业创新能力影响的主效应,着重分析了关系嵌入和结构嵌入对高新技术企业创新能力的直接影响效果;另一方面,探讨了区域软环境在网络嵌入与高新技术企业创新能力间的调节效应,着重分析了关系嵌入和结构嵌入分别与区域科技、市场、金融、政府、法律、文化等环境的交互作用对高新技术企业创新能力的影响。高新技术企业通过网络嵌入行为来影响企业创新能力,从本质上讲就是高新技术企业借助其所在的外部区域网络,通过对软环境资源进行识别、获取与利用来不断提升企业创新能力的过程。高新技术企业通过关系嵌入行为和结构嵌入行为对企业外部区域软环境的变化进行及时感知,并有意识地与所在区域网络内的高等院校、科研机构、金融机构、政府部门、其他企业、创业者或创业团队等利益相关者形成良性的交互效应,有效提高了高新技术企业的创新能力。区域软环境对高新技术企业创新能力影响的分析框架如图2.6所示。

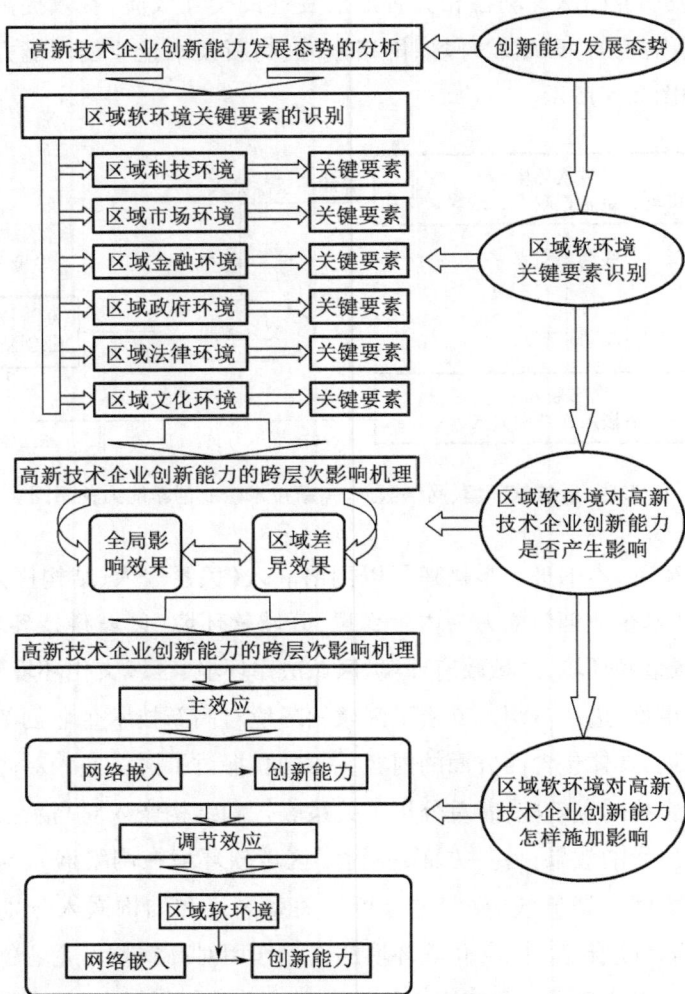

图 2.6　分析框架图

2.4　本章小结

　　本章首先对区域与区域软环境的构成、高新技术企业的内涵与特征、创新能力与高新技术企业创新能力等相关概念进行了界定、说明与辨析。其次对研究所涉及的理论(如区域经济学、经济地理学、资源依赖理论、网络嵌入理论等)进行了梳理与阐述,并结合本书研究主题进行了相关解析。最后构建了区域软环境对高新技术企业创新能力影响的分析框架,重点包括高新技术企业创新能力发展态势的分析、影响高新技术企业创新能力的关键区域软环境要素识别、区域软环境对高新技术企业创新能力的影响效果分析、区域软环境对高新技术企业创新能力的跨层次影响机理分析四个方面。本章的研究为本书后续其他章节的研究奠定了基础。

第3章 高新技术企业创新能力的 发展态势分析与区域 软环境关键影响因素识别

依照第 2 章中构建的区域软环境对高新技术企业创新能力影响的分析框架,本章重点对中国高新技术企业创新能力的发展状况进行了简要的分析,利用 2007—2015 年中国大陆地区 30 个省(自治区、直辖市)高新技术企业创新能力数据对中国高新技术企业创新能力的发展态势进行了描述与分析(需要说明的是,西藏自治区的数据在多个统计方面缺失相关资料,港、澳、台地区的数据存在统计口径差异,故上述地区的数据资料不纳入此次统计)。进一步通过构建影响高新技术企业创新能力的区域软环境要素指标体系,利用熵权法确定指标权重,通过对指标权重进行排序,识别了影响高新技术企业创新能力的关键区域软环境要素。

3.1 中国高新技术企业创新能力发展现状的回顾

3.1.1 中国高新技术企业创新能力现状

中国高新技术企业经历了从引进、消化、吸收到自主研发、制造、生产的漫长创新之路。中国高新技术企业由模仿到创新,由跟随到引领,由制造到智造,厚积薄发,科技创新能力的累积效应逐渐显现,最终高新技术企业实现了技术创新能力质的飞跃。近年来,中国高新技术企业技术创新能力稳步提升,总体创新势头迅猛发展。

以高新区企业为例,统计资料显示,2013 年高新区企业 R&D 经费内部支出占全国企业 R&D 经费支出的 37.7%。高新区企业从业人员中,具有本科以上学历和高级职称的从业人员分别为 449.4 万人和 51.9 万人,分别比上年增长 16.0% 和 14.3%,具有创新能力的人才增长速率均高于从业人员的平均增速,企业人员队伍整体结构不断优化。在综合反映技术创新能力的专利申请方面，2013 年，高新区企业当年申请专利 28.9 万件，其中发明专利申请 13.9 万件，占全国发明专利申请量的 16.8%；发明专利授权量 5.1 万件，占全国发明专利授权量的 24.5%，中国高新技术企业正积极从"中国制造"转型为"中国创造"，在国际化道路上迈进了一大步。2016 年国内 PCT① 专利申请量前 10 家企业及排名情况见表 3.1。高新技术企业技术创新能力的提升也进一步提高了高新技术产品的国际竞争力。2002—2014 年，中国高新技术企业进出口贸易发展迅速，特别是高技术产品贸易占商品贸易的比例稳步提升，如图 3.1 所示。

表 3.1　2016 年国内 PCT 专利申请量前 10 家企业及排名情况

企业(简称)	企业所属高技术领域	PCT 专利申请量/件	国内排名	国际排名
中兴通讯	电子信息	4 123	1	1
华为	电子信息	3 692	2	2
京东方	电子信息	1 673	3	8
华星光电	电子信息	1 163	4	16
阿里巴巴	高技术服务	448	5	34
小米	电子信息	298	6	64
宇龙计算机通信	电子信息	256	7	79
吉瑞科技	电子信息	201	8	95
大疆创新	航空航天 + 电子信息	197	9	98
腾讯	电子信息	172	10	109

注：相关数据资料来源于国家知识产权局和世界知识产权组织。

3.1.2　中国高新技术企业创新能力发展中存在的问题

尽管中国高新技术企业的整体创新能力取得了长足的进步，但仍难免暴露出一些问题。

1.专利数量分布失衡

2017 年由中国人民大学中国经济改革与发展研究院和经济学院联合发布

———————————

① PCT 即 Patent Cooperation Treaty(专利合作协定)的缩写，是专利领域的一项国际合作条约。

的《中国企业创新能力百千万排行榜》数据资料(以下简称"排行榜数据")显示,中国高新技术企业前1 000强中,55 家企业申请的专利所占比例高达45.3%,与之形成鲜明对比的是,申请专利数不足500件的企业多达635家,这部分企业申请的专利所占比例仅有21.4%,如图3.2所示。这表明专利在高新技术企业之间的分布是极不均衡的,少数创新能力较强的企业占据了绝大多数专利,绝大部分企业的专利数量较少,创新能力较弱。

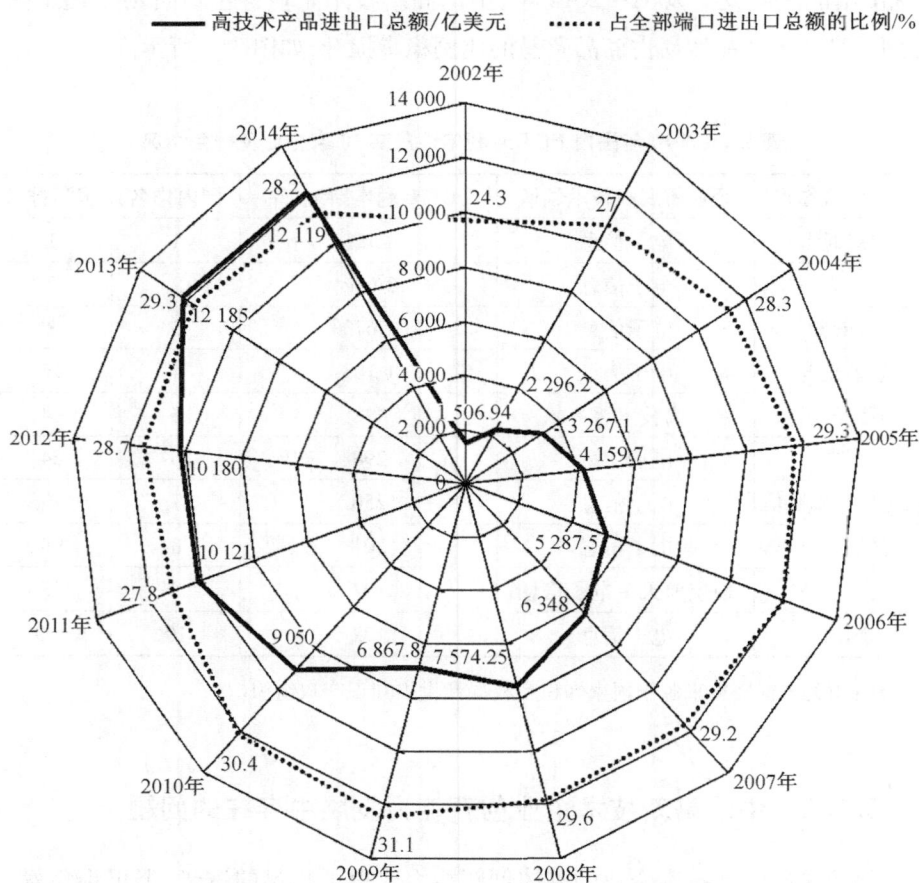

图3.1 2002—2014 年高技术产品贸易情况

注:图片由著者绘制,相关数据资料来源于科技部创新发展司。

2.专利质量总体水平不高

根据排行榜数据的测算,中国高新技术企业前1 000强高新技术企业申请的发明专利占所有专利的比例达到 59.2%,有效发明专利数占全部有效专利数的比例为 41.3%。而相比之下,美国、日本等发达国家的发明专利占比维持在 80% 甚至更高的水平。由此推知,中国高新技术企业的专利质量明显低于美国、日本等发达国家。

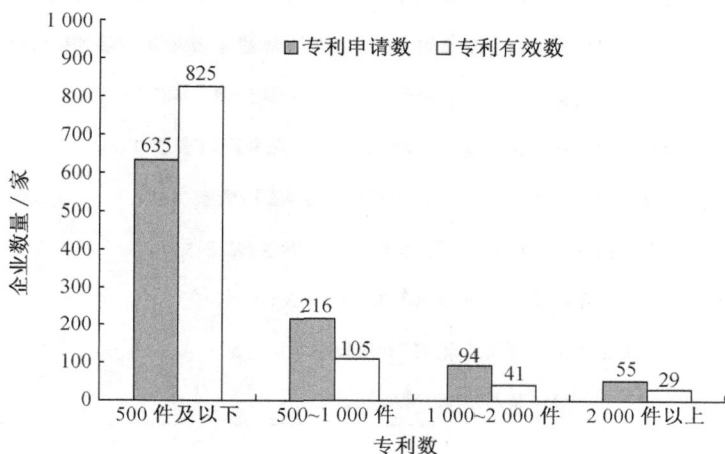

图 3.2　中国企业创新能力 1 000 强的申请专利数和有效专利数分布情况

注:相关数据资料来源于《中国企业创新能力百千万排行榜 2017》。

3. 行业分布不合理

根据排行榜数据资料显示,中国高新技术企业前 1 000 强的企业主要集中在计算机、通信和其他电子设备制造业(所占比例 15.3%),电气机械和器材制造业(所占比例 9.2%),专用设备制造业(所占比例 7.2%),仪器仪表制造业(所占比例 7.1%)及电信、广播电视和卫星传输服务(所占比例 5.8%)等 5 个行业,如图 3.3 所示。这些行业大多为传统制造业,与当今国际高新技术企业主要集中在人工智能、信息通信、高端装备制造等行业相比,存在较大的行业差异。

4. 企业自有技术保有量低

科技部资料显示,从贸易出口的高新技术企业类型分布来看,尽管以私营企业为代表的其他类型企业在中国高技术产品出口贸易中所占比例在 2002—2014 年呈增长态势,但高技术产品贸易出口的主力军仍然以外商独资企业和中外合资企业为主,这在一定程度上反映了中国高新技术企业的部分核心技术和关键技术仍掌握在外商手中。同时,也客观上折射出中国高新技术企业自有技术保有量低,企业整体创新能力仍有待进一步提升,如图 3.4 所示。

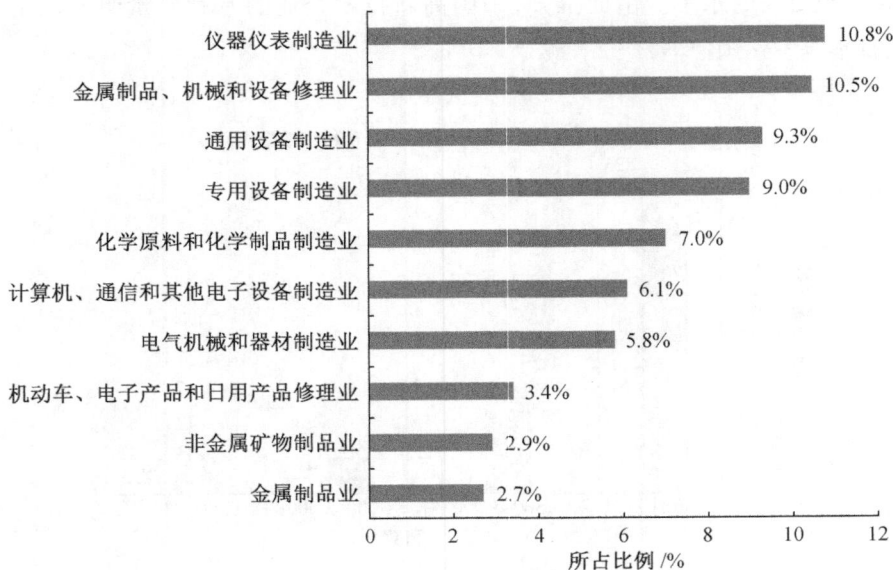

图 3.3   中国企业创新能力 1 000 强最集中的 10 个行业

注:相关数据资料来源于《中国企业创新能力百千万排行榜 2017》。

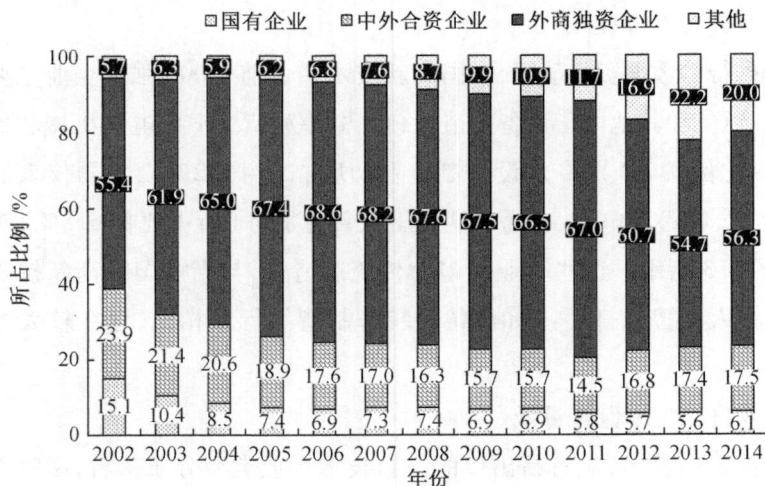

图 3.4   2002—2014 年高技术产品出口按企业类型分布

注:相关数据资料来源于科技部《科技统计报告 2016》。

5. 创新能力区域差异显著

根据排行榜数据显示,中国高新技术企业前1 000强的企业主要集中在经济发达地区,最为集中的5个省(直辖市)依次为广东(所占比例18.3%)、北京(所占比例14.8%)、江苏(所占比例12.5%)、上海(所占比例9.8%)和浙江(所占比例9.0%),这些地区的高新技术企业共计占到了前1 000强的64.4%,如图3.5所示。从区域来看①,中国的高新技术企业主要集中在华东、华北和华南地区。中国高新技术企业前1 000强中有多达83%的企业聚集在这三个地区。其中,全国接近一半的高新技术企业聚集在华东地区。从地区分布看,中国的高新技术企业创新能力的区域差异尤为显著。

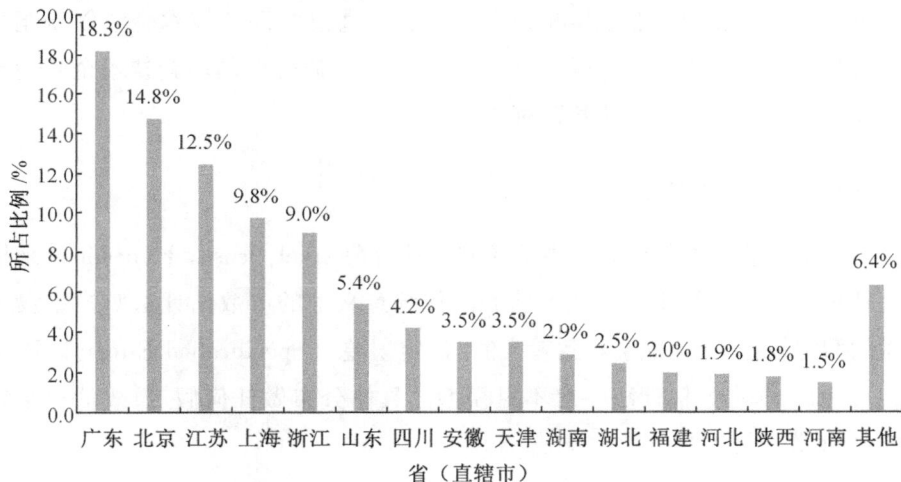

图3.5　中国企业创新能力1 000强的省际分布

注:相关数据资料来源于《中国企业创新能力百千万排行榜2017》。

综上所述,中国高新技术企业创新能力总体发展势头良好,但在发展过程中仍存在诸如专利数量分布失衡、专利质量总体水平不高、行业分布不合理、企业自有技术保有量低、企业创新能力区域差异显著等亟待解决的问题。特别是高新技术企业创新能力区域差异显著的问题折射出中国高新技术企业创新能力区域两极分化严重的客观现实,这在一定程度上严重制约了中国高新技术企

① 按照地理大区的划分方式,华东地区包括上海、江苏、浙江、江西、福建、山东和安徽;华北地区包括北京、天津、河北、山西、内蒙古;华南地区包括广东、广西和海南。

业的良性发展,阻碍了中国高新技术企业整体创新能力提升的可持续性。鉴于此,有必要对中国高新技术企业创新能力的发展态势进行深入描述与分析,据此来进一步对中国高新技术企业创新能力的发展状态及未来发展趋势做出合理的判断。

3.2　高新技术企业创新能力的
发展态势描述与分析

对中国高新技术企业创新能力发展态势的描述与分析不仅是对高新技术企业创新能力发展的一般性解析,更重要的是,通过对高新技术企业创新能力发展态势的描述并对其进行深入分析,有利于提高研究中国高新技术企业创新能力发展相关问题的科学性和针对性。

3.2.1　方法选择

本书选择非参数估计方法中的核密度估计(Kernel Density Estimation)来描述高新技术企业创新能力的发展状态。传统意义上的参数估计法对模型设定所做的假定较强,这可能会导致较大的"设定误差"(Specification Errors)。而与之相反的是,非参数估计法一般不对模型的具体分布做任何假定,故估计结果更为稳健[191]。

在统计学中,根据样本数据来推断样本的总体分布称为密度函数。在估计密度函数时,如果不假设总体分布的具体形式,即为非参数估计。为了得到某一已知密度函数的光滑估计,Rosenblatt[192]提出了用核密度估计对随机变量密度函数进行估计的方法。

随着时间的推移,高新技术企业创新能力呈现不同的变化趋势,不同时段下高新技术企业创新能力的发展态势是各不相同的,为了更精准、更直接地体现高新技术企业创新能力在时间分布上的差异,本书引入核密度估计法来描述和分析这一现象。

假设:待估计随机变量 x 在 x_0 处的概率密度为 $f(x_0)$。由于概率密度 $f(x_0)$ 是累积分布函数 $F(x)$ 在 x_0 处的导数,根据微积分中导数的定义,有

$$f(x_0) = \lim_{n \to \infty} \frac{F(x_0 + h) - F(x_0 - h)}{2h} = \lim_{n \to \infty} \frac{P(x_0 - h < X < x_0 + h)}{2h}$$

$$(3.1)$$

式中,区间$(x_0 - h, x_0 + h)$为在x_0附近的小邻域;h定义为在x_0附近邻域的大小,称为带宽(Bandwidth)。为了得到光滑的密度估计,核密度估计使用的估计量为

$$\hat{f} = \frac{1}{nh} \sum_{i=1}^{n} K\left[(x_i - x_0)/h\right] \qquad (3.2)$$

式中,$K(\cdot)$称为核函数,即为权重函数;带宽h值越大,在x_0附近邻域越大,则估计的密度函数$\hat{f}(x)$越光滑。一般假设核函数$K(z)$满足以下性质,即

(1)$K(z)$连续且关于原点对称(偶函数);

(2)$\int_{-\infty}^{+\infty} K(z)\mathrm{d}z = 1$,$\int_{-\infty}^{+\infty} zK(z)\mathrm{d}z = 0$,$\int_{-\infty}^{+\infty} |K(z)|\mathrm{d}z < +\infty$;

(3)存在$z_0 > 0$,使当$|z| > z_0$时,$K(z) = 0$;或当$|z| \to +\infty$时,$|z|K(z) = 0$;

(4)$\int_{-\infty}^{+\infty} z^2 K(z)\mathrm{d}z = \gamma$,其中$\gamma$为常数。

3.2.2　指标选取与数据来源

本书的观测变量为高新技术企业创新能力(IV),在既有研究中,根据研究方法、研究视角、数据来源的差异,关于企业创新能力的考察与衡量主要通过两种渠道:一种渠道是通过以问卷调查、实地访谈等形式,设计问卷题项来考察和衡量企业的创新能力,如张军[193]、魏江等[194]、曹勇等[195]的研究;另一种渠道是基于公开披露的二手数据如各类统计年鉴、上市公司年报、调研报告等形式获取,如孙玉涛等[196]、沈能等[197]、傅利平等[198]、刘思明等[199]的研究。相较于问卷调查、实地访谈等原始数据而言,二手数据具有使用成本低、易获取等特点。同时,大部分二手数据的发布与披露来源于国家统计年鉴和上市公司财务年报,某种程度上具有一定的权威性。另外,大部分研究学者在企业创新能力的衡量方面均采用了二手数据,具有一定程度的普遍性和共识性。故本书采用第二种渠道即利用二手数据来选择高新技术企业创新能力的代理变量。

在第二种渠道中,观测和衡量企业创新能力的指标常见的主要有专利[200-202]和新产品[198,203,204]两种,但两者在衡量企业创新能力方面均被认为存

在一定的缺陷。专利和创新关系密切,然而现实中,并非所有专利都能将投入转化为产出给企业带来经济效益。当然,也不是所有新产品均会申请专利,以专利衡量创新能力略显不足[205]。另外,新产品特别是新产品销售收入和新产品出口绩效也经常被用来测度企业创新能力,但新产品的定义相对模糊,在统计过程中准确度量的难度也更大,对企业创新能力的反映也不够充分[199]。

本书采用高新技术企业收入类指标中技术性收入来衡量高新技术企业的创新能力。该指标既能反映高新技术企业通过技术创新开展研发活动所形成的产品和服务的技术收入情况,体现高新技术企业通过技术创新活动给企业带来的经济效益,同时关于高新技术企业技术性收入的概念界定亦清楚明确,统计度量的难度也相对较低。根据国家科技部、财政部、税务总局2008年4月联合颁布的《高新技术企业认定管理办法》规定,高新技术企业技术性收入由技术转让收入、技术承包净收入、技术服务收入、接受委托研究开发收入四部分构成。其中,技术转让收入是指企业技术创新成果通过技术贸易、技术转让所获得的收入;技术承包净收入是指包括技术项目设计、技术工程实施所获得的净收入;技术服务收入是指企业通过提供技术性服务如技术方案、数据处理、测试分析及其他类型的服务所获得的收入;接受委托研究开发收入是指企业承担社会各方委托研究开发、中间试验及新产品开发所获得的收入。结合高新技术企业创新能力的定义,高新技术企业的创新能力是在高技术行业内,企业通过对内部知识的重新组合,或从企业外部搜寻、识别、获取新的知识,最终凭借自主创新行为产生能创造市场价值并能将之商业化的一系列战略、组织、服务等行为的能力。本书选取的技术性收入指标涵盖了高新技术企业技术创新研发、创新技术转移、新产品销售获利等多个方面,同时也体现了技术创新能力服务社会的最终目标,可以较好地且较为完整、全面地概括高新技术企业创新能力的内涵,故本书选择技术性收入这一指标作为高新技术企业创新能力的代理变量。高新技术企业技术性收入越多,通过技术创新带来的新产品经济附加值越高,说明高新技术企业创新水平越高,企业创新能力越强。高新技术企业创新能力的相关数据来源于2008—2016年《中国火炬统计年鉴》。

3.2.3 核密度估计的实证检验

经检验,2007—2015 年高新技术企业技术性收入的核密度估计曲线如图 3.6 所示。2007—2015 年各年高新技术企业技术性收入的核密度估计分解如图 3.7 所示。在此基础上,本书还对 2007—2015 年四大地区高新技术企业技术性收入的核密度估计进行了分解,以此进一步考察不同区域内高新技术企业创新能力的发展态势,如图 3.8 所示。

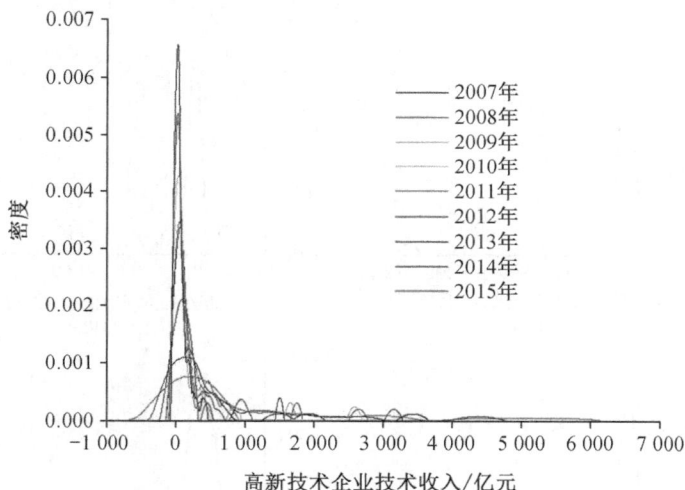

图 3.6 2007—2015 年高新技术企业技术性收入核密度估计曲线

注:核密度函数的选择是能使均方误差最小化的 Epanechnikov 核函数,窗宽的选择采用 Silverman 的通用法,下同。

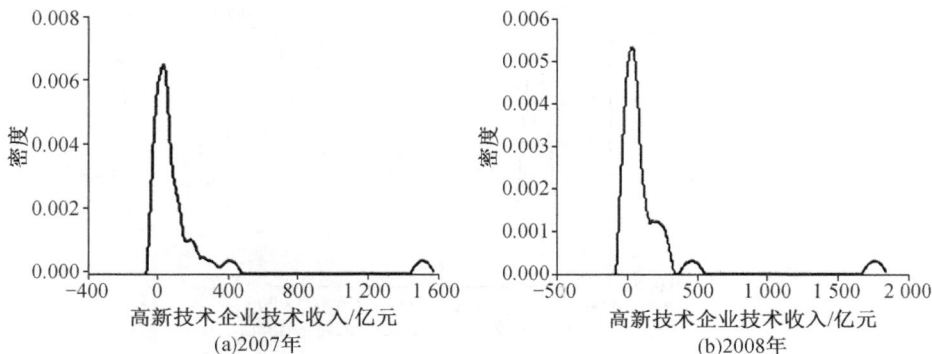

(a)2007年

(b)2008年

图 3.7 2007—2015 年高新技术企业技术性收入的核密度估计分解

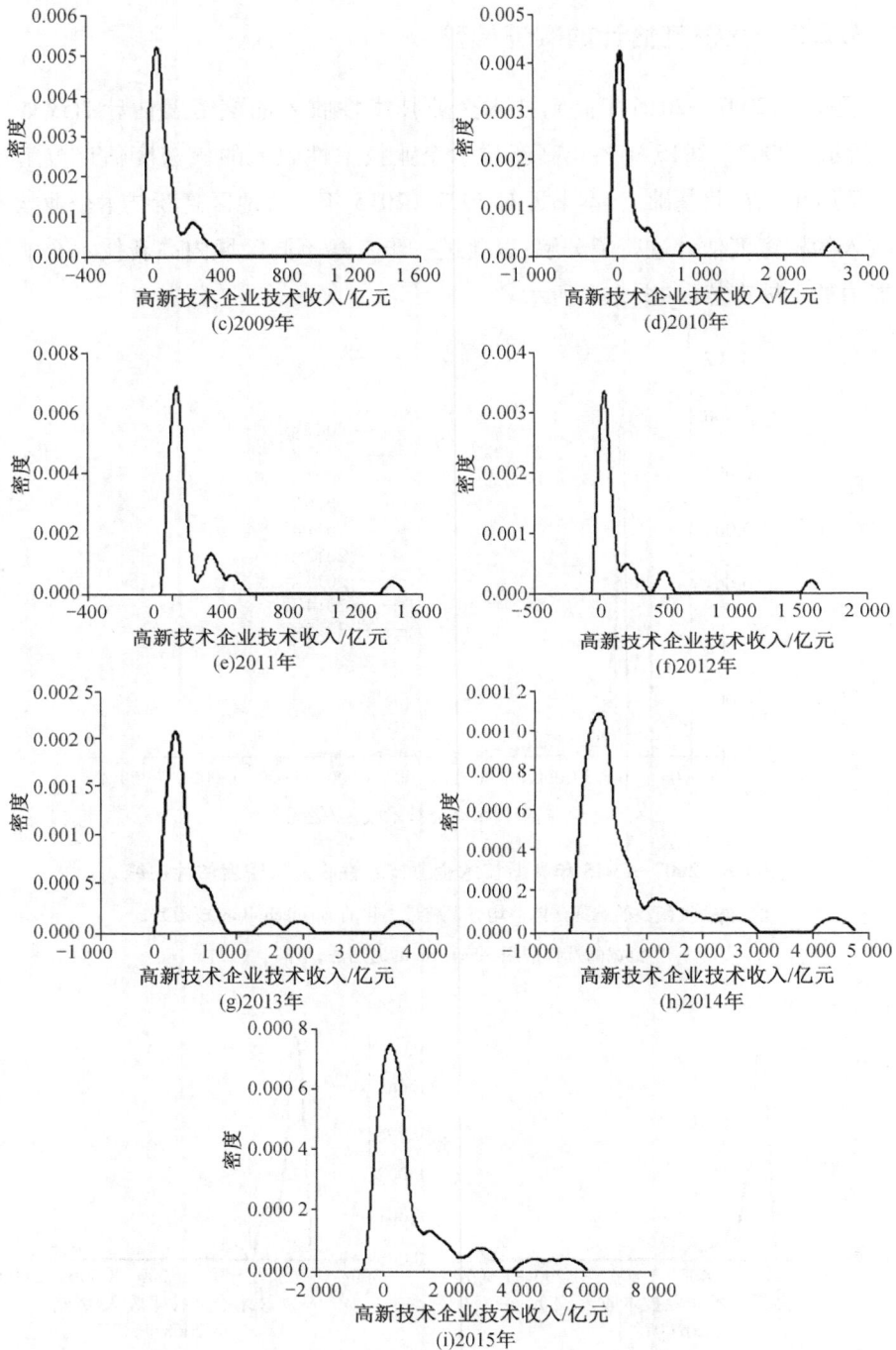

(c)2009年

(d)2010年

(e)2011年

(f)2012年

(g)2013年

(h)2014年

(i)2015年

图 3. 7(续)

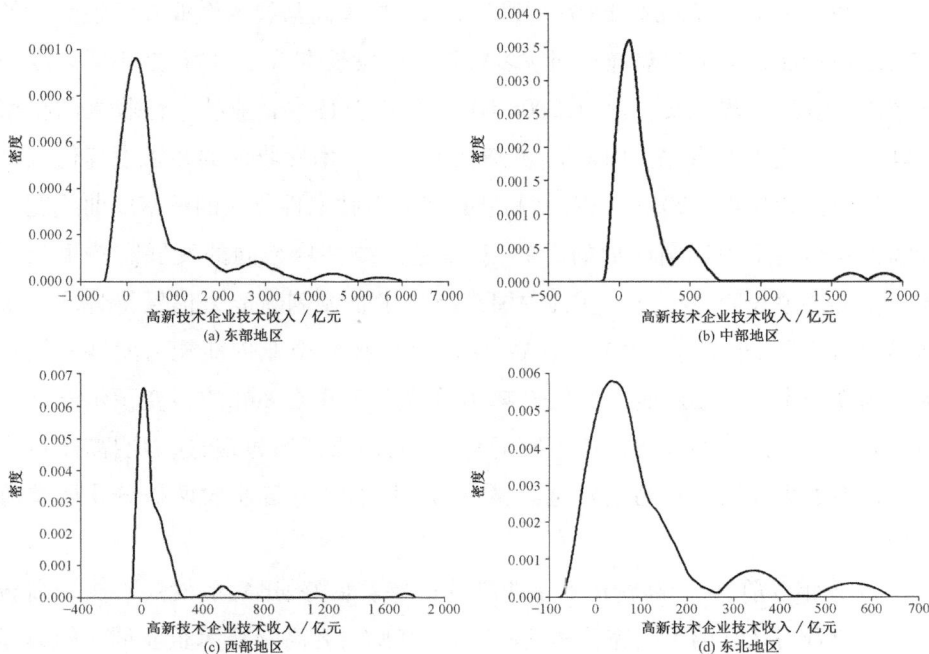

图 3.8　2007—2015 年四大地区高新技术企业技术性
收入的核密度估计分解

3.2.4　核密度估计的结果分析

从图 3.6 中可以发现,2007—2015 年高新技术企业技术性收入的核密度估计曲线整体上呈现向右移动的趋势,这直观地反映了中国高新技术企业技术性收入水平呈现逐年增长的态势,表明高新技术企业创新能力发展势头良好。图 3.6 中各时期核密度估计曲线均表现出不规则形态,且存在明显的拖尾现象。进一步观察后发现,总体上高新技术企业技术性收入的核密度曲线峰值均呈右移、下滑态势,曲线峰度形状呈现由尖峰逐渐向宽峰变化发展的趋势,且变化趋势明显,随着时间的推移,宽峰面积逐渐增加。另外,2007—2015 年间,高新技术企业技术性收入的核密度估计曲线明显呈现双峰趋同或多峰趋同的态势,这意味着高新技术企业创新能力已由收敛趋于扩散,从核密度曲线未来发展趋势中可预测这种不协调的发展态势仍将持续一段时间。综上所述,以上种种迹象均表明我国高新技术企业创新能力存在着极化发展的趋势。

从图 3.7 中可以发现,2007—2015 年历年中国高新技术企业技术性收入的核密度估计曲线均呈现双峰趋同或多峰趋同的发展态势,且均存在不同程度的拖尾现象。进一步观察后发现,2008 年以后,高新技术企业技术性收入的核密度峰值开始逐年下降,至 2013 年,高新技术企业技术性收入的核密度峰值大幅下降趋势开始显现。2013 年以后,高新技术企业技术性收入的核密度曲线宽峰面积由左至右呈现逐渐增加的态势,双峰趋同或多峰趋同的发展态势更为明显。上述迹象表明 2012 年之前,中国高新技术企业创新能力仍保持着均衡快速的发展态势,但到了 2013 年之后,中国高新技术企业创新能力发展开始趋异。高新技术企业创新能力发展态势由单峰向双峰或多峰的转变预示着高新技术企业创新能力的收敛特征不断弱化,扩散特征开始显现,这表明高新技术企业创新能力发展水平的差异化凸显,趋异性增强,并逐步向两极分化的趋势发展。

2012 年以前,中国高新技术企业继续保持着良好、迅猛的发展势头。高新技术企业资格认证的不断完善和其制度化的确立,为高新技术企业创新能力提升创造了便利条件,国内高新技术企业创新能力的发展大体呈现"齐头并进"的局面。2012 年底,中国共产党第十八次全国代表大会明确提出创新驱动发展战略,进一步将高新技术企业推向了时代发展的前沿。在国家宏观政策引导和地方政府政策扶持的双重影响下,具有后发优势的高新技术企业迅速成长,企业创新能力持续提高,先前发展进程中的领导者逐渐成为新一轮发展浪潮的跟随者。伴随新技术新陈代谢能力的不断强化,前沿科技领域的关键技术与核心技术不断涌现,使这一阶段高新技术企业创新能力的发展得以实现质的飞跃。由此,高新技术企业创新能力的发展逐渐呈现两极分化的态势。可预见的是,随着经济稳增长、调结构、促转型等供给侧改革进程的加速与深入,这种分化趋势仍将持续一段时间。

从图 3.8 中可以看出,2007—2015 年四大地区高新技术企业技术性收入的核密度估计曲线整体上呈现向右移动的趋势,这直观地反映了中国高新技术企业技术性收入水平呈现逐年增长的态势,表明高新技术企业创新能力发展势头良好。图 3.8 中各时期核密度估计曲线均表现出不规则形态,且存在明显的拖尾现象。进一步观察后发现,四大地区高新技术企业技术性收入的核密度估计曲线均不同程度地呈现双峰趋同或多峰趋同的态势,东北地区效果尤为明显,这意味着高新技术企业创新能力已由收敛趋于扩散,并且这种现象在东北地区效果明显。另外,从图3.8中可以看出,随着时间的推移,东北地区宽峰面积逐渐增加,而其他地区均不同程度地保持着尖峰状态。从尖峰面积来看,西部地区最小,中部地区和东部地区次之。这些现象表明,四大地区高新技术企业创新能力呈现不同的发展态势。东北地区高新技术企业创新能力可能存在极化的发展趋势,西部地区呈现均衡的发展趋势,东部地区和中部地区呈现由均衡发展向极化发展的趋势。

东北地区高新技术企业创新能力的发展深受同业竞争者、外来进入者等的影响,区域内高新技术企业创新能力发展的生态环境相对脆弱,企业创新能力发展的格局不甚稳定。西部地区高新技术企业创新能力整体水平不高,区域内高新技术企业创新能力发展的生态环境与发展格局相对稳定。东部地区和中部地区高新技术企业数量相较更多,创新能力整体水平较高,创新能力的发展既存在竞争又包含合作。从长远来看,东部地区和中部地区的高新技术企业创新能力将呈现由均衡发展向极化发展的趋势。

3.3　影响高新技术企业创新能力的关键区域软环境要素识别

环境对高新技术企业创新活动影响意义深远。Sharma 等[206]认为,在完善稳定的外部环境中,企业遵循生态化经营,更能精益于制造,专注于新工艺、新产品的开发。Song 等[207]研究发现,在剧烈动荡的外部环境中,企业技术创新行为与外部环境不能形成良性的交互效应,不利于提高企业创新能力水平。同时,企业外部软环境不确定性的加剧,会使高新技术企业创新能力的运行轨迹发生偏移,甚至导致企业创新活动的失败。区域软环境要素禀赋差异客观上造成高新技术企业创新能力水平的不同,这就要求高新技术企业能对外部区域软环境不断进行审视与感知,强化高新技术企业对关键要素和稀缺性创新资源的获取和控制。通过构建影响高新技术企业创新能力的区域软环境要素指标体系是科学识别关键影响要素的重要工具。构建科学合理的指标体系,选择适当的评价方法,对影响高新技术企业创新能力的关键区域软环境要素进行识别,对提高高新技术企业创新资源获取的有效性,提高创新资源投入的针对性,最大限度确保高新技术企业创新能力的高效性、稳定性、可持续性是尤为重要的。

3.3.1 影响高新技术企业创新能力的区域软环境及要素构成

影响高新技术企业创新能力的区域软环境主要包括区域科技环境、区域市场环境、区域金融环境、区域政府环境、区域法律环境和区域文化环境。上述区域软环境对提高高新技术企业创新能力具有深远的影响。

区域科技环境主要包括区域技术创新基础、区域科技研发资金投入力度、区域科技研发成果产出等相关要素。科学技术水平的提升是提高高新技术企业创新能力的直接体现,很大程度上影响着高新技术企业创新能力的稳定性与持续性。区域科技环境所提供科技资源如科技资金、科技人才、科技项目等的丰裕程度对提高高新技术企业创新能力具有深远的影响。同时,区域内的科研机构和高等院校是区域科技环境的重要组成部分,是先进技术和知识创造的孵化器。科研机构和高等院校加速了技术创新成果的市场转化,深刻影响着高新技术企业的创新水平和创新程度,区域科技环境是高新技术企业创新能力形成和提升的前提条件和先决因素。

区域市场环境主要包括区域商品市场的规模、区域市场的活力、区域市场的开放程度等相关要素。市场是企业彼此间互通有无和资源互补的重要载体,是企业竞争活动的均衡器。一个地区市场规模和市场容量的大小决定了区域内企业未来的发展空间和创新意愿,区域市场活力的增强更能最大限度地激发高新技术企业的创新活力。同时,区域市场化水平的提高,特别是贸易自由流通越便利,生产要素配置越充分,市场保护主义与市场分割越弱,越有利于提高高新技术企业的创新能力。另外,伴随市场开放度的不断提高,越来越多的竞争者、生产商、供应商进入本地市场,使高新技术企业有机会获得更多先进技术,强化了知识外溢效应,对提高高新技术企业的创新能力至关重要。

区域金融环境主要包括区域金融市场的规模、区域资本市场的规模、区域融资便利的程度等相关要素。区域金融市场、区域资本市场规模越大,融资便利度越高,金融服务水平越好,对高新技术企业的金融辐射影响力就越大,对提高高新技术企业的创新能力十分重要。无论是科技创新活动,还是高新技术企业日常经营管理行为,都严重依赖稳定、充足的资金供给,而区域金融发展水平的不断完善,区域金融发展进程的不断深化,在扩大资金供给、降低企业融资成本等方面对提高高新技术企业创新能力起到了积极的推动作用。同时,区域金融发展水平较高的区域,本地区企业更容易获得较高的银行信用,企业为顾客提供的商业信用也越多,间接提升了高新技术企业的产品竞争力,有效提高了高新技术企业的创新能力水平。

区域政府环境主要包括区域政府对企业的税收优惠扶持力度、区域政府维稳工作力度等相关要素。区域政府维持社会和谐稳定的决心和工作力度,对企业的财政补贴和财政支持等政府"援助之手"作用的发挥,为高新技术企业创新行为营造了良好的社会氛围,创造了和谐、稳定、有序的创新环境,对增强高新技术企业的创新能力具有重要影响。同时,区域政府对企业的税收优惠举措为高新技术企业创新行为传递了明确的信号,缓解了成本风险给高新技术企业创新行为带来的压力,释放了高新技术企业的创新活力,对提高高新技术企业创新能力产生了积极的引导作用。

区域法律环境主要包括区域知识产权保护力度、区域普通劳动者权益保护情况、区域行政执法情况等相关要素。区域法律环境对劳动者合法权益保障越有利,越能调动劳动者的工作积极性和创新热情。区域行政执法越到位,越能强化区域企业和个人的法治观念与法治意识。完善的法治环境可保障高新技术企业在公平的市场竞争环境中获取、使用各种资源和技术。健全的法规体系,完善的法律框架,高效的产权执法行为有力捍卫和维护了高新技术企业技术创新和知识创造的合理权益。通过确保契约的履行,降低了道德危机与信任风险,进一步刺激了高新技术企业技术创新和知识创造的意愿,激发了高新技术企业的创新活力,有效提高了高新技术企业创新能力水平。

区域文化环境主要包括区域文化生产的基础、区域内的创业精神、区域文化的传播等相关要素。区域文化生产的基础越扎实,越有利于提供优质的文化服务。区域内高涨的创业精神是区域内参与社会经济活动的主体勇于探索新知、敢于实践革新的态度体现。保持高涨的创业精神有助于强化个体和组织的开放心智,对新事物、新知识、新挑战始终保持探索精神和开放性的态度,有助于提高组织的学习能力,进而提高高新技术企业创新能力水平。加速区域文化的传播,特别是关于冒险意识、合作精神、集体主义、成就欲望等富有积极进取的区域文化传播,有利于树立良好的社会风尚。同时通过影响具有相似文化属性的群体,将积极进取的社会文化通过价值观念、意识信仰等行为规范由此及彼、由表及里地植根于高新技术企业中,有利于企业创新文化的养成与培育,有利于提高高新技术企业创新能力水平。

如前所述,区域科技环境、区域市场环境、区域金融环境、区域政府环境、区域法律环境、区域文化环境对高新技术企业创新能力影响意义重大。然而,各区域软环境包含的要素过多,这就需要通过构建科学、合理的指标体系来进一步对影响高新技术企业创新能力的区域软环境要素进行细化研究,并从中甄选出哪些区域软环境要素对高新技术企业创新能力起主要作用,哪些因素起次要作用。通过指标筛选与评价,最终识别影响高新技术企业创新能力的关键区域软环境要素。

3.3.2 影响高新技术企业创新能力的区域软环境要素指标体系构建

1. 评价方法的选择

本书进行指标评价的目的是识别哪些区域软环境要素对高新技术企业创新能力影响的重要性更大,并将其视为影响高新技术企业创新能力的关键区域软环境要素。评价指标之间相对重要性的大小,通常采用权重系数来表示[208]。

关于指标权重的评价方法即权重系数的确定主要可以分为以下两类。

第一类是基于"功能驱动"原理的赋权方法。这类赋权方法是根据评价指标的相对重要性程度来确定权重系数的方法,可以分为指标偏好型和方案偏好型两类。指标偏好型的赋权方法主要包括极值迭代法、特征值法、G_1 法、G_2 法等;方案偏好型的赋权方法主要包括基于方案序偏好赋权法、基于方案偏好强度的赋权法等。基于"功能驱动"原理的赋权方法主要优点是,赋权结果直接表达了评价者的主观信息,突出评价者直觉判断能力。相应的缺点是,赋权结果由于与评价者知识结构、工作经验、个人偏好习惯等密切相关,主观色彩过于浓重;另外,评价过程的透明性和再现性也较差。

第二类是基于"差异驱动"原理的赋权方法。这类赋权方法的权重系数的确定尽可能体现各评价对象之间的差异,并使之尽量拉开档次,以利于对其进行排序,可将其分为整体差异型和局部差异型两类。整体差异型的赋权方法主要包括拉开档次法、逼近理想点法等;局部差异型的赋权方法主要包括均方差法、极差法、熵权法等。基于"差异驱动"原理的赋权方法的主要优点是,综合评价的过程相对透明,评价结果毫无主观色彩,并且评价结果具有可比性。相应的缺点是,如对同一指标体系的两组不同样本,即使使用同一种方法来确定各指标权重系数,结果也可能会有差异;另外,依此法得出的评价结果或排序结果可能与评价者的主观意愿相悖,造成评价者的困惑。主要赋权方法的归类见表 3.2[208]。

表 3.2　主要赋权方法的归类

原理	类型	方法	特点
功能驱动	指标偏好型	极值迭代法、特征值法、G_1 法、G_2 法	直接表达评价者的主观信息
	方案偏好型	基于方案序偏好赋权法、基于方案偏好强度的赋权法	突出评价者直觉判断力
差异驱动	整体差异型	拉开档次法、逼近理想点法	突出方案可辨识性或方案的自由竞争性原则
	局部差异型	均方差法、极差法、熵权法	突出指标可辨识性原则

基于识别影响高新技术企业创新能力的关键区域软环境要素,并就要素指标间权重系数大小进行排序的思路,本书借鉴其他学者在指标赋权方法中的选择[209-211],力图规避主观人为因素的干扰,使评价结果更符合实际,故本书采用熵权法来对影响高新技术企业创新能力的区域软环境要素进行权重测算。然后对权重值进行排序,最终观察并识别影响高新技术企业创新能力的关键区域软环境要素。

2. 指标体系构建

本书遵循指标体系构建的系统性、科学性、可操作性、相对独立性、简约性等原则,构建了影响高新技术企业创新能力的区域软环境要素指标体系。该指标体系总计包括一级指标 6 个,二级指标 17 个,三级指标 20 个。相关指标见表 3.3。

表 3.3　影响高新技术企业创新能力的区域软环境要素指标体系

目标层	准则层 (一级指标)	子准则层 (二级指标)	指标层(三级指标)	编号
影响高新技术企业创新能力的区域软环境要素	区域科技环境	区域科技创新基础	区域内研究机构与高等院校个数(个)	x_{01}
		区域科技研发资金投入力度	区域内研究与试验发展内部经费支出(万元)	x_{02}
		区域科技研发成果产出	区域内发明专利拥有量(件)	x_{03}
	区域市场环境	区域商品市场规模	区域内亿元以上商品交易市场成交额(亿元)	x_{04}
		区域市场潜力	区域内社会消费品零售总额(亿元)	x_{05}
		区域市场开放程度	区域内外商企业直接投资额(万美元)	x_{06}
	区域金融环境	区域金融市场规模	区域内金融服务机构数量(家)	x_{07}
		区域资本市场规模	区域内企业在深、沪证券交易所债券总交易金额(亿元)	x_{08}
		区域融资便利程度	区域内银行金融机构贷款余额(亿元)	x_{09}
	区域政府环境	区域政府对企业的税收优惠扶持力度	区域内地方政府对企业出口退税的减免金额(万元)	x_{10}
		区域政府维稳工作力度	区域内政府在社会保障方面财政支出情况(亿元)	x_{11}
			区域内政府在一般公共服务方面财政支出情况(亿元)	x_{12}
			区域内政府在公共安全方面财政支出情况(亿元)	x_{13}

表 3.3（续）

目标层	准则层 （一级指标）	子准则层 （二级指标）	指标层（三级指标）	编号
影响高新技术企业创新能力的区域软环境要素	区域法律环境	区域知识产权保护力度	区域内知识产权局处理专利侵权纠纷的执法结案率情况（%）	x_{14}
		区域普通劳动者权益保护情况	区域内处理劳动争议案件结案率情况（%）	x_{15}
		区域行政执法情况	区域内司法机关收到行政复议申请情况（件）	x_{16}
			区域内行政应诉案件受理情况（件）	x_{17}
	区域文化环境	区域文化生产的基础	区域内文化市场经营机构从业人员数量（人）	x_{18}
		区域内的创业精神	区域内私营企业和个体企业从业人员所占地区总人口的比例（%）	x_{19}
		区域文化传播	区域内博物馆陈列、展览参观人次（千人次）	x_{20}

在所构建的指标体系中，目标层为影响高新技术企业创新能力的区域软环境要素。准则层包括区域科技环境、区域市场环境、区域金融环境、区域政府环境、区域法律环境、区域文化环境等 6 个指标。

子准则层包括区域科技创新基础、区域科技研发资金投入力度、区域科技研发成果产出、区域商品市场规模、区域市场活力、区域市场开放程度、区域金融市场规模、区域资本市场规模、区域融资便利程度、区域政府对企业的税收优惠扶持力度、区域政府推稳工作力度、区域知识产权保护力度、区域普通劳动者权益保护情况、区域行政执法情况、区域文化生产的基础、区域内的创业精神、区域文化传播等 17 个指标。

指标层包括区域内研究机构与高等院校个数，区域内研究与试验发展内部经费支出，区域内发明专利拥有量，区域内亿元以上商品交易市场成交额，区域内社会消费品零售总额，区域内外商投资企业年底投资总额，区域内金融服务机构数量，区域内企业在深、沪证券交易所债券总交易金额，区域内银行金融机构贷款余额,区域内地方政府对企业出口退税的减免金额,区域内政府在社会保障方面财政支出情况,区域内政府在一般公共服务方面财政支出情况,区域内政府在公共安全方面财政支出情况,区域内知识产权局处理专利侵权纠纷的执法结案率情况,区域内处理劳动争议案件结案率情况,区域内司法机关收到行政复议申请情况,区域内行政应诉案件受理情况,区域内文化市场经营机构从业人员数量,区域内私营企业和个体企业从业人员所占地区总人口的比例,区域内博物馆陈列、展览参观人次等 20 个指标。

具体指标定义如下。

(1)在区域科技环境要素指标中,指标 x_{01} 代表区域内所拥有的研发机构和高等院校的数量,数量越多表明区域内创新活动参与主体越多,区域科技创新基础越好,越有利于高新技术企业创新活动的开展。指标 x_{02} 代表区域内研究机构技术研发资金的投入数量,研发资金投入量越大表明研发创新活动可持续性、稳定性越好,区域科技研发资金投入力度越大,越有利于强化知识溢出效应对高新技术企业创新能力的影响。指标 x_{03} 代表区域内知识创造成果的拥有数量,发明和专利拥有量越多,表明区域科技研发成果产出能力越强,区域科技研发成果产出越多,越有利于高新技术企业技术创新成果的市场转化。

(2)在区域市场环境要素指标中,指标 x_{04} 代表区域商品市场交易情况,商品成交量越大,表明区域市场参与主体越多,交易越活跃,区域商品市场规模越大,越有利于激励高新技术企业新产品的研发。指标 x_{05} 代表区域市场的发展潜力,消费品零售总额越多,表明区域内消费者消费能力越强,对市场未来发展潜力越有信心,区域消费品零售总额越多,同样也越有利于激励高新技术企业新产品的研发。指标 x_{06} 代表区域内外商企业直接投资情况,外商企业对本地区资金投入越多,体现了区域营商环境相对越完善,区域市场开放程度越高,越有利于高新技术企业从外部知识携带者中获得更多的先进技术。

(3)在区域金融环境要素指标中,指标 x_{07} 代表区域内所拥有的金融服务机构的数量,金融服务机构数量越多,表明区域内参与金融相关活动的主体越多,区域金融市场规模越大,越有利于确保高新技术企业融资渠道的畅通与融资的多元化。指标 x_{08} 代表区域内企业在深、沪证券交易所发行债券的成交额度,债券成交额度越大,表明融资能力越强,区域资本市场规模越大,越有利于提高高新技术企业债券融资的信心和意愿。指标 x_{09} 代表区域内银行等金融机构的放贷金额,放贷金额越多,表明区域内企业贷款申请的积极性和主动性越高,区域融资越便利,越有利于增强高新技术企业外部资金获取的稳定性,为高新技术企业顺利开展创新研发活动提供了重要的保障。

(4)在区域政府环境要素指标中,指标 x_{10} 代表区域内政府对企业的税收补贴情况,政府对企业的税收补贴额度越大,表明政府对企业成长与发展的支持力度越大,区域政府对企业的税收优惠扶持力度越大,越有利于缓解高新技术企业创新成本压力,强化税收杠杆效应对高新技术企业创新活动的刺激作用。指标 x_{11}、指标 x_{12}、指标 x_{13} 综合代表区域内政府维护社会安定的工作力度。其中社会保障支出是政府为保障社会公平、调节分配关系,为居民的最低生活水准提供保障的一种支出形式;一般公共服务支出是政府为确保机关事业单位正常运转,支持各机关单位履行职能的一种支出形式;公共安全支出是政府为预防和应对对公共安全造成威胁的自然灾害,对人民生命财产安全构成威胁的各种社会公共安全事件的一种支出形式。上述三个方面的资金投入力度越大,表明区域政府在完善区域社会治理,构建和谐稳定的区域社会环境方面的决心和力度越大,区域政府公共职能的发挥越好,越有利于为高新技术企业创新活动营造良好的社会氛围,提供稳定的创新空间。

(5)在区域法律环境要素指标中,指标 x_{14} 代表区域内知识产权局对专利侵权案件执法的情况,区域内知识产权局处理专利侵权纠纷执法的结案率越高,表明区域知识产权机构执法办案效率越高,力度越显著,对企业专利保护的信心与决心越强,区域知识产权保护力度越大,越有利于提高高新技术企业的创新热情,激发高新技术企业的创新活力。指标 x_{15} 代表区域内对劳动争议案件执法的情况,区域内处理劳动争议案件执法的结案率越高,表明区域劳动执法办案效率越高,力度越显著,对维护劳动者和用人单位合法权益的保障力度越大,对区域普通劳动者权益保护越到位,越有利于提高高新技术企业生产经营活动和创新活动的稳定性。指标 x_{16} 和指标 x_{17} 分别代表区域内司法机关收到行政复议的申请数量和行政应诉案件受理的数量,区域司法机关收到行政复议案件数量越少,行政应诉案件受理越少,表明区域行政执法能力越强,区域行政执法水平越高,越有利于为高新技术企业的创新活动创造一个良好的法治环境。

(6)在区域文化环境要素指标中,指标 x_{18} 代表区域内的文化生产力,区域内文化市场经营机构从业人员数量越多,表明区域文化生产的基础越扎实,区域文化生产的保障越到位,越有利于支持和营造创新性的区域文化,越可有力地影响高新技术企业创新文化的形成与发展。指标 x_{19} 代表区域内的文化创造力,区域内私营企业和个体企业从业人员所占地区总人口的比例越大,越能体现区域内的创业精神富有活力,越有利于激发高新技术企业的创新意愿,强化高新技术企业的创新行为,提升高新技术企业的创新活力,进而提高高新技术企业整体创新能力水平。指标 x_{20} 代表区域内的文化传播力,区域内参观博物馆陈列、展览的人次越多,区域文化传播的影响力越大,参观主题展览的人次越多,越能增强区域文化认同的凝聚力和向心力,越能辐射和影响具有相同或相似文化背景属性的群体,并将积极进取的社会文化或是利于企业创新的精神理念传播、植根于高新技术企业的文化生活中,有利于巩固高新技术企业创新文化的认同,有助于提高高新技术企业创新能力水平。

3.3.3 区域软环境要素对高新技术企业创新能力影响的相关研究现状

1. 指标数据的来源

本书所选取的评价指标数据均来源于中国大陆 2007—2015 年 30 个省(自治区、直辖市)的统计数据。指标 x_{01}、指标 x_{02}、指标 x_{03} 的数据来源于 2008—2016 年《中国科技统计年鉴》;指标 x_{07} 的数据来源于中国银行业监督管理委员会网站,其中区域金融服务机构包括区域内商业银行、政策性银行、信用社、邮政储蓄网点、金融资产管理公司、信托与财务公司、金融租赁公司、贷款公司、货币经纪公司及其他金融机构等;指标 x_{08} 的数据来源于 2007—2015 年《上海证券交易所统计年鉴》和 2007—2015 年《深圳证券交易所统计年鉴》;指标 x_{09} 的数据来源于 2008—2016 年《中国金融年鉴》;指标 x_{10} 的数据来源于 2008—2016 年《中国税务年鉴》;指标 x_{14} 的数据来源于 2007—2015 年《中国国家知识产权局统计年报》;指标 x_{15} 的数据来源于 2008—2016 年《中国劳动统计年鉴》;指标 x_{16} 和 x_{17} 的数据均来源于 2008—2016 年《中国法律年鉴》;指标 x_{18} 和 x_{20} 的数据均来源于 2008—2016 年《中国文化文物统计年鉴》;其他指标的数据来源于 2008—2016 年《中国统计年鉴》。

2. 指标数据预处理

对指标权重进行测算前,需要对指标数据进行预处理,关键工作就是对指标进行指标类型的一致化和指标无量纲化的处理。

(1)指标的一致化处理

一般来说,在评价指标中可能存在极值类(极大值、极小值)指标、中间值指标、区间值指标等,需要对其进行相应的处理。

对于极值类指标 x,令

$$x^* = M - x \text{ 或 } x^* = 1/x \ (x > 0) \tag{3.3}$$

式中,M 为指标 x 的一个允许上界。

对于中间值指标 x,令

$$x^* = \begin{cases} 2(x - m) & \left(m \leqslant x \leqslant \dfrac{M + m}{2}\right) \\ 2(M - x) & \left(\dfrac{M + m}{2} \leqslant x \leqslant M\right) \end{cases} \tag{3.4}$$

式中,m 为指标 x 的一个允许下界;M 为指标 x 的一个允许上界。

对于区间值指标 x,令

$$x^* = \begin{cases} 1 - \dfrac{q_1 - x}{\max\{q_1 - m, M - q_2\}} & (x < q_1) \\ 1 & (x \in [q_1, q_2]) \\ 1 - \dfrac{x - q_2}{\max\{q_1 - m, M - q_2\}} & (x > q_2) \end{cases} \tag{3.5}$$

式中,$[q_1, q_2]$ 为指标 x 的最佳稳定区间;M、m 分别为 x 的允许上、下界。

(2)指标的无量纲化处理

一般而言,指标的无量纲化是实现信息综合集成的先决条件,各项指标经过无量纲化处理后才能进行加权集结。常见的无量纲化处理方法有以下 6 种:

①标准化法

$$x_{ij}^* = \frac{x_{ij} - \bar{x}_j}{S_j} \quad (i = 1, 2, \cdots, n; j = 1, 2, \cdots, m) \tag{3.6}$$

式中,$\bar{x}_j = \dfrac{1}{n} \sum\limits_{i=1}^{n} x_{ij}$ 和 $S_j = \dfrac{1}{n} \sum\limits_{i=1}^{n} (x_{ij} - \bar{x}_j)^2 (j = 1, 2, \cdots, m)$ 分别为第 j 项指标观测值的平均值和均方差;x_{ij}^* 为标准观测值。

② 极值法

$$x_{ij}{}^* = \frac{x_{ij} - m_j}{M_j - m_j} \quad (i = 1, 2, \cdots, n; j = 1, 2, \cdots, m) \qquad (3.7)$$

式中，$M_j = \max\limits_i \{x_{ij}\}$；$m_j = \min\limits_i \{x_{ij}\}$。

③ 线性比例法

$$x_{ij}{}^* = \frac{x_{ij}}{x_j'} \quad (i = 1, 2, \cdots, n; j = 1, 2, \cdots, m) \qquad (3.8)$$

式中，x_j' 为特殊点，一般可取 m_j、M_j 或 $\bar{x}_j$，要求 $x_j' > 0$。当 $x_j' = m_j > 0$ 时，$x_{ij}{}^* \in [1, +\infty]$，有最小值 1，无固定的最大值；当 $x_j' = M_j > 0$ 时，$x_{ij}{}^* \in (1, +\infty]$，有最大值 1，无固定的最小值；当 $x_j' = \bar{x}_j > 0$ 时，$x_{ij}{}^* \in (-\infty, +\infty)$，取值范围不固定，$\sum\limits_i x_{ij}{}^* = n$。

④归一化法

$$x_{ij}{}^* = \frac{x_{ij}}{\sum\limits_{i=1}^{n} x_{ij}} \quad (i = 1, 2, \cdots, n; j = 1, 2, \cdots, m) \qquad (3.9)$$

式中，要求 $\sum\limits_{i=1}^{n} x_{ij} > 0$。当 $x_{ij} \geqslant 0$ 时，$x_{ij}{}^* \in (0,1)$，无固定的最大值和最小值，$\sum\limits_i x_{ij}{}^* = 1$。

⑤向量规范法

$$x_{ij}{}^* = \frac{x_{ij}}{\sqrt{\sum\limits_{i=1}^{n} x_{ij}{}^2}} \quad (i = 1, 2, \cdots, n; j = 1, 2, \cdots, m) \qquad (3.10)$$

式中，当 $x_{ij} \geqslant 0$ 时，$x_{ij}{}^* \in (0,1)$，无固定的最大值和最小值，$\sum\limits_i (x_{ij}{}^*)^2 = 1$。

⑥功效系数法

$$x_{ij}{}^* = c + \frac{x_{ij} - m_j'}{M_j' - m_j'} \times d \quad (i = 1, 2, \cdots, n; j = 1, 2, \cdots, m) \qquad (3.11)$$

式中，M'、m' 分别为指标 x_j 的满意值和不容许值；c、d 均为常数，c 的作用是对变换后的值进行"平移"，d 的作用是对变换后的值进行"缩放"。

本书对评价指标的一致性进行了处理，根据郭亚军[208]的建议，对评价指标的无量纲性采用归一化法进行了处理。

3. 熵权法指标权重的测算步骤

熵(Entropy)是热力学的名词,是从热功转换的极限效率所求导出的函数,熵值越小,对应能量可有效利用的程度越高[212]。在信息论中,借鉴热力学熵的概念,信息熵用来度量信息的无序度,信息熵越大,系统的无序度就越高,信息的有效利用价值越小。

根据信息论的定义,在一个信息通道中传输的第 i 个信号的信息量 I_i 为

$$I_i = - \ln p_i \tag{3.12}$$

式中,p_i 是这个信号出现的概率,若有 n 个信号,其出现的概率分别为 p_1,p_2,$\cdots$,p_n,这 n 个信号的平均信息量,即信息熵为

$$- \sum_{i=1}^{n} p_i \ln p_i \tag{3.13}$$

假设 $x_{ij}(i=1,2,\cdots,n;j=1,2,\cdots,m)$ 为第 i 个被评价对象中的第 j 个指标的观测数据,利用熵权法测算评价指标权重的基本思路如下。

(1)计算第 j 项指标下,第 i 个被评价对象的特征比例 p_{ij}。

$$p_{ij} = \frac{x_{ij}}{\sum_{i=1}^{n} x_{ij}} \tag{3.14}$$

这里假定 $x_{ij} \geqslant 0$,且 $\sum_{i=1}^{n} x_{ij} > 0$。

(2)计算第 j 项指标的熵值 e_j。

$$e_j = - k \sum_{i=1}^{n} p_{ij} \ln(p_{ij}) \tag{3.15}$$

式中,$k > 0$,$e_j > 0$。若 x_{ij} 对于给定的 j 相等,则 $p_{ij} = \frac{1}{n}$,此时 $e_j = k\ln n$。

(3)计算差异性系数 g_j,$g_j = 1 - e_j$。g_j 越大,则表示越应该重视该项指标在评价指标中的作用。

(4)确定最终归一化后的权重值 ω_j。

$$\omega_j = \frac{g_j}{\sum_{i=1}^{n} g_i} \quad (j = 1,2,\cdots,m) \tag{3.16}$$

按照上述熵权法对指标权重的测算步骤,本书对影响高新技术企业创新能力的区域软环境要素进行了相关权重值的测算。具体结果见表3.4～表3.9。

表 3.4　区域科技环境要素的权重值及排名情况

指标	熵值	差异性系数	权重	排名
x_{01}	0.652	0.348	0.054	2
x_{02}	0.227	0.773	0.120	1
x_{03}	0.742	0.258	0.040	3

表 3.5　区域市场环境要素的权重值及排名情况

指标	熵值	差异性系数	权重	排名
x_{04}	0.736	0.264	0.041	2
x_{05}	0.755	0.245	0.038	3
x_{06}	0.581	0.419	0.065	1

表 3.6　区域金融环境要素的权重值及排名情况

指标	熵值	差异性系数	权重	排名
x_{07}	0.762	0.238	0.037	2
x_{08}	0.871	0.129	0.020	3
x_{09}	0.491	0.509	0.079	1

表 3.7　区域政府环境要素的权重值及排名情况

指标	熵值	差异性系数	权重	排名
x_{10}	0.594	0.406	0.063	1
x_{11}	0.890	0.110	0.017	4
x_{12}	0.716	0.284	0.044	3
x_{13}	0.697	0.303	0.047	2

表 3.8　区域法律环境要素的权重值及排名情况

指标	熵值	差异性系数	权重	排名
x_{14}	0.542	0.458	0.071	1
x_{15}	0.858	0.142	0.022	3
x_{16}	0.820	0.180	0.028	2
x_{17}	0.961	0.039	0.006	4

表 3.9　区域文化环境要素的权重值及排名情况

指标	熵值	差异性系数	权重	排名
x_{18}	0.807	0.193	0.030	3
x_{19}	0.194	0.806	0.125	1
x_{20}	0.660	0.340	0.053	2

4. 指标评价结果分析

从表 3.4 中可以看出,指标 x_{02} 的熵值最小,差异性系数最大,表明该指标对高新技术企业创新能力影响的比较作用最大。从区域科技环境要素指标排名的顺序来看 $x_{02} > x_{01} > x_{03}$,说明在区域科技环境的构成要素中,区域科技研发资金投入力度对高新技术企业创新能力的影响起重要作用,其次是区域科技创新基础,再次是区域科技研发成果产出。高新技术企业产品(服务)知识密集度高、科技含量大,这就需要不断的科技研发资金投入来支持并确保高新技术企业创新项目研发和知识创新的顺利进行,进而对高新技术企业创新能力产生重要的影响。

从表 3.5 中可以看出,指标 x_{06} 的熵值最小,差异性系数最大,表明该指标对高新技术企业创新能力影响的比较作用最大。从区域市场环境要素指标排名的顺序来看 $x_{06} > x_{04} > x_{05}$,说明在区域市场环境的构成要素中,区域市场的开放程度对高新技术企业创新能力的影响起重要作用,其次是区域商品市场规模,再次是区域市场活力。高新技术企业需要通过参与市场竞争,并从外部知识携带者中将学习到的新知识和新技能不断转化为企业自有知识和自有技术,有效加快了高新技术企业创新研发的进程,进而对高新技术企业创新能力产生重要的影响。

从表 3.6 中可以看出,指标 x_{09} 的熵值最小,差异性系数最大,表明该指标对高新技术企业创新能力影响的比较作用最大。从区域金融环境要素指标排名的顺序来看 $x_{09} > x_{07} > x_{08}$,说明在区域金融环境的构成要素中,区域融资便利程度对高新技术企业创新能力的影响起重要作用,其次是区域金融市场规模,再次是区域资本市场规模。高新技术企业高强度的技术研发活动,要求并严重依赖资金的高投入,区域融资便利度的大幅提升可以有效预防高新技术企业资金供应链的断裂,有效缓解高新技术企业融资压力,进而对高新技术企业创新能力产生重要的影响。

从表3.7中可以看出,指标x_{10}的熵值最小,差异性系数最大,表明该指标对高新技术企业创新能力影响的比较作用最大。从区域政府环境要素指标排名的顺序来看$x_{10} > x_{13} > x_{12} > x_{11}$,说明在区域政府环境的构成要素中,区域政府对企业的税收优惠扶持力度对高新技术企业创新能力的影响起重要作用,其次是区域政府公共安全、一般性社会服务、社会保障等职能的发挥。高新技术企业主要产品(服务)属于国家重点支持的高新技术领域范畴,这就要求区域政府审时度势,并为高新技术企业创新行为提供政策引导与支持。税收优惠政策的深入落实极大降低了高新技术企业创新成本压力,释放了企业创新活力,进而对高新技术企业创新能力产生重要的影响。

从表3.8中可以看出,指标x_{14}的熵值最小,差异性系数最大,表明该指标对高新技术企业创新能力影响的比较作用最大。从区域法律环境要素指标排名的顺序来看$x_{14} > x_{16} > x_{15} > x_{17}$,说明在区域法律环境的构成要素中,区域知识产权保护力度对高新技术企业创新能力的影响起重要作用,其次是区域行政执法情况,再次是区域普通劳动者权益保护情况。高新技术企业知识密集型的特点使其更迫切需要法律、法规来保障企业合理的创新利益和知识权益。知识产权执法力度的增强和执法效率的提高,进一步释放了高新技术企业的创新活力,增强了高新技术企业的创新意愿,进而对高新技术企业创新能力产生重要的影响。

从表3.9中可以看出,指标x_{19}的熵值最小,差异性系数最大,表明该指标对高新技术企业创新能力影响的比较作用最大。从区域文化环境要素指标排名的顺序来看$x_{19} > x_{20} > x_{18}$,说明在区域文化环境的构成要素中,区域内的创业精神对高新技术企业创新能力的影响起重要作用,其次是区域文化的传播,再次是区域文化生产的基础。高新技术企业知识创造行为和企业创新能力的形成与提升均有赖于多元化的企业创新意识与创新精神,以创业精神为代表的区域文化创造力使区域文化精神深深植根于高新技术企业内部,并通过信仰、意识形态、形式化的规则体系与企业创新行为兼容并蓄,融为一体,进一步增强了高新技术企业知识创造的多样性,有助于提高高新技术企业的学习能力,进而对高新技术企业创新能力产生重要的影响。

综上所述,通过构建影响高新技术企业创新能力的区域软环境要素指标体系,利用熵权法对各区域软环境要素进行权重测算,通过对各区域软环境要素权重值的排名发现,区域科技研发资金投入力度、区域市场开发程度、区域融资便利程度、区域政府对企业的税收优惠扶持力度、区域知识产权保护力度、区域内的创业精神对高新技术企业创新能力产生重要的影响。

3.4　本 章 小 结

本章采用核密度估计法从时间和空间两个层面对高新技术企业创新能力的发展态势进行了分析。研究表明:(1)从时间上来看,我国高新技术企业创新能力已由收敛趋于扩散,高新技术企业创新能力存在着极化发展的趋势。(2)从空间上来看,四大地区高新技术企业创新能力呈现出不同的发展态势。东北地区高新技术企业创新能力可能存在极化的发展趋势;西部地区呈现均衡的发展趋势;东部地区和中部地区呈现由均衡发展向极化发展的趋势。

另外,本章构建了影响高新技术企业创新能力的区域软环境要素指标体系,采用熵权法对影响高新技术企业创新能力的区域软环境要素进行了权重测算,发现区域科技研发资金投入力度、区域市场开放程度、区域融资便利程度、区域政府对企业税收优惠扶持力度、区域知识产权保护力度、区域内的创业精神等6个区域软环境要素对高新技术企业创新能力具有重要影响。本章关于影响高新技术企业创新能力的关键区域软环境要素识别,为后续相关研究奠定了基础。

第 4 章　区域软环境对高新技术
企业创新能力影响的
空间计量分析

依照第 2 章中构建的区域软环境对高新技术企业创新能力影响的分析框架,本章重点探讨区域软环境对高新技术企业创新能力的影响效果。根据资源依赖理论,高新技术企业创新能力的形成与提升有赖于区域科技环境、区域市场环境、区域金融环境、区域政府环境、区域法律环境和区域文化环境的支持,同样,上述区域软环境对高新技术企业创新能力均产生重要影响。本章通过构建空间计量模型,选取 2007—2015 年中国大陆地区 30 个省(自治区、直辖市)数据,就上述 6 个区域软环境对高新技术企业创新能力的影响效果及在不同地区内影响效果的差异化表现进行了实证检验与分析。

4.1　区域软环境对高新技术企业
创新能力影响的研究假设

4.1.1　区域科技环境与高新技术企业创新能力的研究假设

区域科技环境对高新技术企业创新能力的影响是最直接也是最深刻的。区域科技环境所提供的科技资源丰裕程度和相关科技资源配置效率对提高高新技术企业创新能力至关重要,良好的区域科技环境是提高高新技术企业创新能力的基础[21]。通过区域知识聚集效应可以大幅提高企业创新能力,致使科技园区内的企业生产弹性明显高于园区外的企业[19]。此外,处于科技园内的企业彼此之间创新意愿进一步增强,不仅为企业带来包括出口增加、研发能力提升等在内的经济成果,还带来了包括战略制定能力显著提高等在内的无形成果[213]。同时,与区域内高等院校保持长期的合作关系对企业技术创新能力的提高也有显著的促进作用[214]。科技人才流动带来的知识转移会加速高新技术企业研发进程,提高企业的创新能力,科技人才资源的进一步整合是提高企业核心竞争力的根本保障[215]。增加科技资金投入是高新技术企业技术创新能力形成和提升的物质保障,发达地区增加科技资金投入对技术转移需求产生显著的推动作用[216]。由此,可提出如下假设。

假设1:区域科技环境对高新技术企业创新能力有显著促进作用。

4.1.2　区域市场环境与高新技术企业创新能力的研究假设

企业是市场经济活动的参与主体,市场在企业资源搜索与资源配置中发挥基础性作用。地区市场化水平的提高,特别是经济发展水平越高,贸易自由流通越便利,生产要素配置越充分,地区市场保护主义与市场分割越弱,对提高高新技术企业创新能力越有利。另外,地理距离越近、规模越大的市场越能够吸引企业的目光,市场容量的不断提升与运输成本的大幅度降低进一步压缩了技术研发成本[24]。区域市场开放度越高,地区企业可以获得更广阔的发展空间,通过合理配置市场资源,提升企业技术创新水平,提高企业竞争实力[217]。伴随地区市场开放程度的不断提高,外商的进入使本土高新技术企业有机会获得更多先进技术,通过知识溢出效应与竞争效应促进企业创新能力提高[218]。大量跨国企业的进入导致更多研发中心被建立,增强了东道国的研发能力,对企业创新能力的提高产生了实质性的影响[219]。由此,可提出如下假设。

假设2:区域市场环境对高新技术企业创新能力有显著促进作用。

4.1.3　区域金融环境与高新技术企业创新能力的研究假设

高新技术企业日常生产经营活动和创新研发活动都有赖于金融环境的繁荣与稳定。企业通过积极的外部融资,很大程度上可以逾越融资约束对研发投入的消极影响,提高企业创新能力[220]。通过银行贷款支持可以有效预防高新技术企业资金供应链的断裂,增强企业风险对冲能力。Ayyagari 等[221]研究发现,银行信贷对企业的创新活动会产生积极的推动作用。马光荣等[222]研究进一步表明,获得银行授信的企业,其研发概率和研发强度分别提高了 8.6% 和 0.24%。现实中,银行并不情愿将资金投放到不确定性较高和风险性较大的企业,Maskara 等[25]的研究发现,银行实行积极的放贷政策可以缓和、降低借贷双方信息不对称问题的出现,进一步释放了企业创新潜力。此外,金融发展降低了市场经济中信息不对称问题的出现,为企业顺利开展技术创新活动创造了便利的条件[224]。金融发展水平较高的地区,地区内企业技术创新能力水平越高[225]。由此,可提出如下假设。

假设3:区域金融环境对高新技术企业创新能力有显著促进作用。

4.1.4　区域政府环境与高新技术企业创新能力的研究假设

地方政府在支持企业成长、促进企业创新等方面一直都在扮演着重要的角色,发挥关键性作用。高新技术企业的主要产品多为国家重点支持的高新技术领域范畴,通过强化对政府政策的及时感知,增进合理的政企互动,对提高高新技术企业创新能力具有积极的引导作用。Montmartin[25]研究发现,地方政府通过实施税收优惠政策、提供财政补贴可以有效降低企业研发边际成本,提升企业研发成功率和研发强度。政府关于科技政策的制定和实施为企业技术创新明确方向,政府关于融资政策的制定和实施为企业技术创新开辟了多元化的融资渠道,政府的关于科技产品的采购有利于引导、扶持、鼓励企业开发新产品与新技术。另外,政府对企业的技术开发援助对提高地区企业创新能力有显著促进作用[226]。政府对企业技术研发资金的援助同样有助于企业提高技术创新水平[227]。地方政府治理越好,政府对企业寻租空间越小,越有利于企业研发创新活动的开展,进而对提高企业创新能力的影响越显著[228]。由此,可提出如下假设。

假设4:区域政府环境对高新技术企业创新能力有显著促进作用。

4.1.5　区域法律环境与高新技术企业创新能力的研究假设

社会法治建设力度的加强与法治环境的改善对约束企业行为、保证企业利益至关重要。健全、稳定的区域法律环境确保企业在公平的市场竞争中获取、使用、创造各种资源和技术。对高新技术企业来说,随着知识在企业成长中的重要性日益提高,对知识进行行之有效的管理与保护被认为是捍卫企业竞争优势的重要手段,通过强化知识产权保护会激励企业研发投入力度,提高企业创新能力水平[229,230]。知识产权保护对技术模仿、窃取、侵权行为也会起到警示作用,这进一步释放了企业创新活力并将创新由产品、工艺等基础层面转向市场、商业模式等战略层面[231]。Ang[232]研究发现,产权保护环境与企业创新活动具有正相关关系,完善的知识产权保护制度能够提高企业创新成果的排他性,从而提高企业的竞争能力,并刺激管理者做出持续创新的决策。另外,区域法治环境对不公平竞争的防治力度越大,企业内部人员从事创新活动的倾向性越高,区域内企业的创新活动效率越高,创新能力越强[27]。由此,可提出如下假设。

假设5:区域法律环境对高新技术企业创新能力有显著促进作用。

4.1.6　区域文化环境与高新技术企业创新能力的研究假设

区域文化是聚集性的群体思维方式、生活方式、生产方式、交往方式长期沉淀的结果,并且在不断地演变和发展中[233]。区域内拥有共同愿景和相同价值理念的个人聚集在一起,相似的文化属性决定了团队在观察、认知、思考、行动等方面的一致性,强化了团队的凝聚力和创造力,文化逐渐成为企业核心竞争力和企业保持可持续竞争优势的重要源泉[234]。区域创业精神是区域文化的重要组成部分,徐建平等[235]研究发现,浙江地区企业家富有积极进取的创业精神和冒险意识,这与区域功利主义的文化特征不无关系。创业精神有助于使企业在剧烈变动的外部环境下,识别并把握住关键机会,使企业勇于打破传统桎梏的束缚,重构企业新的惯性和能力,使企业更加注重变革和创新[236]。同时,创业精神可以更加行之有效地整合企业内部既有资源,并将企业"静态"资源转化为"动态"能力,从而真正意义上提高企业创新能力水平[237]。从根本上来讲,创业精神的核心就是创新精神。创业就是要标新立异,打破已有的秩序,按照新的要求重新组织[238]。在区域创业精神的感召下,高新技术企业大胆突破、探索变革、追求新机的动机将更加明确,有助于从整体上提高高新技术企业创新能力水平。由此,可提出如下假设。

假设6:区域文化环境对高新技术企业创新能力有显著促进作用。

4.2　空间计量模型构建与研究设计

4.2.1　模型构建

根据地理学第一定律,所有事物都与其他事物相互关联,但较近的事物比较远的事物更关联[239]。所有经济数据都涉及一定的空间位置,如何处理空间数据,发掘空间单位彼此间的空间效应(Spatial Effects)是空间计量经济学的关注重点。

空间计量经济学诞生于20世纪70年代。它是在传统经济学基础上引入空间效应经济变量,并以此进行一系列模型设定、估计、检验、预测等的方法[240]。常用的空间计量经济学模型主要有两种。

一种是空间滞后模型(Spatial Lag Model,SLM),描述的是空间实质相关。模型基本表达式为

$$Y = \rho WY + X\beta + \varepsilon \qquad (4.1)$$

式中,$Y = (Y_1,\cdots,Y_n)'$,为被解释变量矩阵;$X = (X_1,\cdots,X_k)'$,为解释变量矩阵;ρ为空间效应系数;$\beta = (\beta_1,\cdots,\beta_k)'$,为参数向量,反映了解释变量对被解释变量的影响程度;ε为随机误差向量;W为空间矩阵,具体表达为

$$W = \begin{bmatrix} 0 & w_{12} & \cdots & w_{1N} \\ w_{21} & 0 & \cdots & w_{2N} \\ \vdots & \vdots & & \vdots \\ w_{N1} & w_{N2} & \cdots & 0 \end{bmatrix} \qquad (4.2)$$

式中,w_{ij}描述了第j个截面个体与第i个截面个体被解释变量之间的相关性。

在空间权重矩阵构造方面常用邻近概念进行设定,一般有车相邻(Rook 邻近)和后相邻(Queen 邻近)两种方法。前者通常用来定义仅有共同边界的邻近;后者除了定义共同边界外,还包括共同顶点的邻近。两者的相邻关系如图4.1 所示。Anselin 等[241]进一步认为,Queen 邻近的标准设定在对一些没有共同边界所谓的角落邻近地区(Corner Neighbors)处理方面要优于 Rook 邻近的标准。据此,本书借鉴王锐淇[242]的构建方法,选择二分权重矩阵作为空间权重矩阵设定的基本形式。采用 Queen 邻近标准作为空间权重矩阵设定的参考标准,将空间权重矩阵设定为

$$w_{ij} = \begin{cases} 1, & 区域 i 和区域 j 相邻接 \\ 0, & 其他 \end{cases} \qquad (4.3)$$

另一种是空间误差模型(Spatial Error Model,SEM),描述的是空间扰动相关和空间总体相关。模型基本表达式为

$$Y = X\beta + \lambda W\varepsilon + \mu \qquad (4.4)$$

式中,λ为空间误差相关系数;μ为正态分布的随机误差向量;其他符号含义

同前。

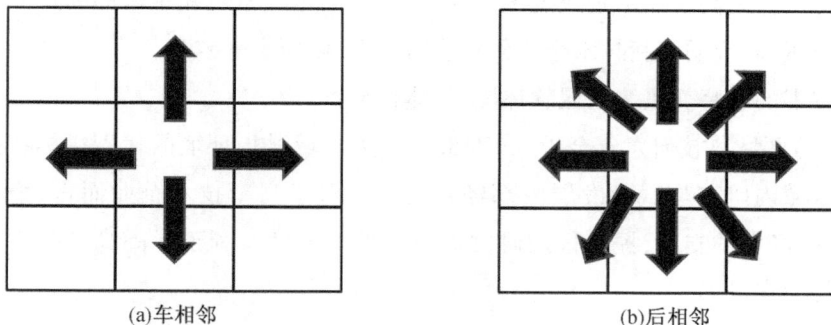

(a)车相邻　　　　　　　　　　　　　(b)后相邻

图 4.1　车相邻与后相邻

综上所述,根据空间计量模型的构建方法,结合自身研究情景,本书将空间滞后模型设定如下

$$\ln IA_{it} = \beta_0 + \beta_1 \ln R\&D_{it} + \beta_2 \ln FDI_{it} + \beta_3 \ln CBL_{it} + \beta_4 \ln GTI_{it} +$$
$$\beta_5 \ln IPP_{it} + \beta_6 \ln ES_{it} + \rho \sum_j w_{ij} \ln IA_{jt} + \varepsilon_{it} \qquad (4.5)$$

式中,IA_{it} 为被解释变量,表示高新技术企业创新能力水平;$\beta_i (i = 1, 2, \cdots, 5)$ 为回归参数,表示各变量与高新技术企业创新能力的相关程度;$i(j) = 1, 2, \cdots, 30$,表示省(自治区、直辖市);$t = 2007, \cdots, 2015$,表示年份;$R\&D$ 表示区域科技研发资金投入;FDI 表示区域外商直接投资;CBL 表示区域商业银行贷款;GTI 表示区域政府税收优惠;IPP 表示区域知识产权保护;ES 表示区域内的创业精神;ρ 为空间效应系数,反映了相邻省(自治区、直辖市)被解释变量的影响力;w_{ij} 表示区域 i 与区域 j 的临近关系;ε 为随机误差项。

同时,本书将空间误差模型设定如下

$$\ln IA_{it} = \beta_0 + \beta_1 \ln R\&D_{it} + \beta_2 \ln FDI_{it} + \beta_3 \ln CBL_{it} + \beta_4 \ln GTI_{it} +$$
$$\beta_5 \ln IPP_{it} + \beta_6 \ln ES_{it} + \lambda \sum_j w_{ij} \boldsymbol{\mu}_{jt} + \varepsilon_{it} \qquad (4.6)$$

式中,λ 为空间误差相关系数,度量了邻近省(自治区、直辖市)关于被解释变量的误差冲击对本地区观测值的影响程度;$\boldsymbol{\mu}$ 为正态分布的随机误差向量;其他符号定义如前。

4. 2. 2　变量定义

本书的被解释变量为高新技术企业创新能力(ⅣV),与第 3 章中观测变量选择的指标一样,仍采用高新技术企业收入类指标中技术性收入来对企业创新能力进行衡量。高新技术企业技术性收入越多,通过技术创新带来的新产品经济附加值越高,说明高新技术企业创新能力越强,创新水平越高。

本书的解释变量为区域软环境,具体包括:

(1)区域科技研发资金投入(R&D),作为区域科技环境的代理指标将其定义为区域内研究与试验发展内部经费支出。对于高新技术企业而言,增加研究、试验经费的支出,提高科技研发资金的投入力度有利于提高高新技术企业创新能力水平。

(2)区域外商直接投资(FDI),作为区域市场环境的代理指标将其定义为区域内外商投资企业年底投资总额。区域市场开放度越高,吸引的外资越多,越能够使本土企业有机会利用外部充足资金和先进技术,对提高高新技术企业技术创新能力具有互补作用。

(3)区域商业银行贷款(CBL),作为区域金融环境的代理指标将其定义为区域内银行金融机构贷款余额。银行等金融机构对企业融资放贷支持力度越大,融资便利度越高,越能调动企业技术研发行为的积极性,有利于提高高新技术企业创新能力水平。

(4)区域政府税收优惠(GTI),作为区域政府环境的代理指标将其定义为区域内地方政府对企业出口退税的减免金额。政府对企业税收优惠扶持力度越大,优惠政策落实越到位,越能降低企业的研发边际成本,确保高新技术企业创新活动的顺利开展。

(5)区域知识产权保护(IPP),作为区域法律环境的代理指标将其定义为区域内知识产权局处理专利侵权纠纷的执法结案率情况。社会对知识成果维权保障的决心越强,专利执法力度越大,知识产权保护力度越大,越能更好释放高新技术企业的创新活力,激励高新技术企业创新能力稳步提升。

(6)区域内的创业精神(ES),作为区域文化环境的代理指标将其定义为区域内私营企业和个体企业从业人员所占地区总人口的比例。私营企业和个体企业从业人员所占比例越大,区域内的创业精神富有活力,越有利于激发高新技术企业的创新意愿,提升高新技术企业的创新活力,进而提高高新技术企业整体创新能力水平。

另外,构建空间计量经济学模型要求模型中变量要具备空间相关性的特点,本书所选择的六个区域软环境代理指标均具备这一特点,符合模型变量的甄选要求,进而确保了模型构建的规范性与研究结论的客观性。具体地,项歌德等[243]研究并探讨了科技研发投入资源要素的空间溢出效应,认为这种溢出效应具有 M – A – R(马歇尔 – 阿罗 – 罗默)外部性特征。李欣等[244]通过对1985—2010 年中国大陆省际数据的研究发现,中国省域外商直接投资存在明显的空间异质性,且不断从集聚程度高的省级行政区向周边扩散,体现了较强的空间自相关性。部慧等[245]研究发现,中国金融业存贷款总额主要集中在东南沿海经济发达省份,这与区域金融业空间集中度类似,体现了中国金融业发展的空间差异。钟炜[246]利用1986—2004 年中国 28 个省市的面板数据实证检验了税收优惠与 FDI 的时空效应,并发现税收优惠空间性特点显著。市场化程度较高的地区,税收优惠作用发挥不明显;相反,市场化程度较低的地区,税收优惠的信号作用更强。徐清[247]采用空间统计与空间计量的方法测算了中国 30个省市知识产权保护强度并发现,中国各省市知识产权保护强度存在典型的空间异质性与空间相关性的特点。郭琪等[248]利用 2001—2007 年地级及以上城市的面板数据研究发现,国有企业较多的地区城市创业精神会受到限制,城市创业精神空间性特点显著。

4.2.3 数据来源

高新技术企业创新能力的相关数据来源于 2008—2016 年《中国火炬统计年鉴》;区域科技环境的相关数据来源于 2008—2016 年《中国科技统计年鉴》;区域市场环境和区域文化环境的相关数据来源于 2008—2016 年《中国统计年鉴》;区域金融环境的相关数据来源于 2008—2016 年《中国金融年鉴》;区域政府环境的相关数据来源于 2008—2016 年《中国税务年鉴》;区域法律环境的相关数据来源于 2007—2015 年《中国国家知识产权局统计年报》。为了尽量避免异方差对实证结果可能产生的负面影响,以及由此带来的系统性偏误,本书对上述数据进行了对数化处理。需要说明的是,西藏自治区的数据在多个统计方面缺失相关资料,港、澳、台地区的数据存在统计口径差异,故上述地区的数据资料不纳入此次统计。

4.3　区域软环境对高新技术企业创新能力影响的实证检验

4.3.1　数据平稳性检验

为了避免造成 OLS 虚假回归或伪回归,确保估计结果的有效性,在进行回归分析前,需要对样本数据进行单位根检验以考察变量序列的平稳性。本书采用 Eviews 软件对 4 种单位根检验方法,即假定横截面序列具有相同单位根的 LLC(Levin-Lin-Chu)检验和假定横截面序列具有不同单位根的 IPS(Im-Pesaran-Shin)检验、ADF-Fisher 检验、PP-Fisher 检验依次进行验证。如果 4 种检验结果均拒绝存在单位根的原假设,即证明变量序列是平稳的,反之则不平稳。相关检验结果见表 4.1。

表 4.1　变量序列单位根检验结果

变量	单位根检验方法			
	LLC	IPS	ADF-Fisher	PP-Fisher
ln $R\&D$	− 26. 150 ***	− 11. 347 ***	216. 868 ***	286. 314 ***
	(0. 000)	(0. 000)	(0. 000)	(0. 000)
ln FDI	1. 903	6. 097	22. 653	59. 029
	(0. 972)	(1. 000)	(1. 000)	(1. 000)
ln CBL	− 24. 513 ***	− 11. 846 ***	233. 036 ***	233. 837 ***
	(0. 000)	(0. 000)	(0. 000)	(0. 000)
ln GTI	− 3. 719 ***	2. 168	34. 028	56. 828
	(0. 000)	(0. 985)	(0. 997)	(0. 592)
ln IPP	− 7. 649 ***	− 1. 004	88. 662 ***	74. 983 *
	(0. 000)	(0. 158)	(0. 010)	(0. 092)
ln ES	− 10. 404 ***	− 4. 505 ***	122. 588 ***	112. 174 ***
	(0. 000)	(0. 000)	(0. 000)	(0. 000)
ln IA	3. 389	5. 382	20. 223	26. 275
	(1. 000)	(1. 000)	(1. 000)	(1. 000)

表 4.1(续)

变量	单位根检验方法			
	LLC	IPS	ADF-Fisher	PP-Fisher
$\Delta\ln R\&D$	-5.963^{***}	0.595	66.699	88.121^{**}
	(0.000)	(0.724)	(0.258)	(0.011)
$\Delta\ln FDI$	-13.160^{***}	-3.177^{***}	120.221^{***}	155.320^{***}
	(0.000)	(0.000)	(0.000)	(0.000)
$\Delta\ln CBL$	-27.360^{***}	-13.705^{***}	245.796^{***}	120.514^{***}
	(0.000)	(0.000)	(0.000)	(0.000)
$\Delta\ln GTI$	-30.057^{***}	-8.236^{***}	176.133^{***}	150.625^{***}
	(0.000)	(0.000)	(0.000)	(0.000)
$\Delta\ln IPP$	-1.756^{**}	-3.560^{***}	135.459^{***}	169.346^{***}
	(0.040)	(0.000)	(0.000)	(0.000)
$\Delta\ln ES$	-19.489^{***}	-7.286^{***}	172.370^{***}	169.489^{***}
	(0.000)	(0.000)	(0.000)	(0.000)
$\Delta\ln IA$	-22.877^{***}	-8.978^{***}	195.751^{***}	216.140^{***}
	(0.000)	(0.000)	(0.000)	(0.000)
$\Delta2\ln R\&D$	-35.536^{***}	-13.772^{***}	258.862^{***}	328.609^{***}
	(0.000)	(0.000)	(0.000)	(0.000)
$\Delta2\ln FDI$	-17.153^{***}	-6.014^{***}	158.736^{***}	223.921^{***}
	(0.000)	(0.000)	(0.000)	(0.000)
$\Delta2\ln CBL$	-45.355^{***}	-21.186^{***}	376.260^{***}	408.097^{***}
	(0.000)	(0.000)	(0.000)	(0.000)
$\Delta2\ln GTI$	-17.082^{***}	-5.905^{***}	156.084^{***}	232.231^{***}
	(0.000)	(0.000)	(0.000)	(0.000)
$\Delta2\ln IPP$	-25.988^{***}	-10.321^{***}	224.462^{***}	312.693^{***}
	(0.000)	(0.000)	(0.000)	(0.000)
$\Delta2\ln ES$	-25.210^{***}	-9.498^{***}	211.084^{***}	280.462^{***}
	(0.000)	(0.000)	(0.000)	(0.000)
$\Delta2\ln IA$	-29.484^{***}	-11.088^{***}	231.003^{***}	319.105^{***}
	(0.000)	(0.000)	(0.000)	(0.000)

注：***、**、*分别表示统计量在1%、5%、10%水平下显著；Δ项表示原序列的一阶差分序列；Δ2项表示原序列的二阶差分序列。上述数据的检验均包含截距项，但不包含趋势项，括号内为 P 值。

　　表4.1检验结果显示,所有变量原序列都不同程度地存在单位根,对原序列进行一阶差分后 ln $R\&D$ 项仍存在单位根,进一步对原序列进行二阶差分后发现各变量序列均在1%显著性水平下拒绝原假设,即不存在单位根。由于差分后的序列均服从二阶单整,故仍需进一步判断模型内部变量间是否存在协整关系,再次对平稳的变量序列进行协整检验。相关检验结果见表4.2和表4.3。

表4.2　Kao 协整检验

ADF	T 统计量	显著性
	-9.841	0.000

表4.3　Johansen 协整检验

零假设(H_0)	特征值	Fisher 联合迹统计量	1% 临界值	5% 临界值	10% 临界值
$R=0$	0.613	611.624	135.973	125.615	120.367
$R\leqslant1$	0.495	361.206	104.962	95.754	91.110
$R\leqslant2$	0.253	180.626	77.819	69.819	65.820
$R\leqslant3$	0.147	103.791	54.682	47.856	44.494
$R\leqslant4$	0.136	61.912	35.458	29.797	27.070
$R\leqslant5$	0.080	23.206	19.937	15.495	13.429
$R\leqslant6$	0.004	1.086	6.635	3.841	2.706

　　注:R 代表协整关系个数,协整方程结构假设设定为无确定性趋势且结构方程只有截距项。

　　表4.2中 Kao 协整检验结果显示,在1%显著性水平下拒绝不存在协整关系的原假设,即各变量间存在稳定的长期均衡关系。为了使检验效果更具稳定性,本书进一步采用 Johansen 于1991年提出的多变量间协整检验的方法来进行验证,相比传统的 E-G 两步法协整检验,Johansen 的方法不必对内生变量和外生变量进行划分,且可给出全部协整关系。表4.3中 Johansen 协整检验结果显示,分别在1%、5%、10%显著性水平下拒绝原假设,即最多存在6个协整关系。由此认为,6个变量间存在协整关系,变量数据仍能保持长期平稳状态。综上分析,变量数据不存在伪回归问题,可以进行 OLS 回归分析。

4.3.2　空间相关性检验

Goodchild[249]指出,几乎所有的空间数据都具有空间效应,地区空间单元的某种经济地理现象与邻近地区空间单元上同一现象总保持着相关关系。检验空间相关性是否存在,通常使用 Moran's I 指数[250],其反映了空间邻接或空间邻近的区域单元属性值的相似程度。根据 Moran 的定义,如果 x 是位置(区域)的观测值,该变量 Moran's I 指数的表达式为

$$I = \frac{\sum_{i=1}^{n} \sum_{j=1}^{n} w_{ij}(x_i - \bar{x})(x_j - \bar{x})}{S^2 \sum_{i=1}^{n} \sum_{j=1}^{n} w_{ij}} \tag{4.7}$$

式中,$S^2 = \dfrac{\sum_{i=1}^{n}(x_i - \bar{x})^2}{n}$,为样本方差;$w_{ij}$ 为空间权重矩阵的 (i,j) 元素,用来度量区域 i 和区域 j 之间的距离;$\sum_{i=1}^{n} \sum_{j=1}^{n} w_{ij}$ 为所有空间权重之和。

Moran's I 指数的 Z – score 得分检验形式为

$$Z = \frac{I - E(I)}{\sqrt{Var(I)}} \tag{4.8}$$

式中,$E(I)$ 为 Moran's I 的期望值。

根据正态分布检验规则,当 $|Z| > 1.96$ 时,拒绝原假设,接受备择假设,即在 95% 概率水平下,存在空间自相关性。另外,Moran's I 指数取值范围一般介于 $(-1,1)$。其中,Moran's $I < 0$ 表示负相关,Moran's $I = 0$ 表示不相关,Moran's $I > 0$ 表示正相关。Moran's I 值越接近 1,代表单元间的关系越密切,性质相似度越高。此外,Moran's I 散点图也是用来研究局部空间不稳定性的工具之一,图上依顺时针序分布的四个象限分别对应区域单元与其邻近单元间的四种局部空间联系形式。其中,第一象限代表高观测值的区域单元被高值区域所包围的空间联系形式,第二象限代表低观测值的区域单元被高值区域所包围的空间联系形式,第三象限代表低观测值的区域单元被低值区域所包围的空间联系形式,第四象限代表高观测值的区域单元被低值区域所包围的空间联系形式。

在进行空间相关性检验前,需要确定 Queen 相邻的阶数。以全样本为例,通过分别计算一阶、二阶、三阶 Queen 相邻 Moran's I 指数可得到,一阶 Queen 相邻 Moran's I 指数值($QR_1 = 0.986$)高于二阶 Queen 相邻 Moran's I 指数值($QR_2 = 0.931$)和三阶 Queen 相邻 Moran's I 指数值($QR_3 = 0.831$)。因此,选择

一阶 Queen 相邻标准来设定空间权重矩阵是合适的。运用蒙特卡洛模拟法依次计算得到 2007—2015 年东部地区、中部地区、西部地区、东北地区高新技术企业创新能力的 Moran's I 值,相关数据见表 4.4。2007—2015 年高新技术企业创新能力的 Moran's I 散点图如图 4.2 所示。东部地区、中部地区、西部地区、东北地区高新技术企业创新能力的 Moran's I 散点图如图 4.3 所示。2007—2015 年高新技术企业创新能力的 Moran's I 序列经验分布如图 4.4 所示。东部地区、中部地区、西部地区、东北地区高新技术企业创新能力的 Moran's I 序列经验分布如图 4.5 所示。

表 4.4　2007—2015 年高新技术企业创新能力 Moran's I 值

年份/地区	I	$E(I)$	$MEAN$	$SD(I)$	Z 值
2007	0.840	-0.035	-0.033	0.118	7.411 ***
2008	0.858	-0.035	-0.033	0.108	8.281 ***
2009	0.847	-0.035	-0.035	0.108	8.167 ***
2010	0.846	-0.035	-0.035	0.117	7.503 ***
2011	0.848	-0.035	-0.039	0.108	8.209 ***
2012	0.860	-0.035	-0.033	0.115	7.793 ***
2013	0.841	-0.035	-0.038	0.109	8.042 ***
2014	0.874	-0.035	-0.035	0.112	8.084 ***
2015	0.842	-0.035	-0.037	0.114	7.723 ***
东部地区	0.966	-0.011	-0.014	0.062	15.860 ***
中部地区	0.925	-0.019	-0.018	0.085	11.068 ***
西部地区	0.969	-0.010	-0.011	0.061	16.074 ***
东北地区	0.910	-0.039	-0.044	0.118	8.100 ***

注:I 为 Moran 指数值,$E(I)$ 为理论平均值,$MEAN$ 为经验平均分布值,$SD(I)$ 为标准差,Z 值为 Z 统计量,*** 表示统计量在 1% 水平下显著。

表 4.4 检验结果显示,2007—2015 年高新技术企业创新能力的 Moran's I 值均大于 0,Z 统计量值均大于 1.96 且在 1% 水平下均显著,表明高新技术企业的创新能力在时间分布上存在显著的空间正相关性。东部地区、中部地区、西部地区、东北地区高新技术企业创新能力的 Moran's I 值均大于 0,Z 统计量值均大于 1.96 且在 1% 水平下均显著,表明高新技术企业的创新能力在空间分布上存在显著的空间正相关性。

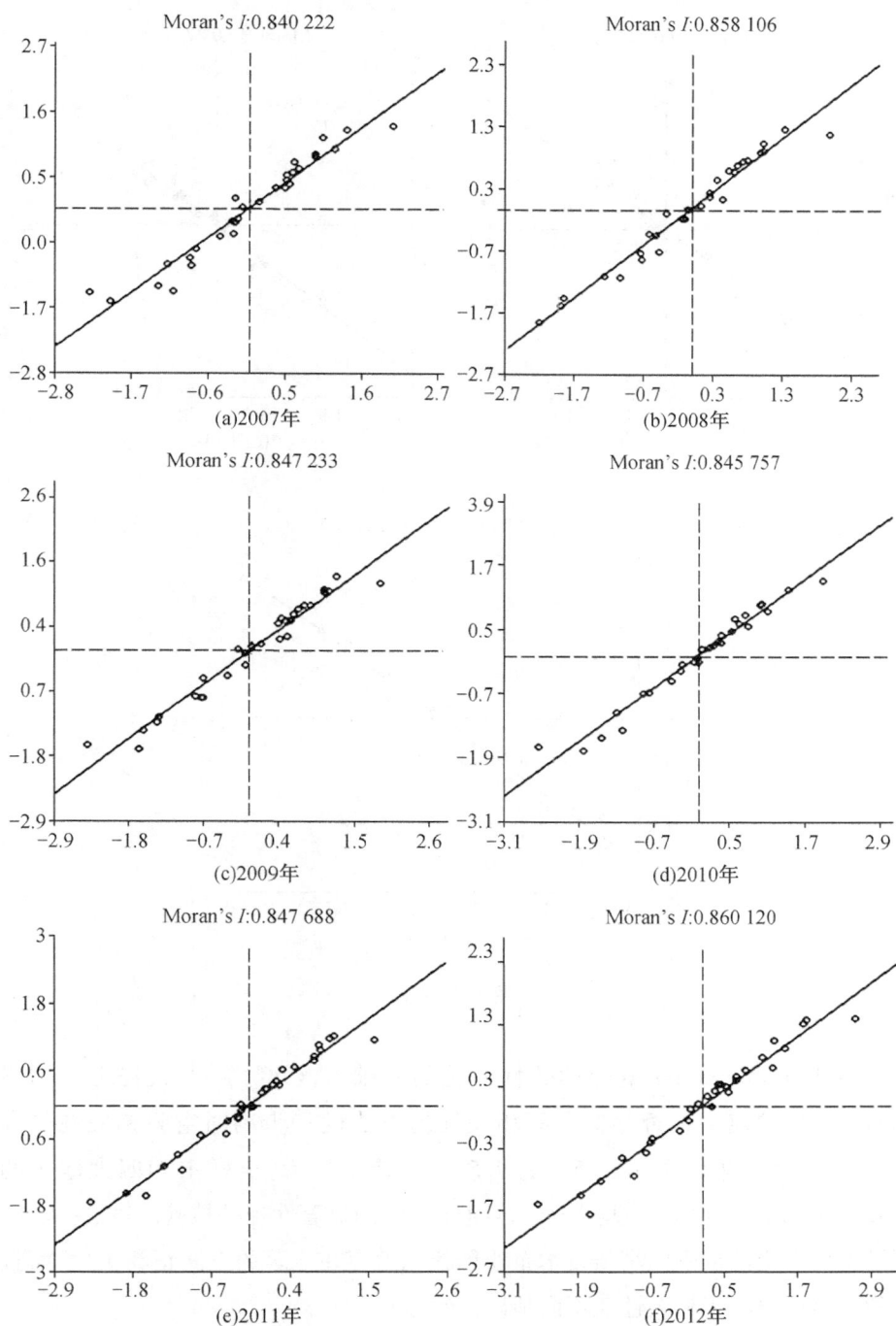

图 4.2 2007—2015 年高新技术企业创新能力的 Moran's *I* 散点图

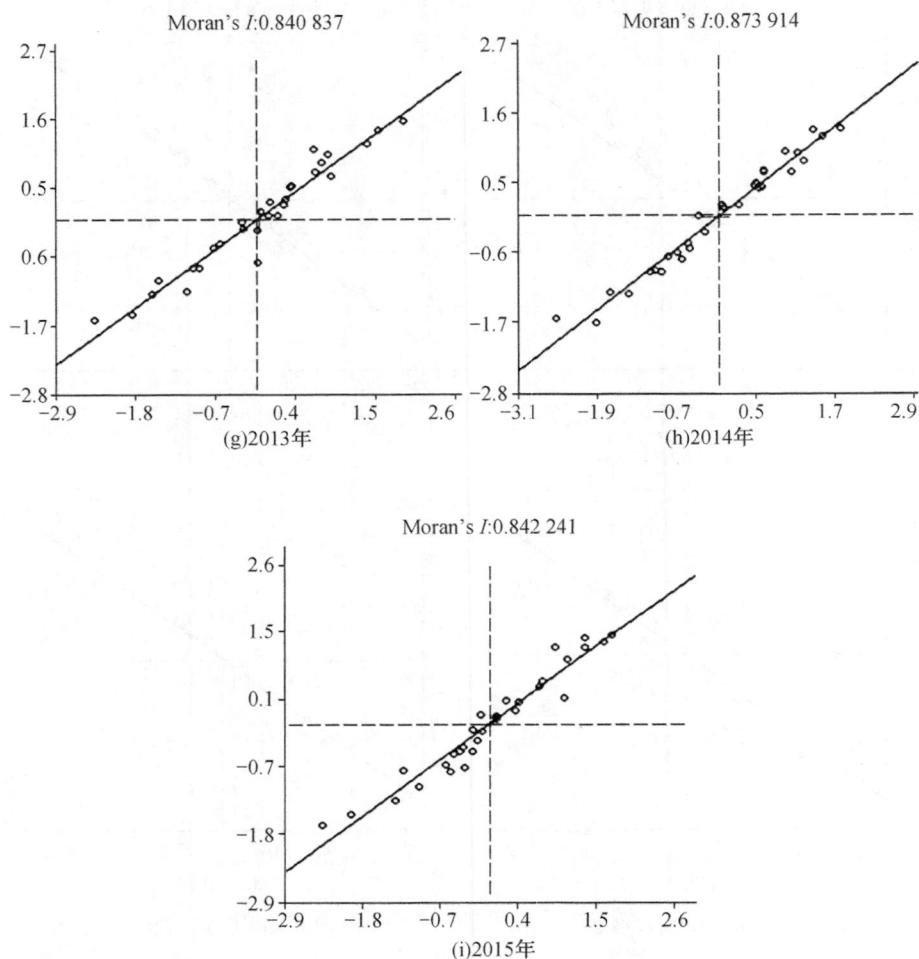

图 4.2(续)

　　另外,在 Moran's I 空间相关性检验的基础上, Cliff 等[251] 又提出了利用 Moran's I 检验残差是否存在空间相关性的方法进一步判断空间相关性的存在[251]。相关结果详见表 4.5。表 4.5 检验结果显示,全样本和四大地区的 Moran's I(error)MI/DF 值均大于 0,且通过 1% 的显著性水平检验。这进一步印证了不仅在全国范围内高新技术企业创新能力存在显著的空间正相关性,而且这种显著的空间正相关性在不同地区依然存在。

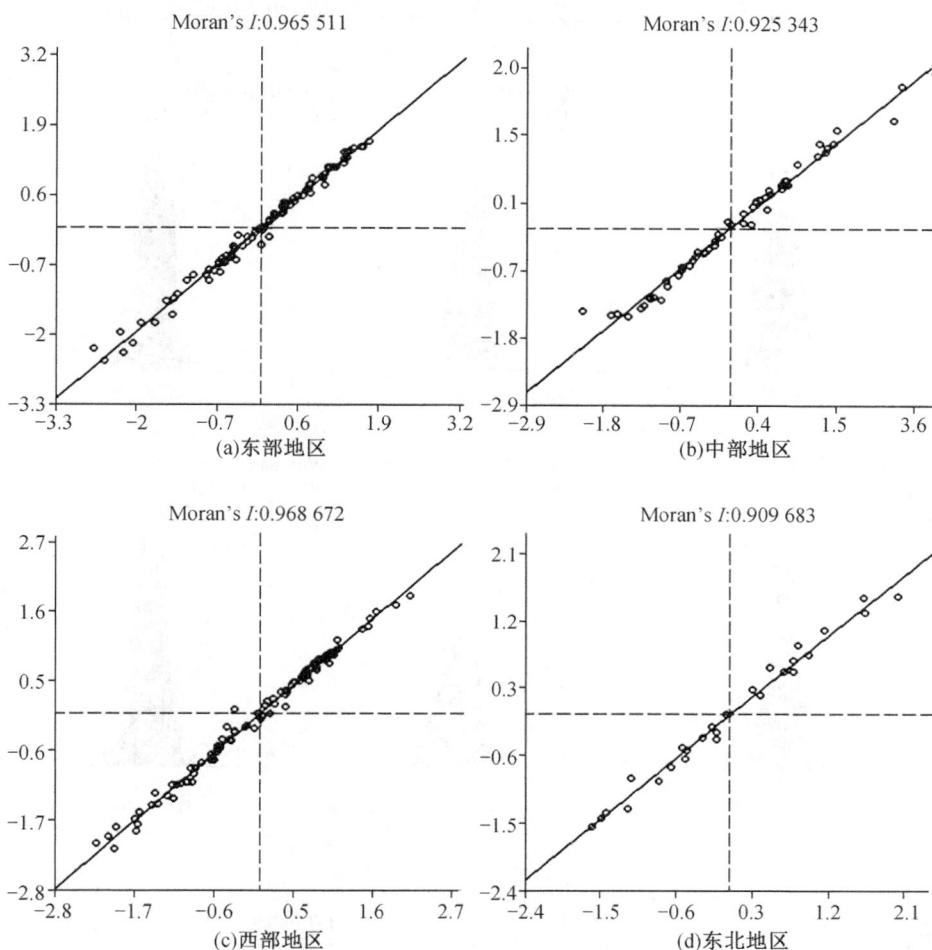

图 4.3 四大地区高新技术企业创新能力的 Moran's *I* 散点图

进一步观察 Moran's *I* 散点图,从时间来看,以 Moran's *I* 指数值最大的 2014 年为例,具体如图 4.2(h)所示。从散点图中可以清晰地发现,2014 年高新技术企业创新能力的 Moran's *I* = 0.874 > 0,表明观测值之间存在空间正相关性。绝大部分散点分布在第一象限和第三象限中,呈现"高 - 高""低 - 低"的分布类型,说明高新技术企业创新能力在地理空间上的分布与相邻区域或近似特征区域呈聚集现象。纵观 2007—2015 年的数据,这一现象基本保持不变,可以推测大部分东部沿海发达省(自治区、直辖市)的高新技术企业创新能力水平相互邻近,形成"高 - 高"的格局;中、西部及东北地区经济次发达或欠发达省(自治区、

　　直辖市)的高新技术企业创新能力水平相互邻近,形成"低－低"的格局。

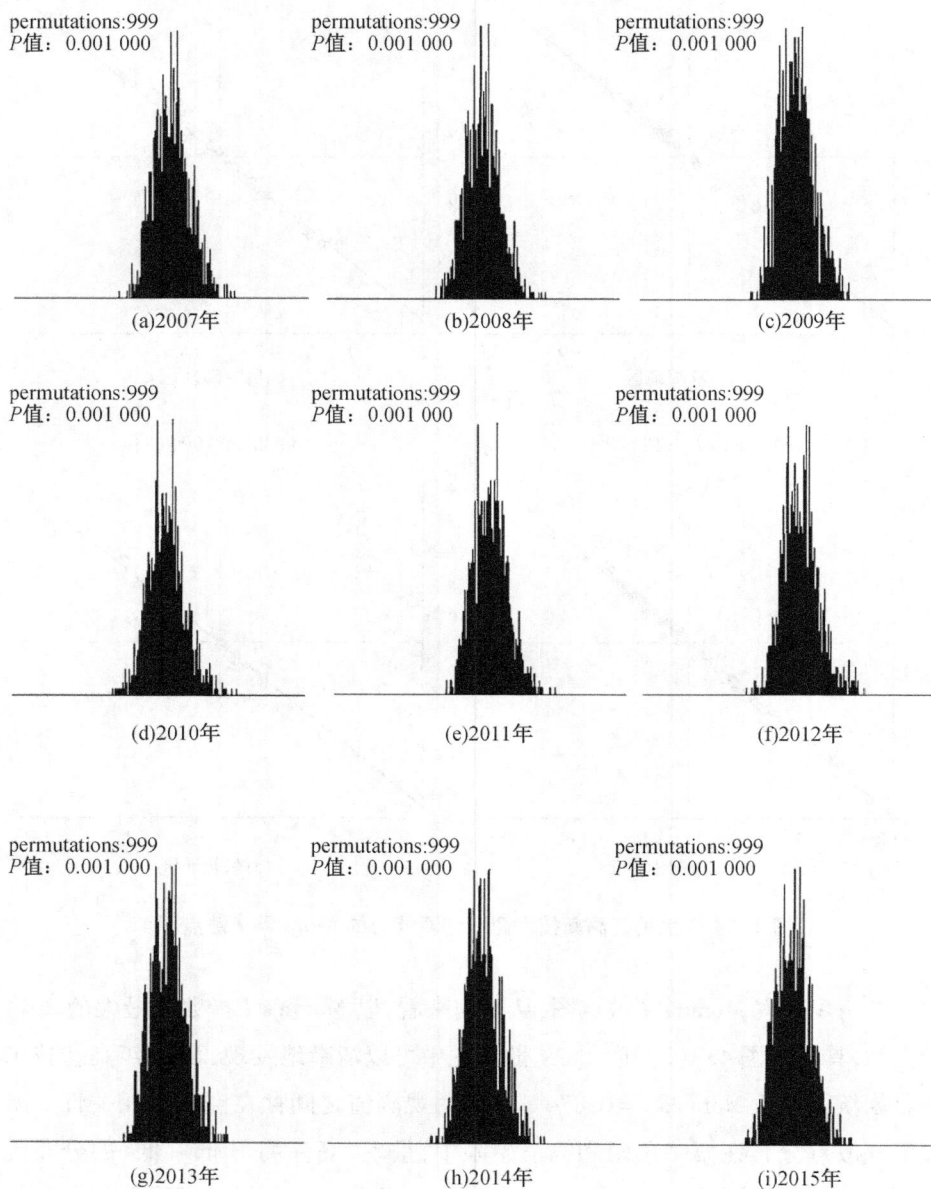

图 4.4　2007—2015 年高新技术企业创新能力的 Moran's *I* 序列经验分布

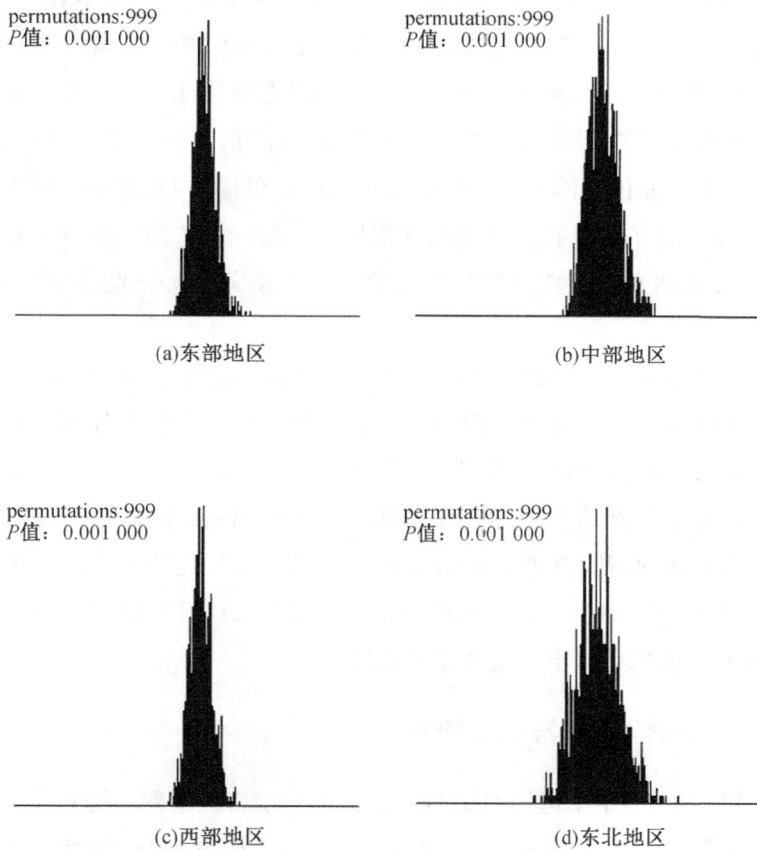

図4.5　四大地区高新技术企业创新能力的 **Moran's *I*** 序列经验分布

表4.5　空间依赖检验结果

	Moran's *I* (error) *MI/DF*	*LM*(lag)	*R − LM*(lag)	*LM*(error)	*R − LM*(error)
全样本	0.627***	461.489***	167.236***	294.270***	0.017
东部地区	0.458***	48.465***	33.222***	29.031***	13.788**
中部地区	0.507***	32.600***	26.532***	11.109***	5.042*
西部地区	0.487***	123.585***	65.263***	59.071***	0.748
东北地区	0.446***	11.086***	5.461***	10.641***	0.025

注：***、**、*分别表示统计量在1%、5%、10%水平下显著。

从空间来看,以 Moran's I 指数值最大的西部地区为例,具体如图 4.3(c)所示。从散点图中可以清晰地发现,西部地区高新技术企业创新能力的 Moran's $I=0.969>0$,表明观测值之间存在空间正相关性。绝大部分散点分布在第一象限和第三象限中,呈现"高 – 高""低 – 低"的分布类型,说明西部地区内的高新技术企业创新能力具有空间聚集效应。可以推测,西部区域内创新能力强、创新水平高的高新技术企业相互聚集在一起,形成"高 – 高"的格局;创新能力较弱,创新水平有待提高的高新技术企业相互聚集在一起,形成"低 – 低"的格局。

图 4.4 和图 4.5 显示的是 Moran's I 序列经验分布情况,对 Moran's I 的推断是基于随机序列,通过多次重新计算统计量产生的一个参考分布。本书在对 Moran's I 显著性进行检验时,选择 Randomization $>$ 999 permutations 产生直方图并计算得出相应的 P 值。通过计算发现,在 99.9% 的置信水平下,2007—2015 年高新技术企业创新能力的 Moran's I 值的空间自相关性是显著的。在 99.9% 的置信水平下,东部地区、中部地区、西部地区、东北地区高新技术企业创新能力的 Moran's I 值的空间自相关性是显著的。

4.3.3　模型选择与实证检验

为了便于比较,本书运用 OpenGeoDa 软件分别就区域软环境对高新技术企业创新能力影响效果的 OLS 模型、SLM 模型、SEM 模型进行了检验,通过参数对比来选择适合的设定模型。表 4.6 是 3 种模型的回归估计结果。

表 4.6　2007—2015 年高新技术企业创新能力全样本估计结果

变量	模型 1	模型 2	模型 3
	OLS 模型	SLM 模型	SEM 模型
常数项	− 7.173	− 0.411 **	13.877 ***
ln $R\&D$	0.443 ***	0.364 ***	0.063 ***
ln FDI	0.086	0.015	0.027
ln CBL	0.133 ***	0.048 ***	0.022
ln GTI	− 0.040	0.036 ***	0.029 ***
ln IPP	0.090	− 0.033	− 0.063

表 4.6(续)

变量	模型 1	模型 2	模型 3
	OLS 模型	SLM 模型	SEM 模型
ln ES	0.310 ***	0.325 ***	0.216 ***
R_2	0.802	0.996	0.996
LR		963.736 ***	939.427 ***
log L	− 358.898	122.970	110.816
AIC	731.795	− 229.941	− 207.632
SC	756.984	− 201.153	− 182.443
$\rho(\lambda)$		0.981 ***	0.998 ***

注:*** 、** 分别表示统计量在 1%、5% 水平下显著。

从表 4.6 回归结果中可以看出,SLM 模型的空间回归系数为 $\rho = 0.981$,且在 1% 水平下显著;SEM 模型的空间回归系数为 $\lambda = 0.998$,且在 1% 水平下显著。综上说明区域软环境对高新技术企业创新能力发挥了作用,省(自治区、直辖市)域间的空间相关性显著,所以建立空间计量经济学模型即 SLM 模型和 SEM 模型来检验区域软环境对高新技术企业创新能力的影响是合适的。采用传统的 OLS 模型进行检验可能导致检验结果的失真。

进一步对比模型 2 与模型 3 可以发现,两模型中,似然比率值 LR (Likelihood Ratio)在 1% 水平下模型 2 最大($LR = 963.736$,$P < 0.001$);自然对数似然函数值 log L(log likelihood)模型 2 最大(log $L = 122.970$);赤池信息准则值 AIC(Akaike Information Criterion)模型 2 最小($AIC = -229.941$);施瓦茨准则值 SC(Schwartz Criterion)模型 2 最小($SC = -201.153$)。综上所述,模型 2 各项检验指标均优于模型 3,即可初步判断选择 SLM 模型进行实证检验是合适的。

结合 Anselin 等[241]给出的判别标准,即如果在空间效应检验中发现 $LMLAG$ 较 $LMERR$ 在统计上更加显著,且 $R - LMLAG$ 显著性水平高于 $R - LMERR$,则可判断选用 SLM 模型;相反,若 $LMERR$ 较 $LMLAG$ 在统计上更加显著,且 $R - LMERR$ 显著性水平高于 $R - LMLAG$,则可判断选用 SEM 模型。相关检验结果见表 4.5 所示。

从表 4.5 的空间依赖检验结果可以发现:(1)在全样本检验结果中,$LMLAG$ 的检验结果($LMLAG = 461.489$,$P < 0.001$)较 $LMERR$ 的检验结果($LMERR =$

$294.270, P < 0.001$）解释力更强。且 $R - LMLAG$ 检验显著（$P = 0.000$），$R - LMERR$ 检验不显著（$P = 0.895$）。由此可以判定,采用 SLM 模型可以更好地反映区域软环境对高新技术企业创新能力的影响。（2）在分地区检验结果中,东部地区 $LMLAG$ 的检验结果（$LMLAG = 48.465, P < 0.001$）较 $LMERR$ 的检验结果（$LMERR = 29.031, P < 0.001$）解释力更强。且 $R - LMLAG$ 的检验结果（$LMLAG = 33.222, P < 0.001$）较 $LMERR$ 的检验结果（$LMERR = 13.788, P < 0.05$）解释力更强;中部地区 $LMLAG$ 的检验结果（$LMLAG = 32.600, P < 0.001$）较 $LMERR$ 的检验结果（$LMERR = 11.109, P < 0.001$）解释力更强。且 $LMLAG$ 的检验结果（$LMLAG = 26.532, P < 0.001$）较 $LMERR$ 的检验结果（$LMERR = 5.042, P < 0.1$）解释力更强;西部地区 $LMLAG$ 的检验结果（$LMLAG = 123.585, P < 0.001$）较 $LMERR$ 的检验结果（$LMERR = 59.071, P < 0.001$）解释力更强。且 $R - LMLAG$ 检验显著（$P = 0.000$）,$R - LMERR$ 检验不显著（$P = 0.387$）;东北地区 $LMLAG$ 的检验结果（$LMLAG = 11.086, P < 0.001$）较 $LMERR$ 的检验结果（$LMERR = 10.641, P < 0.001$）解释力更强。且 $R - LMLAG$ 检验显著（$P = 0.000$）,$R - LMERR$ 检验不显著（$P = 0.875$）。综上所述,东部地区、中部地区、西部地区、东北地区对应选择的检验模型均是 SLM 模型。

4.4 区域软环境对高新技术企业创新能力影响的结果分析

4.4.1 全样本模型的估计结果分析

在表 4.6 模型 2 中,从各变量估计系数来看,区域科技研发资金投入（$\ln R\&D$）的估计系数为 0.364,达到 1% 显著水平,即区域科技研发资金投入每提高 1%,将促进高新技术企业创新能力提升 0.364 个百分点,区域科技环境对高新技术企业创新能力有显著促进作用,故假设 1 得到验证。这表明,加大区域科技资金的投入力度对提高高新技术企业技术研发成功率,提升企业整体创新水平发挥着建设性作用,区域科技环境是提高高新技术企业创新能力的先决条件和必要因素。

区域商业银行贷款（$\ln CBL$）的估计系数为 0.048,达到 1% 显著水平,即区域商业银行贷款投放每提高 1%,将促进高新技术企业创新能力提升 0.048 个百分点,区域金融环境对高新技术企业创新能力有显著促进作用,故假设 3 得到验证。这表明,加大区域商业银行等在内的区域金融机构贷款投放力度对缓解高新技术企业融资瓶颈,确保企业研发资金供给的稳定性、及时性、充足性对释放企业创新活力产生实质性的影响,区域金融环境是提高高新技术企业创新能力的重要保障。

区域政府税收优惠($\ln GTI$)的估计系数为 0.036,达到 1% 显著水平,即区域政府税收优惠力度每提高 1%,将促进高新技术企业创新能力提升 0.036 个百分点,区域政府环境对高新技术企业创新能力有显著促进作用,故假设 4 得到验证。这表明,提高地方政府对高新技术企业的税收优惠政策,特别是对高新技术企业出口退税的抵免,为高新技术企业在税务负担上进一步"松绑",有利于缓解高新技术企业创新活动的成本压力,有效提高了高新技术企业创新能力水平的可持续性,区域政府环境对高新技术企业创新能力产生正向激励效应。

区域内的创业精神($\ln ES$)的估计系数为 0.325,达到 1% 显著水平,即区域内的创业热忱每提高 1%,将促进高新技术企业创新能力提升 0.325 个百分点,区域文化环境对高新技术企业创新能力有显著促进作用,故假设 6 得到验证。这表明,积极营造勇于进取、敢为人先、大胆实践、宽容失败的创业氛围环境,精心培育创客文化,弘扬创新创业正能量,激发全社会的创新创业热情,有利于提高高新技术企业探索新知识、发现新机遇的能动性,进而促进高新技术企业知识创造力和技术创新力的提升,进一步激活和唤醒高新技术企业的创新潜能。区域创业精神从精神层面释放了高新技术企业的创新活力,对高新技术企业创新能力的持续发展将产生深远的积极影响。

区域外商直接投资($\ln FDI$)的估计系数为 0.015,$P = 0.436$ 未达到统计意义上的显著性水平,这表明区域市场环境对高新技术企业创新能力未能发挥应有的影响,假设 2 未得到验证。可能的原因是,首先,现实中外商直接投资大部分流向传统制造业,高新技术企业从中受益有限。技术创新水平较高的地区,外商直接投资溢出效应在技术封锁和专利壁垒的双重保护作用下被弱化;技术创新水平较低的地区,外商直接投资的流入仍以搜寻廉价的劳动力为主,示范效应未能充分发挥。其次,外商在技术、资金、管理、人才等方面优势比较明显,其带来的反噬作用一定程度上会抑制本土高新技术企业的技术创新行为。在此背景下,企业不得已将大量资源浪费在提高管理水平、优化薪酬体系建设等方面,研发投入进一步萎缩,外商直接投资的挤出效应制约了高新技术企业创新能力的发挥。最后,各地区为了招商引资,存在盲目竞争与相互攀比现象,甚至一度存在为了吸引外资而忽略对外资引入资格的审查,导致外商"超国民待遇"问题现象严重,一定程度上也抑制了本土高新技术企业创新能力的提升。

区域知识产权保护($\ln IPP$)的估计系数为 -0.033 , $P = 0.684$ 未达到统计意义上的显著性水平,这表明区域法律环境对高新技术企业创新能力未能发挥应有的影响,假设5未得到验证。可能的原因是,一方面,从企业内部来看,高新技术企业自身产权保护意识较为薄弱,企业内部专利保护制度仍不完善,这在很大程度上制约了高新技术企业的维权行为。另一方面,从企业外部来看,区域专利执法力度不强,效率不高,专业执法人员基本业务素质仍有待进一步提升。近年来,中国知识产权的侵权行为逐渐呈现出链条化、网络化、复杂化的新特点,给专利保护和专利执法工作带来了新挑战。同时,地方产权执法独立性不够,未能有效规避外来因素的干扰和影响,中国专利执法部门通常需要与工商、税务等其他相关部门配合执法,一定程度上容易出现利益输送隐患。另外,高新技术企业的专利维权还存在"时间长、举证难、成本高、赔偿低""赢了官司、丢了市场",以及判决执行不到位等诸多问题,一定程度上也挫伤了高新技术企业利用专利制度维权的积极性。上述因素共同作用导致区域法律环境对高新技术企业创新能力的影响未能得到验证。

综上所述,假设验证结果见表4.7。

表4.7　假设验证结果

假设	假设内容	验证结果
假设1	区域科技环境对高新技术企业创新能力有显著促进作用	假设通过
假设2	区域市场环境对高新技术企业创新能力有显著促进作用	假设未通过
假设3	区域金融环境对高新技术企业创新能力有显著促进作用	假设通过
假设4	区域政府环境对高新技术企业创新能力有显著促进作用	假设通过
假设5	区域法律环境对高新技术企业创新能力有显著促进作用	假设未通过
假设6	区域文化环境对高新技术企业创新能力有显著促进作用	假设通过

4.4.2　四大地区模型的估计结果分析

在全样本数据分析基础上,依照中国经济区域划分的办法对高新技术企业创新能力在四大地区的作用表现进行空间计量分析,进一步剖析区域软环境(区域科技环境、区域市场环境、区域金融环境、区域政府环境、区域法律环境、区域文化环境)对高新技术企业创新能力的影响效果在东部地区、中部地区、西部地区、东北地区的差异化表现,相关数据分析结果见表4.8。

表 4.8　2007—2015 年高新技术企业创新能力四大地区 SLM 估计结果

SLM 模型	模型 1	模型 2	模型 3	模型 4
	东部($N=90$)	中部($N=54$)	西部($N=99$)	东北($N=27$)
常数项	-4.036^{***}	-5.124^{***}	1.116	-6.221^{***}
$\ln R\&D$	0.246^{***}	0.064^{***}	0.097^{***}	0.070^{***}
$\ln FDI$	-0.068	-0.120	-0.267^{***}	-0.055
$\ln CBL$	0.071	0.114	0.095^{**}	0.109^{**}
$\ln GTI$	0.095^{***}	0.034	0.033	0.039
$\ln IPP$	0.170^{***}	0.135	-0.337	0.204
$\ln ES$	0.132^{***}	0.141	0.154^{**}	0.355
R_2	0.998	0.999	0.992	0.999
LR	31.291^{***}	11.811^{***}	86.159^{***}	29.305^{***}
$\log L$	12.785	4.826	35.203	11.973
AIC	-200.787	-163.121	6.981	-77.619
SC	-180.788	-147.209	27.742	-67.252
ρ	0.998^{***}	0.969^{***}	0.972^{***}	0.976^{***}

注:N 为样本数,***、**、* 分别表示统计量在 1%、5%、10% 水平下显著。

从表4.8中可以得出如下结论:

(1)区域科技环境对东部地区、中部地区、西部地区、东北地区高新技术企业创新能力均产生积极的影响。

东部地区、中部地区、西部地区区域科技研发资金投入($\ln R\&D$)的估计系数分别为 0.246,0.064,0.097,0.070,且均达到 1% 显著性水平。综上表明,区域科技环境对四大地区高新技术企业创新能力均产生积极影响,即区域科技研发资金投入每提高1%,将分别促进东部地区、中部地区、西部地区、东北地区高新技术企业创新能力提升0.246,0.064,0.097,0.070个百分点。

东部地区和中部地区拥有完善、成熟的科技软、硬件条件,科技资金投入量大、投入强度高,为提高本地区高新技术企业创新能力水平提供了巨大的创新动力。东北地区以生物制药、军工国防等为主导的高新技术企业特色鲜明,企业数量多、基础好、发展潜力大,区域科技研发资金投入的产出效应显著,有利于地区企业创新能力水平的稳步提升。与其他地区不同的是,西部地区科技研发资金投入行为多为政府主导,科技资源的集中与整合具有较强的政策性和针对性,这对提高地区高新技术企业创新能力水平大有益处。从区域科技环境对四大地区高新技术企业创新能力提升的影响程度来看,东部地区、中部地区、西部地区的影响效果明显优于东北地区。上述情况产生可能的原因是,东部地区和中部地区科技资金的"投入 - 产出"效率高,特别是在科技资金投入方面具有明显的比较优势。西部地区科技资金投入的针对性和实效性在地方政府行为主导下被进一步放大。东北地区无论是在科技资金投入规模,还是在地方政府科技资金投入导向等方面均不同程度地逊色于其他地区。

(2)区域市场环境对东部地区、中部地区、东北地区高新技术企业创新能力均未产生影响,对西部地区高新技术企业创新能力产生负面影响。

东部地区、中部地区、东北地区区域外商直接投资($\ln FDI$)的估计系数分别为 - 0.068, - 0.120, - 0.055,但均不具有统计意义上的显著性,表明区域市场环境在东部地区、中部地区、东北地区对高新技术企业创新能力未能充分发挥应有的影响。西部地区区域外商直接投资($\ln FDI$)的估计系数为 - 0.267,且达到1%显著性水平,表明区域市场环境在西部地区对高新技术企业创新能力产生消极影响,即区域外商直接投资每提高1%,将促进西部地区高新技术企业创新能力下降0.267个百分点。

上述情况产生可能的原因是,东部地区和中部地区高新技术企业均具有技术相似度高的特点,技术比较优势不明显,导致外商直接投资的溢出效应对本地区高新技术企业创新能力影响有限。东北地区工业结构和产业结构高度相似,外商的进入进一步加剧了本地区高新技术企业间的竞争,这使得掌握核心技术和拥有关键设备的外部投资者易在本地区形成市场垄断,压缩并挤占本地区高新技术企业成长空间,不利于提高地区高新技术企业创新能力水平。西部地区高新技术企业整体创新基础相对薄弱,创新能力仍有很大的提升空间。西部地区高新技术企业自有技术保有量低,外资进入依靠比较优势可能会排挤本土企业并迫使其退出市场,外商进入所带来的技术挤出效应明显,进而导致本地区高新技术企业创新能力的下降。另外,西部地区招商引资的主体多为政府而非企业,造成了引进的外资绝大多数被投入到厂房建设、扩张等基础层面,而不是促进企业技术提升的实质层面,一定程度上加剧了本地区高新技术企业创新能力的衰退。

(3)区域金融环境对西部地区和东北地区高新技术企业创新能力产生积极影响,对东部地区和中部地区高新技术企业创新能力未产生影响。

东部地区和中部地区区域商业银行贷款($\ln CBL$)的估计系数分别为 0.071 和 0.114,但均不具有统计意义上的显著性,表明区域金融环境在东部地区和中部地区对高新技术企业创新能力未能充分发挥应有的影响。西部地区和东北地区区域商业银行贷款($\ln CBL$)的估计系数分别为 0.095 和 0.109,且达到 5% 显著性水平,表明区域市场环境在西部地区和东北地区对高新技术企业创新能力产生积极影响,即区域商业银行贷款投入每提高 1%,将分别促进西部地区和东北地区高新技术企业创新能力提升 0.095 和 0.109 个百分点。

上述情况产生可能的原因是,客观上西部地区和东北地区高新技术企业数量相对较少,并且地区金融发展水平较低,政府在金融资源配置方面影响力大。作为国家重点扶持和发展的高新技术企业易受到政府关注,其金融资源获取和使用较为便利,通过缓解企业融资约束,降低企业经营成本,将有限的资金投入企业研发创新活动中更能激励企业创新水平的提高。与之不同的是,东部地区和中部地区高新技术企业数量众多且地区金融发展水平高,以企业为主导的融资行为和迫切的融资需求往往与银行风险规避相抵触。银行等金融机构出于资金安全性的考虑往往采取提高利率水平,设置贷款门槛等手段管控风险,一定程度上收窄了对高新技术企业的放贷区间,制约了高新技术企业创新能力水平的提高。另外,现实的融资约束迫使东部和中部地区的高新技术企业构建多边银企关系,造成更多资源浪费在关系维持上,也使企业面临更多银行的监管,导致高新技术企业陷入严重的财务约束,进一步阻碍了企业创新能力的提升。同时,高新技术企业为获得资金不得不以设备、库存等进行抵押担保,间接束缚了高新技术企业创新能力的可持续发展。另外,缺乏必要的资金用途监管,技术创新活动所需资金配置不足或配置失衡等问题同样会制约东部和中部地区高新技术企业创新能力的发展。

(4)区域政府环境对东部地区高新技术企业创新能力产生积极影响,对中部地区、西部地区、东北地区高新技术企业创新能力未产生影响。

东部地区区域政府税收优惠($\ln GTI$)的估计系数为 0.095,且达到 1% 显著性水平,表明区域政府环境在东部地区对高新技术企业创新能力产生积极影响,即区域政府税收优惠力度每提高 1%,将促进东部地区高新技术企业创新能力提升 0.095 个百分点。中部地区、西部地区、东北地区区域政府税收优惠($\ln GTI$)的估计系数分别为 0.034,0.033,0.039,但均不具有统计意义上的显著性,表明区域政府环境在中部地区、西部地区、东北地区对高新技术企业创新能力未能充分发挥应有的影响。

上述情况产生可能的原因是,东部地区的经济发展已经进入了高新技术产品出口高速发展的时期。东部沿海发达地区高新技术企业多以出口导向型为主,政府的出口退税抵免政策大幅降低了企业的经营成本,缓解了企业经营压力,释放了企业创新活力,政府税收优惠政策的杠杆效应最大限度地确保高新技术企业创新能力的持续提升。中部地区、西部地区、东北地区高新技术出口企业相对较少,高新技术出口企业无论是在出口数量,还是在出口额度方面均不及东部地区,导致政府税收优惠的政策效应难以惠及企业的经营行为,更难以激励地区高新技术企业创新能力的提升。此外,中部地区、西部地区、东北地区政府税收优惠政策执行效率不高,政府整体效能水平较低,可能存在地方政府与高新技术企业利益输送问题和寻租关联问题,一定程度上弱化了税收优惠政策的激励效应,制约了本地区高新技术企业创新能力的提高。另外,过度的税收优惠补贴一定程度上加剧了中部地区、西部地区、东北地区高新技术企业产能过剩,导致企业利润率普遍下降,制约了地区高新技术企业创新的积极性。从目前来看,政府补贴行为作为一种鼓励在未来较长一段时期内有着战略和经济价值的技术创新活动的一种长效激励行为,这种政府的"远期"技术创新偏好与部分高新技术企业的"即期"短视利益相抵触,导致政府税收优惠政策和补贴行为对高新技术企业创新能力的影响有限。

(5)区域法律环境对东部地区高新技术企业创新能力产生积极影响,对中部地区、西部地区、东北地区高新技术企业创新能力未产生影响。

东部地区区域知识产权保护($\ln IPP$)的估计系数为 0.170,且达到 1% 显著性水平,表明区域法律环境在东部地区对高新技术企业创新能力产生积极影响,即区域知识产权保护力度每提高 1%,将促进东部地区高新技术企业创新能力提升 0.170 个百分点。中部地区、西部地区、东北地区区域政府税收优惠($\ln IPP$)的估计系数分别为 0.135, -0.337, 0.204,但均不具有统计意义上的显著性,表明区域法律环境在中部地区、西部地区、东北地区对高新技术企业创新能力未能充分发挥应有的影响。

上述情况产生可能的原因是,东部地区发达的经济基础为知识产权保障工作的深入开展创造了先决条件,高等院校、科研机构、专业人才的大量涌进与聚集使地区智力资本优势急剧增长,一定程度上推动了地区产权保护制度不断完善,促进了高新技术企业产权管理手段不断丰富。东部地区高新技术企业产权保护意识强,企业合法知识权益和创新成果的保障意愿高,再加之区域经济发展与国家创新驱动发展战略高度衔接,进一步为东部地区高新技术企业知识产权得以有效保障创造了良好的机遇。行之有效的知识产权保护最大限度激发了高新技术企业的创造力和创新活力,为提高高新技术企业创新能力水平奠定了基础。中部地区、西部地区、东北地区区域产权执法效果和执法效率仍有待进一步提升。另外,中部地区、西部地区、东北地区的高新技术企业法律观念普遍淡薄、企业自身维权意识不强、企业内部产权管理水平仍不健全等问题客观上加剧了地区高新技术企业的侵权风险,进而抑制了地区高新技术企业创新能力的发展与提升。

（6）区域文化环境对东部地区和西部地区高新技术企业创新能力产生积极影响,对中部地区和东北地区高新技术企业创新能力未产生影响。

东部地区和西部地区区域创业精神($\ln CBL$)的估计系数分别为 0.132 和 0.154,且达到 1% 显著性水平,表明区域文化环境在东部地区和西部地区对高新技术企业创新能力产生积极影响,即区域创业热忱每提高 1%,将分别促进东部地区和西部地区高新技术企业创新能力提升 0.132 和 0.154 个百分点。中部地区和东北地区区域创业精神($\ln CBL$)的估计系数分别为 0.141 和 0.355,但均不具有统计意义上的显著性,表明区域文化环境在中部地区和东北地区对高新技术企业创新能力未能充分发挥应有的影响。

　　上述情况产生可能的原因是,东部地区创业精神活跃,"重利崇商"的社会文化特质和历史风俗传统已深入人心。同时,东部地区活跃的创业精神具有感召、引领、带动社会创业风尚和创业潮流的作用,依托东部地区发达完备的科技条件,便民、简约、高效的政府治理体系,坚强有力的法律保障服务共同搭建了良好的创业平台,营造了浓厚的创业氛围。创业精神的高涨与蓬勃发展,加速了知识创造的进程,新观念、新知识、新技术的不断涌现进一步为高新技术企业创新能力的发展提供了优质土壤。西部地区活跃的创业精神归结于国家政策所带来的机遇。国家各项便民、惠企政策的倾斜与相关配套资源的逐步落实为西部地区的创业活动提供了重要保障。创业机遇的增多,创业角色榜样的示范作用进一步推动了西部地区创业创新活动的快速发展,追求新知、探索创新、敢于实践的创业精神深刻影响并塑造了高新技术企业的创新文化,使创新思想真正融入企业发展过程中的方方面面,并对高新技术企业创新能力的发展起到积极的促进作用。中部地区和东北地区创业氛围有待加强,中部地区创业失败的社会烙印使区域创业激情骤降,东北地区民营经济长期发展不充分,市场活力不足,东北振兴受困"资源魔咒"导致全社会创业氛围不浓。同时,两个地区在产权保护、政府创业政策引导等方面仍有很大的提升空间。创业敏感度低,创业基础薄弱致使区域创业精神不振,削弱了创业精神对高新技术企业创新能力的影响。

4.5　本 章 小 结

　　本章采用 2007—2015 年中国大陆地区 30 个省(自治区、直辖市)数据对区域软环境与高新技术企业创新能力两者间的影响关系进行了空间计量分析,研究表明:(1)高新技术企业创新能力具有显著正向的空间相关性,呈现"高－高"和"低－低"的聚集效应。(2)从全国范围来看,区域科技环境、区域金融环境、区域政府环境、区域文化环境对高新技术企业创新能力有显著促进作用。(3)从四大地区来看,各区域软环境对高新技术企业创新能力的影响效果差异显著。区域科技环境在四大地区对高新技术企业创新能力均有显著促进作用;区域市场环境在西部地区对高新技术企业创新能力有显著抑制作用,在其他地区未产生影响;区域金融环境在西部地区和东北地区对高新技术企业创新能力有显著促进作用,在其他地区未产生影响;区域政府环境在东部地区对高新技术企业创新能力有显著促进作用,在其他地区未产生影响;区域法律环境在东部地区对高新技术企业创新能力有显著促进作用,在其他地区未产生影响;区域文化环境在东部地区和西部地区对高新技术企业创新能力有显著促进作用,在其他地区未产生影响。

第5章 区域软环境对高新技术企业创新能力的跨层次影响机理分析

依照第2章中构建的区域软环境对高新技术企业创新能力影响的分析框架,本章就区域软环境对高新技术企业创新能力的跨层次影响机理进行了分析。根据网络嵌入理论,探讨网络嵌入与高新技术企业创新能力两者间的作用关系,实质上就是探讨企业与外部环境间的关系。高新技术企业通过关系嵌入和结构嵌入行为嵌入企业所在的区域网络中,最大限度地提高了高新技术企业获取异质性资源和关键信息的能力,通过不断增进与所在区域软环境内高等院校、科研机构、金融机构、政府部门、其他企业、创业者或创业团队等利益相关者的互动与交流,与之形成良性的交互效应,进而促进并提高高新技术企业的创新能力水平。通过上述假设的提出,本章构建了以网络嵌入(关系嵌入和结构嵌入)为外生变量,高新技术企业创新能力为内生变量,区域软环境(区域科技环境、区域市场环境、区域金融环境、区域政府环境、区域法律环境、区域文化环境)为调节变量的跨层次模型。进一步就区域软环境对高新技术企业创新能力的跨层次影响机理进行了研究设计。

5.1 区域软环境对高新技术企业创新能力跨层次影响的假设提出

5.1.1 关系嵌入与高新技术企业创新能力关系的研究假设

网络嵌入是嵌入企业在网络中与其他网络成员间相互影响的程度,主要包含关系嵌入和结构嵌入两个维度[184]。其中,关系嵌入关注的是以企业间直接联结为纽带的二元交易关系,这种交易关系既表现为物质的、正式的经济性契约,也可以体现为无形的、情感的社会性契约[252]。社会学视角下,关系嵌入体现了成员之间关系的紧密程度、关系质量和关系内容。关系嵌入以信任、互惠、契约为基础,将成员之间的互动关系紧密地联系在一起。已有研究中,Uzzi[253]、张敏等[254]、杨玲丽等[255]均特别强调了信任在关系嵌入中的重要性。

在关系嵌入中,信任是企业建立彼此联系与沟通交流的基础,网络成员间保持较高的信任度会增进彼此的互惠行为,加速了知识、信息在网络成员间的扩散与传播,为企业创新创造了便利条件[187]。高新技术企业通过强化自身嵌入到所在区域网络的能力,不断增进与区域网络内其他利益相关者的沟通与交流,使企业逐渐由利己主义向集体主义转变,有利于企业彼此间进行坦诚交流和冲突协调,最终凝聚共识并使双方目标保持一致。在这样的氛围中,区域网络内成员彼此间知识分享意愿进一步增强,高新技术企业获取知识的数量和质量均大幅提升,营造了一个知识学习和创造共享的优越环境,有助于提高高新技术企业创新能力水平[256]。更重要的是,随着信任成为知识转移的重要刺激因素,区域内网络成员间信任互动水平的提高可以提升知识转移的能力,加速企业创新进程,进而促进高新技术企业创新能力的提升[257]。

另外,通过强化高新技术企业关系嵌入能力,有利于为高新技术企业带来更多异质性和非冗余信息[258]。这类信息的流入可以使高新技术企业先于竞争对手掌握关键性的市场与客户信息资源,有助于激励高新技术企业创新能力的提升。同时,强化高新技术企业关系嵌入能力还便于细粒度信息和隐性知识的传递。外部获取到的高质量信息和知识流入的增强会进一步提高高新技术企业的知识创造能力,进而有效提高高新技术企业的整体创新水平[259]。另外,交易成本理论认为,在社会关系中人们通过交往,彼此合作时会产生交易支付成本,伴随信息不对称的加大,交易成本的支付也会不断上升[260]。高新技术企业通过强化与所在区域网络内利益相关者的沟通与交流,以信任关系为纽带,保持良好、稳定的信任、互惠关系,特别是彼此间承诺的履行和亲密度的不断提高使信息交流、共享、传播变得更加便捷。信息、知识等资源的自由流通提高了高新技术企业捕捉创新机遇的能力和资源利用的灵活性,降低了信息不对称带来的经营风险,提高了企业的交易效率,降低了交易成本,加速了企业价值创造行为,最终有助于提高高新技术企业创新能力水平。综上所述,可提出如下假设。

假设 H1:关系嵌入对高新技术企业创新能力有显著正向影响。

5.1.2   结构嵌入与高新技术企业创新能力关系的研究假设

结构嵌入关注的是网络行动者间联系的多层次结构问题,体现在:一方面,强调了网络整体功能和结构对目标个体行为的影响;另一方面,强调了目标个体在网络中的位置对其行为所产生的影响[261]。总体来说,结构嵌入的研究重点就是讨论企业所处的网络规模、网络密度、网络位置(中心度、结构洞)对企业行为和绩效产生的影响[182]。

在结构嵌入中,区域网络规模是指区域网络中所有成员的数量。区域网络规模越大,意味着企业通过网络关系获得的资源丰裕程度越高,这就越有利于企业开展创新活动。高新技术企业所嵌入的区域网络规模越大,企业获得信息的数量就越多,异质性信息获取的可能性就越高,这对提高高新技术企业创新能力至关重要[262]。同时,区域网络规模越大,越有利于增强高新技术企业与所在区域网络内其他成员间的凝聚力,提高了成员履行承诺和义务的概率,减轻了成员间搭便车和投机风险,提升了高新技术企业创新的成功概率。区域网络密度是指网络中所有成员相互联结程度的函数,体现了区域网络内成员间彼此互动的程度。高新技术企业所嵌入的区域网络密度越大,区域网络内成员彼此间知识分享的意愿越强,越能激励企业产生新的知识,进而提高高新技术企业创新能力水平[263]。同时,在密集的区域网络中,区域网络成员之间都是相互关联的,由此形成一个封闭的群体,这使信息交流变得更快、更容易。区域网络成员间通过建立信任减少潜在的机会主义行为,也确保了信息获取的质量和稳定性,这对高新技术企业创新能力的提升十分关键[264]。

区域网络位置是企业与网络内利益相关者之间建立关系的结果[265]。处于区域网络中心位置的企业往往具有良好的声誉、较高的知名度、较强的网络社交能力等特点[266]。处于区域网络中心位置的高新技术企业相对其他企业而言拥有并掌握更多的资源控制权,特别是在资源和信息流动方面,这使高新技术企业在接触更多资源(知识,信息)和合作伙伴方面更具优势[267]。高新技术企业通过凭借自身所处区域网络中心位置优势,可以获得更多的异质性资源和互补性技术,为企业创新研发活动奠定基础。占据结构洞位置的企业更能充分发挥企业衔接和促进信息系统使用的作用,进而提高了企业识别和捕捉潜在机会的能力[268]。同时,高新技术企业通过占据所在区域网络内的结构洞位置可以接触到彼此间并不关联的企业,在一定程度上确保了企业资源获取的异质性,拓宽了企业创新资源的获取渠道,使高新技术企业创新行为更具竞争优势[269]。高新技术企业通过较强的关系竞争能力,可以有效地将更多的信息、技术、知识等创新资源引入企业创新流程中,大幅增强了企业知识获取和创造能力。高新技术企业通过对创新资源进行高效的整合、转化、利用来进一步确立竞争优势,确保高新技术企业创新能力稳步、持续提升。综上所述,可提出如下假设。

假设 H2:结构嵌入对高新技术企业创新能力有显著正向影响。

5.1.3　区域软环境调节作用的研究假设

区域软环境对高新技术企业创新能力影响意义深远。同时,区域软环境本身也是高新技术企业外部区域网络环境中的重要组成部分。Lane 等[270]认为,企业彼此间的相互信任高度依赖于相互依存、共享的区域环境,如稳定的法律、政治和社会制度等。高新技术企业通过网络嵌入行为提高企业创新能力的本质就是高新技术企业借助外部区域软环境,通过强化高新技术企业关系嵌入和结构嵌入行为,提高企业对区域软环境中关键性和异质性资源的利用与整合,并与企业所在区域软环境内包括高等院校、科研机构、金融机构、政府部门、其他企业等在内的利益相关者形成良性的交互效应,共同提高高新技术企业创新能力水平的过程。深入探讨区域软环境在网络嵌入与高新技术企业创新能力间的作用关系,有助于深入挖掘区域软环境对高新技术企业创新能力背后更深层次的影响机理。

区域科技环境中的高等院校、科研院所、技术研发机构等是高新技术企业外部知识的重要来源地[271]。在良好的区域科技环境中,区域内高等院校、科研院所、技术研发机构等更倾向于加大科研投入,提高研发效率。高新技术企业通过建立以信任和共享为纽带的合作机制,借助产学研合作创新模式,通过项目咨询、服务、技术援助、非正式接触等形式进一步加速了研究成果的技术转化,有利于提高高新技术企业创新能力水平。市场在企业资源搜索与配置中发挥基础性作用,在良好的区域市场环境中,网络中合作伙伴、供应商、经销商等网络参与主体间的合作关系更为紧密。以信任、互惠为基础的高新技术企业关系嵌入行为更行之有效,大幅降低了网络参与主体间的合作成本和道德风险。同时,市场营造的公平竞争、良性议价等营商氛围也进一步释放了高新技术企业的创新活力。在良好的区域金融环境中,金融发展水平越好,企业获得外部资金越便利。高新技术企业通过关系嵌入行为使其有能力与银行等金融机构保持双边或多边的银企关系,吸引到更多的贷款资金,充足的资金来源为高新技术企业创新活动提供了重要保障,借此高新技术企业创新能力也将快速提升。

另外,包括政府在内的非市场因素对高新技术企业创新能力的提升同样重要。政府是区域网络成员的重要组成部分,高新技术企业更能通过承诺、契约的履行来博得政府的信任,据此获得相应的政治优势。企业选择网络嵌入一个很重要的动因就是获得合法性[272]。政府通过制度设计和管制规范可向企业授予合法地位,合法性作为企业声望与信誉的符号,合法性地位的确立和认可可以给企业带来更多的创新资源,发现更多的创新机遇。同时,合法性地位的确立也使高新技术企业具有较高的道德价值准则,有助于企业树立良好形象,在创新资源获取和创新合作中更具优势[273]。在良好的法律环境中,健全、稳定的区域法律环境确保企业在公平的市场竞争中获取、使用各种资源和技术。社会法治建设力度的加强与法治环境的改善对约束企业经营行为,保障企业合法利益至关重要。法律环境建设水平的改善为高新技术企业创新活动营造了积极和谐的社会氛围,在降低道德与信任风险的前提下有力支持了高新技术企业的创新行为[274]。完善的区域法律环境中,企业关系嵌入作用的发挥得到了进一步的提升,企业与利益相关者间的承诺、契约履行主动性进一步提高,违约风险进一步降低,有效确保企业与利益相关者间信任合作机制的良性发展,进一步提高了高新技术企业的创新能力。在良好的区域文化环境中,创业精神被视为一种高效的资源组织方式[275]。在创业精神"指引"作用的影响下,高新技术企业通过关系嵌入行为可以更有意识地去识别和获取分布在网络角落里的创新资源,进一步提高企业获取异质性资源的能力,提升高新技术企业创新能力水平。关系是中国重要的文化和社会要素[276],敢于突破传统,勇于冒险,注重实践的创业精神很大程度上在思想解放、摆脱路径依赖、打破教条束缚等方面起到了关键性的作用。高新技术企业通过进一步强化自身关系嵌入能力,将积极向上的创业精神文化与企业创新文化融会贯通,有利于强化高新技术企业创新行为,并将网络内的创新资源逐渐转化为企业的核心能力。

综上所述,可提出如下假设。

假设 H3a:区域科技环境正向调节关系嵌入对高新技术企业创新能力的影响。即区域科技环境越完善,关系嵌入对高新技术企业创新能力的影响越大。

假设 H3b:区域市场环境正向调节关系嵌入对高新技术企业创新能力的影响。即区域市场环境越完善,关系嵌入对高新技术企业创新能力的影响越大。

假设 H3c:区域金融环境正向调节关系嵌入对高新技术企业创新能力的影响。即区域金融环境越完善,关系嵌入对高新技术企业创新能力的影响越大。

假设 H3d:区域政府环境正向调节关系嵌入对高新技术企业创新能力的影响。即区域政府环境越完善,关系嵌入对高新技术企业创新能力的影响越大。

假设 H3e:区域法律环境正向调节关系嵌入对高新技术企业创新能力的影响。即区域法律环境越完善,关系嵌入对高新技术企业创新能力的影响越大。

假设 H3f:区域文化环境正向调节关系嵌入对高新技术企业创新能力的影响。即区域文化环境越完善,关系嵌入对高新技术企业创新能力的影响越大。

在完善的区域科技环境中,区域内网络嵌入规模越大,嵌入密度越高,距离中心度和结构洞越近的高新技术企业与区域内高等院校、科研机构的合作就越紧密,交流与互动也越频繁。在此情况下,高新技术企业有机会参与到技术研发和科学研究中,在一定程度上强化了企业自身的知识积累,有助于高新技术企业创新能力的提高。在完善的区域市场环境中,良好稳定的市场环境更能吸引更多的外商进入,高新技术企业通过结构嵌入行为,占据网络中心位置和结构洞位置进一步加速了知识扩散效应和溢出效应对企业自身的影响,进而提高了企业整体创新水平和创新能力。在完善的区域金融环境中,区域金融环境的进一步优化,大大拓宽了高新技术企业的融资渠道,企业通过结构嵌入行为可以充分发挥自身优势,通过密集的网络节点与核心的网络位置增进与银行和金融机构的联系。大量外源性资金的流入有效缓解了企业的融资约束,提高了企业风险对冲能力,大幅提升了高新技术企业的创新能力[277]。

在完善的区域政府环境中,高新技术企业通过密集的网络节点与核心的网络位置拉近了与政府间的联系[278]。保持与政府的政治关联度可有效地发挥企业网络中心性作用,进一步拓宽企业资源获取的网络边界,有助于高新技术企业创新活动的开展[279]。同时,在良好的政府环境中,政企关系的加强可以使关系企业获得更多的政治资源如直接补贴、财政扶持、税收优惠等,高新技术企业通过嵌入优势可以获得更多的政策资源,进一步加速了资本的形成与技术转让,刺激企业研发投入进而提高企业创新能力水平[280]。在完善的法律环境中,高新技术企业结构嵌入的优势通过自身密集的网络节点与核心的网络位置可以对潜在风险进行及时的感知与管控,通过设置隔离机制,强化知识产权保护意识和保护水平,以此巩固企业的核心竞争优势,促进高新技术企业创新能力持续提升。在完善的区域文化环境中,高新技术企业通过占据有利的网络位置可以强化对创新资源的搜索与捕捉。同时,高新技术企业通过发挥自身结构嵌入的优势易于对区域内积极向上的创业精神进行感知,进而进一步激发高新技术企业的创新活力,释放高新技术企业的创新潜能,不断完善和强化高新技术企业创新能力水平。综上所述,可提出如下假设。

假设 H4a:区域科技环境正向调节结构嵌入对高新技术企业创新能力的影响。即区域科技环境越完善,结构嵌入对高新技术企业创新能力的影响越大。

假设 H4b:区域市场环境正向调节结构嵌入对高新技术企业创新能力的影响。即区域市场环境越完善,结构嵌入对高新技术企业创新能力的影响越大。

假设 H4c:区域金融环境正向调节结构嵌入对高新技术企业创新能力的影响。即区域金融环境越完善,结构嵌入对高新技术企业创新能力的影响越大。

假设 H4d:区域政府环境正向调节结构嵌入对高新技术企业创新能力的影响。即区域政府环境越完善,结构嵌入对高新技术企业创新能力的影响越大。

假设 H4e:区域法律环境正向调节结构嵌入对高新技术企业创新能力的影响。即区域法律环境越完善,结构嵌入对高新技术企业创新能力的影响越大。

假设 H4f:区域文化环境正向调节结构嵌入对高新技术企业创新能力的影响。即区域文化环境越完善,结构嵌入对高新技术企业创新能力的影响越大。

5.2　跨层次模型的建立

5.2.1　跨层次模型方法

在社会科学研究中,任何一个个体都是嵌套在多层组织之下的,例如员工来自同一公司或企业组织,员工个体存在于组织中,其必然会受到组织层次情景的影响,这俨然就是一个多阶段或多层次的嵌套结构。根据 Snjiders 等[281]、Courgeau[282]的研究,嵌套结构研究的模式主要包括总体层次(Aggregate Level)和个体层次(Individual Level)两类。具体如图 5.1 所示。

总体层次的研究模式

个体层次的研究模式

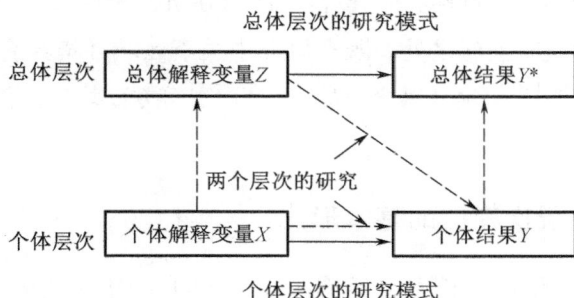

图 5.1 嵌套结构研究的模式

在图 5.1 中,个体层次框架主要探讨的是个体解释变量 X 对个体结果 Y 的影响。总体层次框架主要探讨的是总体解释变量 Z 对总体结果 Y^* 的影响。图中水平实线探讨的是不同层次的解释变量对结果变量的影响,垂直虚线探讨的是个体层次的研究变量与总体层次研究变量之间的关系。跨层次模式所要研究的除了探讨个体层次个体解释变量 X 对个体结果 Y 的影响外,同时也探讨总体层次总体解释变量 Z 对个体层次个体结果 Y 的影响。在图 5.1 中,由于变量涉及个体和总体两个层面,并呈现数据嵌套的典型特征。如果单独处理个体层次中的数据,就会忽略总体层次变量中的数据特征;相反,如果单独处理总体层次中的数据,就会导致大量个体层次变量数据信息的丢失,这些都在一定程度上弱化和降低了回归分析的结果。

一般的线性回归分析仅能对同一层次的数据进行分析处理,不能分析多层次数据间的关系,而跨层次模型亦称多层线性模型(Hierarchical Linear Model,HLM)可以同时处理不同层次数据间的关系,并且能够有效区分个体水平的变异和总体水平的变异,进而可以更精准地探讨个体层次和总体层次变量间的跨层次影响机制[283]。

相较于传统的线性回归分析方法而言,跨层次模型方法主要具有以下三个优点:(1)跨层次模型可同时存在不同层次的多个误差项,因而可以更好地实现对个体层次效果的估计;(2)跨层次模型不仅可以分析服从正态分布的连续型数据,同时也可以分析诸如二项分布、泊松分布等离散型数据;(3)跨层次模型可以通过计算不同水平变异在总变异中所占比率来确定不同层次对因变量的影响程度,而且还可以分析不同层次变量之间的交互作用。由于跨层次模型能兼顾数据资料的多层次特性和嵌套特征,所以在研究跨层次变量之间作用关系与影响机理方面具有独到之处。既有研究中关于区域环境与企业行为[284]、组织氛围与员工行为[285]、领导风格与员工行为[286]等方面均广泛使用了跨层次模型分析的方法。

5.2.2　跨层次模型的基本形式

跨层次模型的基本形式包括第一层(Level – 1)的预测变量和第二层(Level – 2)的预测变量两部分。具体见式(5.1)~式(5.3)所示。

$$\text{Level} - 1 : Y_{ij} = \beta_{0j} + \beta_{1j} X_{1ij} + r_{ij} \tag{5.1}$$

$$\text{Level} - 2 : \beta_{0j} = \gamma_{00} + \gamma_{01} W_{1j} + \mu_{0j} \tag{5.2}$$

$$\beta_{1j} = \gamma_{10} + \gamma_{11} W_{1j} + \mu_{1j} \tag{5.3}$$

式(5.1)代表的是第一层(Level – 1)的回归模型。式中,下标"j"代表第一层的个体所隶属的第二层的单位;下标"0"代表截距;下标"1"代表第一个第一层的预测变量 X_1 有关的回归系数;r_{ij} 代表残差或随机项。式(5.2)和式(5.3)代表的是第二层(Level – 2)的回归模型。式中,β_{0j} 是与第二层的单位 j 相关的第一层的截距;β_{1j} 是与第二层的单位 j 相关的第一层的斜率;γ_{00} 是第二层式(5.2)的截距,解释为所有第二层单位的总体平均数;γ_{10} 是第二层式(5.3)的截距,解释为所有第二层单位在第一层斜率的总体平均数;γ_{01} 和 γ_{11} 分别代表第二层式(5.2)和式(5.3)的回归斜率;W_{1j} 代表第二层的预测变量;μ_{0j} 和 μ_{1j} 分别是 β_{0j} 和 β_{1j} 的随机成分,分别代表第二层式(5.2)和式(5.3)的残差或随机项,代表了第二层单位之间的变异。式(5.1)、式(5.2)、式(5.3)的方差 r_{ij}、μ_{0j}、μ_{1j} 如下

$$\text{Var}(r_{ij}) = \sigma^2 \tag{5.4}$$

$$\text{Var}(\mu_{0j}) = \tau_{00} \tag{5.5}$$

$$\text{Var}(\mu_{1j}) = \tau_{11} \tag{5.6}$$

式中,σ^2 代表用第一层的预测变量 X_{ij} 解释了 Y_{ij} 后的残差方差;τ_{00} 和 τ_{11} 分别代表用第二层的预测变量 W_{1j} 解释了 β_{0j} 和 β_{1j} 后的残差方差。

5.2.3　跨层次模型的构建

根据关系嵌入、结构嵌入、高新技术企业创新能力和区域软环境各变量彼此间假设关系可知,本书研究变量间的关系涉及两个层面,即企业层面(Level –

1)和区域层面(Level – 2)。其中企业层面探讨的是高新技术企业网络嵌入行为对高新技术企业创新能力影响的主效应,包括假设 H1 和假设 H2;区域层面探讨的是区域软环境与高新技术企业网络嵌入行为形成的交互作用对高新技术企业创新能力影响的调节效应,包括假设 H3a ~ H3e 和假设 H4a ~ H4e。综上所述,本书构建的跨层次模型及各变量间的假设关系如图 5.2 所示。

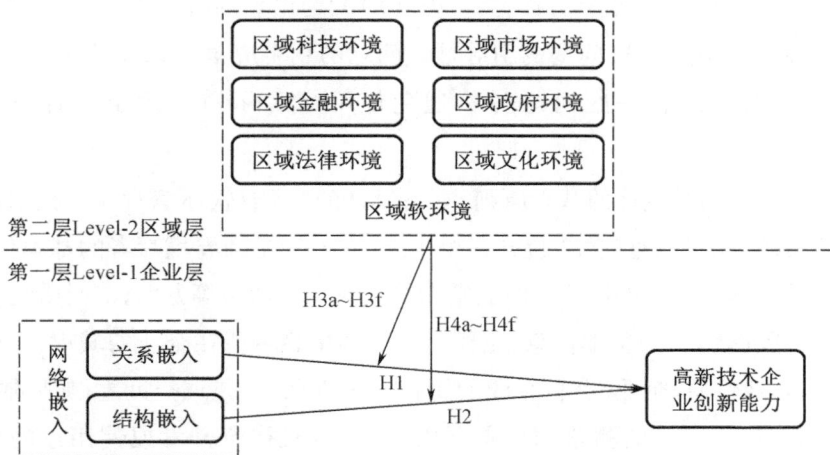

图 5.2 跨层次模型及各变量间的假设关系

5.3 区域软环境对高新技术企业创新能力跨层次影响机理的研究设计

5.3.1 问卷设计

在跨层次模型构建完成后,需要选择适合的模型测量工具。由于跨层次模型中的变量均不同程度涉及心理反应,根据 Jayawardhena 等[287]的建议,本书选择采用问卷调查的方式对跨层次模型进行测量。尽管问卷调查在心理测量方面具有优势,但仍有许多在实务应用上应该注意的问题。根据 Bollen[288]的建议,问卷设计应该重点注意以下几个要点:

(1)问卷量表最好采用 Likert – 7 尺度;

(2)每个潜在构面至少要有 3 个测量题目;

（3）每个测量题目不得横跨到其他潜在因素上；

（4）问卷量表最好引用自知名学者，尽量不要自己创造；

（5）理论架构要根据学者提出的理论做修正；

（6）模型主要构面维持在 5 个以内，不宜超过 7 个；

（7）模型中潜在因素至少应为两个。

此外，在问卷内容设置方面，要考虑：（1）问题设置的必要性；（2）问题设置的敏感性和威胁性；（3）问题的引导性。问题的用字应该：（1）清晰易懂、避免模糊；（2）避免二合一的问题；（3）避免使用行话；（4）注意填答者的参考构架[289]。

基于以上问卷设计的基本原则，本书设计的"区域软环境对高新技术企业创新能力的影响"调查问卷"包含三个主要部分：一是问卷填写者的基本信息，主要包括问卷填答者的职位、性别、婚姻状况、年龄、学历等方面；二是受访企业（填写者所在企业）的基本信息，主要包括问卷填答者所在企业的城市、企业成立年限、企业性质、企业规模、企业所属行业等方面；三是调查问卷题项的主要内容，其中具体变量的测量均参考国内外学者、机构所开发或使用过的成熟量表。

具体地：（1）关于网络嵌入的测量主要参考张方华[290]、Chien 等[291]的研究，总计 7 个测量题项。其中，关系嵌入 3 个测量题项，依次测度了高新技术企业与所在区域网络内的利益相关者的合作交流次数、高新技术企业与所在区域网络内的利益相关者的合作交流时间、高新技术企业与所在区域网络内的利益相关者的信任默契程度等三个方面的相关内容。结构嵌入 4 个测量题项，依次测度了高新技术企业与所在区域网络内的利益相关者联系的数量、高新技术企业在区域网络内的活跃程度、高新技术企业在区域网络内距离结构洞的位置、高新技术企业在区域网络内距离网络中心的位置等四个方面的相关内容。

（2）关于区域科技环境的测量主要参考世界银行对 2 848 家中国企业经营情况进行的问卷调查[292]、邢红萍等[293]的研究，总计 3 个测量题项，依次测度了高新技术企业所在区域的基础研究研发资金投入力度、产品开发（设计）研发资金投入力度、工艺设计研发资金投入力度等三个方面的相关内容。

（3）关于区域市场环境的测量主要参考 Blomstrom 等[294]的研究、世界银行对 2 848 家中国企业经营情况进行的问卷调查[292]，总计 3 个测量题项，依次测度了高新技术企业所在区域的市场开放程度、外商进入的示范效应、外商进入的竞争效应等三个方面的相关内容。

（4）关于区域金融环境的测量主要参考 Mallick 等[295]的研究、世界银行对 2 848 家中国企业经营情况进行的问卷调查[292]，总计 3 个测量题项，依次测度了高新技术企业所在区域的融资便利性、融资的可获得性、融资贷款成本等三个方面的相关内容。

（5）关于区域政府环境的测量主要参考世界银行对 2 848 家中国企业经营情况进行的问卷调查[292]、孙继红等[296]的研究，总计 3 个测量题项，依次测度了高新技术企业所在区域的政府在企业研发方面的税收优惠力度、政府在企业产品出口方面的税收优惠力度、政府在企业生产、销售等方面的税收优惠力度等三个方面的相关内容。

（6）关于区域法律环境的测量主要参考世界银行对 2 848 家中国企业经营情况进行的问卷调查[292]、胡允银等[297]的研究，总计 3 个测量题项，依次测度了高新技术企业所在区域的知识产权法律制度的完备度、知识产权行政保护的力度、知识产权司法保护的效率等三个方面的相关内容。

（7）关于区域文化环境的测量主要参考周亚越等[298]的研究，总计 3 个测量题项，依次测度了高新技术企业所在区域的创业文化核心精神、创业与创业文化、创业精神的关联度、创业价值观等三个方面的相关内容。

（8）关于高新技术企业创新能力的测量主要参考陈力田等[165]的研究，总计 4 个测量题项，依次测度了高新技术企业创新意识与创新敏感性、高新技术企业外部知识获取能力、高新技术企业知识整合创造能力、高新技术企业知识创造成果（科技创新成果）市场转化能力。测量题项与本书界定的高新技术企业创新能力所包含的创新意识、知识获取能力、知识整合能力、知识转化能力等方面相吻合。

具体问卷量表见表 5.1，区域软环境对高新技术企业创新能力影响的调查问卷详见附录。调查问卷中所有题项均以"与主要竞争对手相比"开始提问，调查问卷中所涉及英文量表的使用则严格遵循传统的翻译与回译（Back-translation）程序，具体操作为：邀请两位英语笔译专业的硕士研究生，一位将英文量表翻译成中文，另一位再将其翻译成英文，以此对比两份量表翻译之间的差异，为后续问卷的设计与形成奠定基础。然后，邀请管理学院三位管理科学与工程专业的教授,两位管理科学与工程专业的博士研究生组成调查问卷制作、修订团队,并对量表进行多轮的修订与完善,经研究讨论最终形成调查问卷。通过上述调查问卷的设计流程,一定程度上确保了设计的调查问卷在中国研究情境下的信效度。问卷中所有变量的测量均采用 Likert – 7 尺度量表进行评价(其中,1 = 非常不同意,2 = 很不同意,3 = 不同意,4 = 不确定,5 = 同意,6 = 很同意,7 = 非常同意)。

表 5.1　区域软环境对高新技术企业创新能力影响的问卷量表

变量	编号	题项	参考来源
关系嵌入	RE1	我们与所在区域网络内的其他企业、机构的交流合作更频繁	参考文献[290] 参考文献[291]
	RE2	我们与所在区域网络内的其他企业、机构有更长期的交流合作关系	
	RE3	我们与所在区域网络内的其他企业、机构彼此间更加信任	
结构嵌入	SE1	我们与所在区域网络内的其他企业、机构均保持沟通联系	
	SE2	我们在区域网络内的表现异常活跃	
	SE3	我们在区域网络内经常扮演关键角色	
	SE4	我们在区域网络内处于一个中心位置	
区域科技环境	RTE1	我们所在区域的基础研究研发资金投入更多	参考文献[292] 参考文献[293]
	RTE2	我们所在区域的产品开发(设计)研发资金投入更多	
	RTE3	我们所在区域的工艺设计研发资金投入更多	
区域市场环境	RME1	我们所在区域的外资企业数量更多	参考文献[292] 参考文献[294]
	RME2	我们所在区域的外资企业技术保密性更高	
	RME3	我们所在区域的外资企业产品市场占有率更高	

表 5.1（续）

变量	编号	题项	参考来源
区域金融环境	RFE1	我们所在区域从银行获得贷款更容易	参考文献[292] 参考文献[295]
	RFE2	我们所在区域从银行获得足额贷款更容易	
	RFE3	我们所在区域从银行贷款被要求的抵押、担保更少	
区域政府环境	RGE1	我们所在区域的政府在企业研发方面的税收优惠力度更大	参考文献[292] 参考文献[296]
	RGE2	我们所在区域的政府在企业产品出口方面的税收优惠力度更大	
	RGE3	我们所在区域的政府在企业生产、销售等方面的税收优惠力度更大	
区域法律环境	RLE1	我们所在区域的知识产权法律制度体系更完善	参考文献[292] 参考文献[297]
	RLE2	我们所在区域的知识产权行政保护力度更大	
	RLE3	我们所在区域的知识产权司法保护效率更高	
区域文化环境	RCE1	勇于创新是我们所在区域创业文化的核心精神	参考文献[298]
	RCE2	我们所在区域的创业与创业文化、创业精神的关联度更高	
	RCE3	诚实守信、遵纪守法是我们所在区域创业价值观的集中体现	
高新技术企业创新能力	IV1	我们对企业外部技术变化趋势有正确的反应	参考文献[165]
	IV2	我们具有很强的获取企业外部新知识的能力	
	IV3	我们很好地将学来的知识与既有技术进行集成	
	IV4	我们将新技术应用于产品中以更好满足市场需求	

5.3.2　问卷预试

此次研究所用的问卷设计是充分参考既有文献研究和相关成熟量表综合斟酌而成的。为了进一步确认量表题目的语义是否通顺、是否有词不达意的情况、编排是否适当等问题,确保所有题项具有足够的鉴别力,本书采用项目分析

(Item Analysis)的方法来排除和删掉不具有鉴别力的题项,为问卷设计的最终定稿奠定基础。具体操作如下:

(1)计算并得到每一个构面量表的总分;

(2)量表依总分高低进行排序;

(3)找出高低分组 27% 处的分位数;

(4)将临界值区分为高分组和低分组;

(5)采用独立样本 T 检验的方法考察两组题项的差异;

(6)删除检验未达显著的题项,保留通过检验达到显著的题项。

根据前文所设计的问卷,本书进行了小样本的问卷预试。未了确保问卷发放和回收的有效性和问卷填答者填写信息的真实性,本书主要采取以下三个渠道进行问卷的发放。

一是通过参与国内学术论坛、学术会议向与会的高新技术企业中、高层管理者直接进行问卷的发放并当场收集相关问卷样本。依此法总计发放问卷 20 份,回收有效问卷 14 份,有效问卷率为 70%。其中,有效问卷的标准为无整页漏选、漏填;所有问项处均没有填写同一数字;如实填写问卷统计信息;无雷同问卷。

二是通过人际关系渠道,如科研团队人际关系、亲戚朋友人际关系等向高新技术企业中、高层管理者直接进行问卷的发放并及时回收。依此法总计发放问卷 20 份,回收有效问卷 10 份,有效问卷率为 50%,有效问卷率满足相关实证检验的要求[299]。

三是通过学校开设的 EMBA 和 MBA 课程,向在高新技术企业中担任中、高层管理者的学员进行问卷的发放并当场对问卷进行回收。依此法总计发放问卷 20 份,回收有效问卷 18 份,有效问卷率为 90%。

最终,通过借助上述三个渠道累计向全国四大地区(东部地区、中部地区、西部地区、东北地区)的高新技术企业中、高层管理者发放问卷 60 份,回收有效问卷 42 份,有效问卷率为 70%。有效问卷数量满足 Oksenberg 等[300]建议的预试问卷样本数至少为 25~75 的样本量标准。以此 42 份问卷作为问卷预试的小样本进行项目分析,相关数据分析结果见表 5.2~表 5.10。

表 5.2　关系嵌入项目分析的检验结果

题项	T 值	自由度	显著性	平均差异	标准误差异	差异的 95% 置信区间	
						下界	上界
RE1	−6.195	20	0.000	−1.376	0.222	−1.839	−0.913
RE2	−7.937	20	0.000	−1.684	0.212	−2.126	−1.241
RE3	−6.666	20	0.000	−1.684	0.253	−2.211	−1.157

注:数据报告结果为高低分组采用相等的变异数。

表 5.3　结构嵌入项目分析的检验结果

题项	T 值	自由度	显著性	平均差异	标准误差异	差异的 95% 置信区间	
						下界	上界
SE1	−8.265	34	0.000	−1.078	0.130	−1.343	−0.813
SE2	−5.815	34	0.000	−1.643	0.282	−2.217	−1.069
SE3	−6.208	34	0.000	−1.831	0.295	−2.431	−1.232
SE4	−6.669	34	0.000	−1.565	0.235	−2.042	−1.088

注:数据报告结果为高低分组采用相等的变异数。

表 5.4　区域科技环境项目分析的检验结果

题项	T 值	自由度	显著性	平均差异	标准误差异	差异的 95% 置信区间	
						下界	上界
RTE1	−11.341	20	0.000	−3.900	0.344	−4.617	−3.183
RTE2	−10.762	20	0.000	−3.800	0.353	−4.537	−3.063
RTE3	−7.332	20	0.000	−3.300	0.450	−4.239	−2.361

注:数据报告结果为高低分组采用相等的变异数。

表 5.5　区域市场环境项目分析的检验结果

题项	T 值	自由度	显著性	平均差异	标准误差异	差异的 95% 置信区间	
						下界	上界
RME1	−5.598	28	0.000	−2.182	0.390	−2.980	−1.383
RME2	−5.478	28	0.000	−2.000	0.365	−2.748	−1.252
RME3	−7.809	28	0.000	−2.545	0.326	−3.213	−1.878

注:数据报告结果为高低分组采用相等的变异数。

表 5.6   区域金融环境项目分析的检验结果

题项	T 值	自由度	显著性	平均差异	标准误差异	差异的 95% 置信区间	
						下界	上界
RFE1	-5.325	17	0.000	-2.117	0.398	-2.955	-1.278
RFE2	-4.252	17	0.001	-1.600	0.376	-2.394	-0.806
RFE3	-4.398	17	0.000	-1.967	0.447	-2.910	-1.023

注:数据报告结果为高低分组采用相等的变异数。

表 5.7   区域政府环境项目分析的检验结果

题项	T 值	自由度	显著性	平均差异	标准误差异	差异的 95% 置信区间	
						下界	上界
RGE1	-6.418	25	0.000	-1.261	0.197	-1.666	-0.857
RGE2	-4.637	25	0.000	-1.568	0.338	-2.265	-0.872
RGE3	-6.446	25	0.000	-1.932	0.300	-2.549	-1.315

注:数据报告结果为高低分组采用相等的变异数。

表 5.8   区域法律环境项目分析的检验结果

题项	T 值	自由度	显著性	平均差异	标准误差异	差异的 95% 置信区间	
						下界	上界
RLE1	-3.059	25	0.005	-0.896	0.293	-1.499	-0.293
RLE2	-6.417	25	0.000	-1.654	0.258	-2.185	-1.123
RLE3	-5.764	25	0.000	-1.484	0.257	-2.014	-0.953

注:数据报告结果为高低分组采用相等的变异数。

表 5.9   区域文化环境项目分析的检验结果

题项	T 值	自由度	显著性	平均差异	标准误差异	差异的 95% 置信区间	
						下界	上界
RCE1	-5.921	22	0.000	-2.244	0.379	-3.030	-1.458
RCE2	4.856	22	0.000	-1.235	0.254	-1.763	-0.708
RCE3	-3.972	22	0.001	-1.286	0.324	-1.957	-0.614

注:数据报告结果为高低分组采用相等的变异数。

表 5.10　高新技术企业创新能力项目分析的检验结果

题项	T 值	自由度	显著性	平均差异	标准误差异	差异的 95% 置信区间	
						下界	上界
IV1	−4.673	27	0.000	−1.687	0.361	−2.428	−0.946
IV2	−7.046	27	0.000	−2.086	0.296	−2.693	−1.478
IV3	−5.541	27	0.000	−1.576	0.284	−2.159	−0.992
IV4	−3.652	27	0.001	−1.374	0.376	−2.146	−0.602

注:数据报告结果为高低分组采用相等的变异数。

根据 Kelly[301]和 Cureton[302]的要求,将研究变量的高低分组以 27 分位数和 73 分位数拆开,以此比较该构面题项是否存在差异。如果独立样本 T 检验检定差异效果达到显著,则表示该题项具有鉴别力,题项应予以保留,反之则应予以删除以精简最终问卷的题项。从表 5.2 ~ 表 5.10 的数据检验结果中可以发现,表 5.2 中关系嵌入构面的 3 个题项均在 0.1% 水平下显著,表明关系嵌入构面的 3 个题项达到差异效果显著,3 个题项具有足够的鉴别力,关系嵌入构面的项目分析检验获得通过;表 5.3 中结构嵌入构面的 4 个题项均在 0.1% 水平下显著,表明结构嵌入构面的 4 个题项达到差异效果显著,4 个题项具有足够的鉴别力,结构嵌入构面的项目分析检验获得通过;表 5.4 中区域科技环境构面的 3 个题项均在 0.1% 水平下显著,表明区域科技环境构面的 3 个题项达到差异效果显著,3 个题项具有足够的鉴别力,区域科技环境构面的项目分析检验获得通过;表 5.5 中区域市场环境构面的 3 个题项均在 0.1% 水平下显著,表明区域市场环境构面的 3 个题项达到差异效果显著,3 个题项具有足够的鉴别力,区域市场环境构面的项目分析检验获得通过;表 5.6 中区域金融环境构面的 3 个题项分别在 1% 和 0.1% 水平下显著,表明区域金融环境构面的 3 个题项达到差异效果显著,3 个题项具有足够的鉴别力,区域金融环境构面的项目分析检验获得通过;表 5.7 中区域政府环境构面的 3 个题项均在 0.1% 水平下显著,表明区域政府环境构面的 3 个题项达到差异效果显著,3 个题项具有足够的鉴别力,区域政府环境构面的项目分析检验获得通过;表 5.8 中区域法律环境构面的 3 个题项分别在 1% 和 0.1% 水平下显著,表明区域法律环境构面的 3 个题项达到差异效果显著,3 个题项具有足够的鉴别力,区域法律环境构面的项目分析检验获得通过;表 5.9 中区域文化环境构面的 3 个题项分别在 1% 和 0.1% 水平下显著,表明区域文化环境构面的 3 个题项达到差异效果显著,3 个题项具有足够的鉴别力,区域文化环境构面的项目分析检验获得通过;表 5. 10 中高新技术企业创新能力构面的 4 个题项分别在 1% 和 0. 1% 水平下显著,表明高新技术企业创新能力构面的 4 个题项达到差异效果显著,4 个题项具有足够的鉴别力,高新技术企业创新能力构面的项目分析检验获得通过。综上所述,所有构面的题项均达到差异效果显著,并且所有题项具有足够的鉴别力。因此,问卷预试的题项无须做任何变动,全部题项可以带入最终的问卷之中。

5. 3. 3 资料预检

作为实证分析环节前的一个重要准备阶段,本书对最终形成的问卷进行了发放、收集、整理。问卷的发放对象为中国大陆地区(不包括港、澳、台地区)高新技术企业。本书依照最新版《高新技术企业认定管理办法》中关于高新技术企业的认定条件,将研究对象确立为在电子信息、生物与新医药、航空航天、新材料、高技术服务、新能源与节能、资源与环境、先进制造与自动化等八大领域内,持续进行科学研发与技术成果转化,据此形成自主知识产权和核心竞争力的企业。具体相关指标如下。

首先,企业主要产品(服务)涉及的技术应属于《国家重点支持的高新技术领域》规定的范围(具体详见国科发火〔2016〕32 号文件);其次,企业从事研发和相关技术创新活动的科技人员占企业当年职工总数的比例不低于 10%;再次,企业近三个会计年度的研究开发费用总额占同期销售收入总额的比例符合如下要求:(1)最近一年销售收入小于 5 000 万元(含)的企业,比例不低于 5%;(2)最近一年销售收入在 5 000 万元至 2 亿元(含)的企业,比例不低于 4%;(3)最近一年销售收入在 2 亿元以上的企业,比例不低于 3%。其中,企业在中国境内发生的研究开发费用总额占全部研究开发费用总额的比例不低于 60%。

最后,近一年高新技术产品(服务)收入占企业同期总收入的比例不低于 60%。

关于最终问卷的发放,本书主要采取两个渠道:一是类似于小样本问卷预试的发放模式,选择通过参与国内学术论坛、学术会议向与会的高新技术企业中、高层管理者进行纸质问卷发放并当场回收;通过人际关系渠道,如科研团队人际关系、亲戚朋友人际关系等向高新技术企业中、高层管理者直接进行纸质问卷和电子问卷的发放并及时回收；通过学校开设的 EMBA 和 MBA 课程，向在高新技术企业中担任中、高层管理者的学员进行纸质问卷的发放并当场对问卷进行回收。依此法，从 2016 年 6 开始问卷发放，截至 2016 年 9 月问卷回收完毕，累计发放问卷 136 份，其中电子问卷 86 份，纸质问卷 50 份。回收问卷 106 份，其中电子问卷 60 份，纸质问卷 46 份，剔除无效问卷（整页漏选、漏填；所有问项处均填写同一数字；未填写问卷统计信息；雷同问卷）14 份，其中电子问卷 13 份，纸质问卷 1 份，最终得到有效问卷 92 份，有效问卷率 67.647%，其中有效电子问卷 47 份，有效电子问卷率 54.651%；有效纸质问卷 45 份，有效纸质问卷率 90.000%。

二是选择中国专业的互联网在线问卷调查平台"问卷星"（www. sojump. com），通过购买其收费样本服务对高新技术企业的中、高层管理者进行问卷委托代理发放。依此法，从 2016 年 8 月开始问卷发放，截至 2016 年 10 月问卷回收完毕，累计发放问卷 308 份，其中全部为电子问卷。回收问卷 308 份，剔除无效问卷（整页漏选、漏填；所有问项处均填写同一数字；未填写问卷统计信息；雷同问卷）82 份，最终得到有效问卷 226 份，有效问卷率为 73.377%。

通过两次不同渠道的问卷发放，累计发放问卷 444 份，其中电子问卷 394 份，纸质问卷 50 份，分别占发放问卷的比例为 88.739% 和 11.261%；回收问卷 414 份，其中电子问卷 368 份，纸质问卷 46 份，分别占回收问卷的比例为 88.889% 和 11.111%；有效问卷 318 份，其中电子问卷 273 份，纸质问卷 45 份，分别占有效问卷的比例为 85.850% 和 14.150%。最终，我们得到全国四大地区的 318 个高新技术企业相关研究数据。

由于本次调研的问卷包括电子问卷和纸质问卷两种，因此在合并分析前需要考虑资料的同质性问题，如果资料不同质，合并处理后可能会导致错误的估计结果。本书借鉴并参考 Somers 等[303]的处理方式，采用问卷调查中问卷填答者的性别、婚姻状况、年龄、学历等四个人口统计特征变量进行卡方检验，以此检定问卷数据的同质性问题。相关处理结果见表 5.11。

表 5.11　问卷资料同质性检验结果($N=318$)

人口统计特征		问卷类别		总数	卡方值	自由度	P 值
		电子问卷	纸质问卷				
性别	男性	182	37	219	0.152	1	0.697
	女性	91	8	99			
总数		273	45	318			
婚姻状况	已婚	244	42	286	2.295	1	0.130
	未婚	29	3	32			
总数		273	45	318			
年龄	30 岁及以下	6	2	8	2.541	3	0.468
	31~40 岁	37	10	47			
	41~50 岁	173	28	201			
	50 岁以上	57	5	62			
总数		273	45	318			
学历	大专及以下	3	0	3	1.516	2	0.469
	本科	208	38	246			
	研究生	62	7	69			
总数		273	45	318			

　　从表 5.11 中可以发现,问卷填答者的性别、婚姻状况、年龄、学历的卡方值分别为 0.152,2.295,2.541,1.516,其 P 值均不显著,因此不拒绝虚无假设,即问卷填答者性别、婚姻状况、年龄、学历分别在电子问卷和纸质问卷的调查中并无不同,所以可以将电子问卷和纸质问卷这两个组群进行合并,合并后的问卷总计 318 份,相关的样本特征统计表、双变量间的皮尔森相关性分析、主要研究变量的描述性统计分析分别见表 5.12~表 5.14。

表 5.12　样本特征统计表（$N=318$）

属性	类型	样本数量	百分比/%	有效百分比/%	累计百分比/%
性别	男性	219	68.868	68.868	68.868
	女性	99	31.132	31.132	100.000
婚姻状况	已婚	286	89.937	89.937	89.937
	未婚	32	10.063	10.063	100.000
受访者年龄	30 岁及以下	8	2.516	2.516	2.516
	31~40 岁	47	14.780	14.780	17.296
	41~50 岁	201	63.208	63.208	80.504
	50 岁以上	62	19.496	19.496	100.000
受访者学历	大专及以下学历	3	0.943	0.943	0.943
	本科学历	246	77.358	77.358	78.301
	研究生学历	69	16.942	16.942	100.00
企业所在区域	东部地区	223	70.126	70.126	70.126
	中部地区	41	12.893	12.893	83.019
	西部地区	35	11.006	11.006	94.025
	东北地区	19	5.975	5.975	100.000
企业成立年限	5 年以内	12	3.773	3.773	3.773
	6~10 年	41	12.893	12.893	16.666
	11~20 年	69	21.698	21.698	38.364
	20 年以上	196	61.636	61.636	100.000
企业性质	国有或国有控股企业	235	73.899	73.899	73.899
	民营企业	22	6.918	6.918	80.817
	三资企业	15	4.717	4.717	85.534
	其他企业	46	14.466	14.466	100.000
企业规模	小型企业	10	3.144	3.144	3.144
	中型企业	130	40.881	40.881	44.025
	大型企业	178	55.975	55.975	100.000

表 5.12(续)

属性	类型	样本数量	百分比/%	有效百分比/%	累计百分比/%
企业所属行业	医药制造业	31	9.748	9.748	9.748
	航空航天器及设备制造业	25	7.862	7.862	17.610
	电子及通信设备制造业	96	30.189	30.189	47.799
	计算机及办公设备制造业	80	25.157	25.157	72.956
	医疗仪器仪表设备制造业	38	11.950	11.950	84.906
	信息化学品制造业	31	9.748	9.748	94.654
	其他行业	17	5.346	5.346	100.000

表 5.13 双变量间的皮尔森相关性分析($N=318$)

变量	1	2	3	4	5	6	7	8	9
1	1								
2	0.538**	1							
3	−0.018	−0.054	1						
4	0.032	0.046	−0.122	1					
5	−0.040	−0.010	−0.026	0.045	1				
6	−0.083	−0.116	−0.053	−0.066	0.034	1			
7	0.044	0.036	−0.006	0.001	0.045	−0.009	1		
8	0.043	0.061	−0.055	−0.015	−0.016	−0.051	0.071	1	
9	0.528**	0.524**	0.360**	−0.418	0.483*	0.360**	−0.378	0.360**	1

注:变量1~9分别代表关系嵌入、结构嵌入、区域科技环境、区域市场环境、区域金融环境、区域政府环境、区域法律环境、区域文化环境、高新技术企业创新能力;** 表示 $P<0.01$(双尾检验),* 表示 $P<0.05$(双尾检验)。

表 5.14　主要研究变量的描述性统计分析(N =318)

指标	最大值	最小值	平均值	标准差	偏态	峰度
关系嵌入	7.000	1.667	5.469	0.865	-0.889	1.333
结构嵌入	7.000	2.000	5.063	0.883	-0.861	1.061
区域科技环境	7.000	1.000	5.167	1.510	-0.528	-0.060
区域市场环境	7.000	1.000	6.170	1.236	-1.871	3.680
区域金融环境	7.000	2.667	5.306	0.851	-0.639	0.560
区域政府环境	7.000	1.667	5.210	0.897	-0.622	1.042
区域法律环境	7.000	1.000	5.748	0.800	-1.123	4.005
区域文化环境	7.000	1.000	5.333	0.927	-1.072	2.092
企业创新能力	7.000	1.500	5.301	0.838	-0.948	2.078

从表 5.12 中可以发现,样本总体具有较高的离散程度。从问卷填答者个人基本信息的人口统计特征来看,问卷填答者所在的高新技术企业中,男性中、高层管理者的人数(68.868%)远高于女性中、高层管理者的人数(31.132%);问卷填答者所在的高新技术企业中,已婚人数(89.937%)远高于未婚人数(10.063%);问卷填答者的年龄主要集中在 41~50 岁这一区间(63.208%),30岁及以下的企业中、高层管理者的人数较少(2.516%);问卷填答者的学历在本科及以上(包括研究生学历)的人数最多(94.300%)。以上信息与高新技术企业中、高层管理者任职信息高度吻合,说明问卷填答者的有效性较高。

从问卷填答者任职企业基本信息的统计特征来看,在高新技术企业所在区域方面,东部地区高新技术企业数量最多(70.126%),这与中国高新技术企业数量的地域分布相吻合;在高新技术企业成立年限方面,以成立 20 年以上的企业居多(61.636%);在高新技术企业性质方面,以国有或国有控股企业居多(73.899%);在高新技术企业规模方面,以大型企业居多(55.975%);在高新技术企业所属行业方面,行业分布效果呈明显的离散状态,涵盖了高新技术产业的六大领域。综上,样本来源地区涵盖了中国四大地区,企业年限分布较为宽泛,企业性质构成、规模结构、行业类别多样,使研究样本具有足够的代表性。

从表 5.13 中可以发现,关系嵌入、结构嵌入、区域科技环境、区域金融环境、区域政府环境、区域法律环境、高新技术企业创新能力双变量间的皮尔逊相关性检验分别在 1% 和 5% 水平下显著,说明各变量间存在相关性,由此可以初步判定,关系嵌入、结构嵌入、区域科技环境、区域金融环境、区域政府环境、区域文化环境与高新技术企业创新能力彼此间具有相关关系。具体地,关系嵌入与高新技术企业创新能力两者间的 Pearson 相关系数为 0.528,且在 1% 水平下显著,表明关系嵌入对高新技术企业创新能力有显著正向影响($r = 0.528$, $P < 0.01$),故假设 H1 得到初步的验证;同理,结构嵌入与高新技术企业创新能力两者间的 Pearson 相关系数为 0.524,且在 1% 水平下显著,表明结构嵌入对高新技术企业创新能力有显著正向影响($r = 0.524$, $P < 0.01$),故假设 H2 得到初步的验证。

从表 5.14 中可以进一步发现,9 个研究变量数据的平均值范围为 5.063 ～ 6.170 间,标准差范围为 0.800 ～ 1.510,表明 9 个研究变量数据呈现出较好的离散状态,可以进行后续的研究。同时,9 个研究变量数据的偏态值范围为 −1.871 ～ −0.528,峰度值范围为 −0.060 ～ 4.005,符合 Kline[304]建议的实务上偏态绝对值在 2 以内,峰度绝对值在 7 以内的检验标准,表明 9 个研究变量数据均呈现正态分布的特点,可以进行后续的研究。

5.3.4　同源偏差检验

共同方法变异(Common Methed Variance,CMV)是咨询管理研究人员和社会科学研究人员经常面临的一种现象。当研究学者采用调查问卷这一测量工具来对研究对象开展资料搜集时,如果是以单一问卷向同一群体受测者搜集而得的,就会造成受测者在填答问卷时会偏向一致性,造成同源偏差的问题的出现,使得构面之间的差异程度被人为变小,如此一来,这个研究就可能出现"共同方法变异"的问题,进而导致不同构面之间的相关性高度膨胀。CMV 的来源可能包括问卷中语意不清或有复杂的问项、问卷中存在负面语义或反向题项、问卷的题项结构有问题、问卷的题项不具有中立性等方面[305]。本书参考 Podsakoff 等[306]建议的哈曼单因子分析法(Harman's One Single Factor)来检验构面之间是否存在同源偏差问题。

本书对所有分析构面的题项进行探索式因子分析,以此检验因子分析中解释总方差的能力。相关数据见表 5.15,旋转后的变量成分矩阵见表 5.16。

表5.15 探索式因子分析解释总方差的结果

成分	初始特征值			平方和负荷量萃取			转轴平方和负荷量		
	合计	方差/%	累积/%	合计	方差/%	累积/%	合计	方差/%	累积/%
1	4.825	16.639	16.639	4.825	16.639	16.639	2.680	9.242	9.242
2	3.791	13.071	29.710	3.791	13.071	29.710	2.471	8.520	17.762
3	2.732	9.420	39.130	2.732	9.420	39.130	2.460	8.484	26.246
4	2.532	8.730	47.860	2.532	8.730	47.860	2.414	8.323	34.569
5	2.173	7.492	55.352	2.173	7.492	55.352	2.380	8.206	42.774
6	1.262	4.353	59.705	1.262	4.353	59.705	2.203	7.595	50.369
7	1.194	4.118	63.822	1.194	4.118	63.822	2.098	7.234	57.604
8	1.127	3.887	67.709	1.127	3.887	67.709	2.037	7.023	64.627
9	1.000	3.449	71.159	1.000	3.449	71.159	1.894	6.532	71.159
10	0.804	2.771	73.930						
11	0.656	2.263	76.192						
12	0.612	2.109	78.301						
13	0.599	2.064	80.365						
14	0.563	1.943	82.308						
15	0.500	1.725	84.033						
16	0.463	1.597	85.630						
17	0.446	1.538	87.168						
18	0.413	1.424	88.592						
19	0.406	1.398	89.991						
20	0.380	1.310	91.300						
21	0.362	1.248	92.548						
22	0.349	1.202	93.750						
23	0.329	1.135	94.885						
24	0.319	1.099	95.984						
25	0.296	1.019	97.004						
26	0.274	0.945	97.948						
27	0.245	0.843	98.792						
28	0.197	0.680	99.472						
29	0.153	0.528	100.000						

注:抽取方法为主成分法,旋转方法为最大方差法。

表 5.16　旋转后的变量成分矩阵

题项编号	成分								
	1	2	3	4	5	6	7	8	9
RE1	0.385	0.020	−0.060	0.016	−0.002	0.728	−0.011	0.036	0.052
RE2	0.267	0.004	−0.010	−0.069	−0.055	0.823	−0.060	0.022	0.005
RE3	0.157	0.019	0.050	0.007	−0.017	0.837	0.020	−0.021	0.095
SE1	0.737	−0.045	−0.028	0.045	−0.062	0.334	−0.120	0.097	0.064
SE2	0.763	−0.007	−0.022	0.087	−0.022	0.311	−0.034	0.026	0.002
SE3	0.809	0.014	0.039	−0.048	0.060	0.174	−0.004	−0.041	0.077
SE4	0.770	0.095	−0.067	−0.049	−0.095	0.028	−0.016	−0.032	0.074
RTE1	−0.047	−0.083	0.915	0.028	−0.031	0.047	−0.034	−0.030	0.022
RTE2	−0.067	−0.046	0.912	0.013	−0.002	0.003	−0.071	−0.013	−0.050
RTE3	0.035	−0.037	0.850	−0.054	−0.033	−0.054	0.047	0.040	−0.043
RME1	0.078	0.901	−0.048	0.036	−0.044	−0.015	−0.064	−0.027	0.009
RME2	−0.019	0.916	−0.030	0.057	−0.017	−0.008	−0.012	0.000	−0.010
RME3	0.014	0.871	−0.085	−0.024	0.023	0.056	−0.015	0.029	−0.025
RFE1	0.011	0.029	−0.009	0.788	0.192	−0.022	0.212	−0.110	0.036
RFE2	−0.010	0.088	0.047	0.806	0.192	−0.029	0.120	0.022	−0.008
RFE3	0.010	−0.022	−0.079	0.733	0.286	0.007	0.180	0.174	−0.032
RGE1	−0.025	−0.064	−0.066	0.234	0.293	−0.038	0.773	−0.006	−0.047
RGE2	0 −.108	−0.031	0.055	0.229	0.032	−0.044	0.815	−0.042	0.037
RGE3	−0.020	−0.012	−0.077	0.120	0.375	0.023	0.738	0.045	−0.044
RLE1	−0.047	−0.041	−0.032	0.093	−0.051	0.026	−0.053	0.813	0.116
RLE2	0.021	−0.003	−0.011	−0.134	0.130	0.088	−0.065	0.806	0.166
RLE3	0.050	0.051	0.047	0.086	−0.137	−0.079	0.115	0.762	0.170
RCE1	0.118	−0.085	0.002	0.107	−0.124	0.023	−0.038	0.175	0.738
RCE2	0.015	−0.023	−0.015	−0.111	0.082	0.132	−0.084	0.086	0.785
RCE3	0.071	0.078	−0.060	−0.004	−0.069	−0.010	0.084	0.183	0.782
IV1	0.020	−0.051	−0.015	0.458	0.563	0.019	0.158	0.014	−0.019
IV2	−0.021	−0.054	0.084	0.355	0.590	0.026	0.261	0.032	−0.064
IV3	−0.008	−0.007	−0.006	0.225	0.771	−0.090	0.125	−0.035	−0.081
IV4	−0.100	0.032	−0.100	0.107	0.804	−0.020	0.149	−0.070	0.022

注:抽取方法为主成分法,旋转方法为最大方差法,旋转 6 次后收敛。

　　哈曼单因子分析的前提假设是:如果变量间存在同源偏差问题,在因子分析中会得到一个因子或是一个因子将解释大部分的方差。从表5.15中不难发现,因子分析的结果总共得到9个构面,方差总解释能力达到71.159%,并没有发生得到一个因子的情况;9个构面因子方差的解释能力为6.532% ~ 9.242%,平均构面的方差解释能力平均为7.907%,并且未进行旋转的第一个因子方差的解释能力为16.639%未超过50%,说明并未出现一个因子解释大部分的方差情况。另外,从表5.16中可以清楚地发现,旋转后的变量成分矩阵29个观测题项全部清楚地反映在9个构面内,并没有出现同一构面中的题项出现在另一个不同构面中的情况,由此看出量表的整体性较好,初步可判定量表具备一定的效度。综上所述,本次问卷数据并未产生共同方法变异的问题,不存在同源偏差问题。

　　同时,利用AMOS分析软件采用验证式因子分析通过对比单因子模型和多因子模型的适配度来检验两模型是否存在差异,以此进一步判断问卷的同源偏差问题是否存在。相关检验结果见表5.17。

表5.17　单因子模型与多因子模型的比较结果

适配度参数	建议值（标准）	模型	
		单因子模型	多因子模型
卡方值(χ^2)	越小越好	$\chi^2(N=318)=3\,057.165$	$\chi^2(N=318)=470.263$
自由度(df)	—	$df=377$	$df=341$
卡方与自由度之比(χ^2/df)	1~3	$\chi^2/df=8.109$	$\chi^2/df=1.379$
P值	>0.05	0.000	0.000
适配度指标(GFI)	>0.9	0.555	0.907
调整适配度指标($AGFI$)	>0.9	0.487	0.881
比较性适配度指标(CFI)	>0.9	0.269	0.965
标准化均方根残差值($SRMR$)	<0.05	0.096	0.041
近似均方根误差($RMSEA$)	<0.08	0.150	0.035
增值适配度指标(IFI)	>0.9	0.275	0.965
非规范适配度指标(TLI)	>0.9	0.213	0.958

　　注:适配度指标(GFI)和调整适配度指标($AGFI$)大于0.8可被接受,大于0.9则认为适配良好。

从表 5.17 中可以发现，单因子验证性因子分析的模型适配度并不良好，其中卡方与自由度之比 $\chi2/df$、适配度指标 GFI 值、调整适配度指标 $AGFI$ 值、比较性适配度指标 CFI 值、标准化均方根残差值 $SRMR$ 值、近似均方根误差 $RMSEA$ 值、增值适配度指标 IFI 值、非规范适配度指标 TLI 值等均低于建议值；多因子验证性因子分析的模型适配度效果良好，并且所有适配指标均达到了建议值的标准。另外，比较两个模型可以发现，卡方值的差异 $\Delta\chi^2$ ($N = 318$) $= 3\,057.165 - 470.263 = 2\,586.902$，且差异性显著（ $P = 0.000$ ）；自由度的差异 $\Delta df = 377 - 341 = 36$，差异存在，由此可见两个模型存在差异。从这个结果上来看，进一步证实了本书采用的问卷数据不存在同源偏差问题。

5.3.5　信度与效度检验

针对数据量表的信效度检验主要有：组成信度（Composite Reliability，CR）、平均方差萃取量（Average Variance Extracted，AVE）、收敛效度（Convergent Validity）、区别效度（Discriminant Validity）等。

（1）组成信度（ CR 值）

CR 值是指所有测量变量信度的组成，表示构面指标内部一致性，CR 值越高，则表示构面内部一致性越高。根据 Fornell 等[307]的建议，CR 值通过的标准是 $CR \geqslant 0.6$。另外，大多数学者还采用内部一致性系数 Cronbach's α 来测量量表信度，当 Cronbach's $\alpha > 0.7$ 时，则表示该题项是可以被接受的。

（2）平均方差萃取量（ AVE 值）

AVE 值是计算潜在变量对各测量题项的变异解释力，AVE 值越高，则表示潜在变量有越高的信度与收敛效度。根据 Fornell 等[307]的建议，AVE 值通过的标准是 $AVE > 0.5$。

（3）收敛效度（Convergent Validity）

收敛效度是指采用不同测量方法测定同一特征时测量结果的相似程度，即不同测量方式应在相同特征的测定中收敛在一起。根据 Hair 等[308]的建议，收敛效度通过的标准应满足多元相关系数平方 $SMC \geqslant 0.5$，$AVE > 0.5$，另外，通过探索性因子分析计算 KMO 值、检验 Bartlett's 球度检验的显著性、各变量的因子载荷值以及公因子的累计解释方差变异百分比可进一步判断收敛效度。其中，要求 $KMO \geqslant 0.6$；Bartlett's 球度检验要具有显著性；各变量的因子载荷值 $\geqslant 0.6$；

公因子的累计解释方差变异百分比要达到 30%。

（4）区别效度

区别效度是指在应用不同方法测量不同构面时，所观测到的数值之间应该能够加以区分。根据 Fornell 等[307]的建议，本书采用 AVE 法即要确保每个构面的 *AVE* 值的开根号要大于构面之间的 Pearson 相关系数。

本书采用 SPSS 软件，对关系嵌入、结构嵌入、区域软环境和高新技术企业创新能力 4 个构面进行 Cronbach's α 值的检验，利用探索式因子分析计算 *KMO* 值、检验 Bartlett's 球度检验的显著性、各变量的因子载荷值以及公因子的累计解释方差变异百分比情况。相关数据见表 5.18。

表 5.18　信度与效度检验结果（1）

构面	题项	α 值	*KMO* 值	Bartlett's 球度检验	因子载荷	累计解释方差/%
关系嵌入	RE1	0.811	0.708	*ACS* = 319.403 *df* = 3 *Sig.* = 0.000	0.848	72.569
	RE2				0.874	
	RE3				0.833	
结构嵌入	SE1	0.812	0.790	*ACS* = 449.631 *df* = 6 *Sig.* = 0.000	0.838	65.175
	SE2				0.843	
	SE3				0.821	
	SE4				0.721	
区域科技环境	RTE1	0.879	0.715	*ACS* = 539.693 *df* = 3 *Sig.* = 0.000	0.921	80.533
	RTE2				0.919	
	RTE3				0.851	
区域市场环境	RME1	0.883	0.735	*ACS* = 532.810 *df* = 3 *Sig.* = 0.000	0.911	81.220
	RME2				0.917	
	RME3				0.875	
区域金融环境	RFE1	0.797	0.709	*ACS* = 290.430 *df* = 3 *Sig.* = 0.000	0.847	71.174
	RFE2				0.853	
	RFE3				0.832	

表 5.18(续)

构面	题项	α值	KMO值	Bartlett's 球度检验	因子载荷	累计解释方差/%
区域政府环境	RGE1	0.787	0.688	$ACS = 295.858$ $df = 3$ $Sig. = 0.000$	0.878 0.805 0.841	70.832
	RGE2					
	RGE3					
区域法律环境	RLE1	0.742	0.686	$ACS = 211.823$ $df = 3$ $Sig. = 0.000$	0.828 0.816 0.794	66.080
	RLE2					
	RLE3					
区域文化环境	RCE1	0.701	0.672	$ACS = 165.273$ $df = 3$ $Sig. = 0.000$	0.788 0.777 0.806	62.465
	RCE2					
	RCE3					
企业创新能力	IV1	0.778	0.708	$ACS = 377.126$ $df = 6$ $Sig. = 0.000$	0.770 0.768 0.803 0.764	60.245
	IV2					
	IV3					
	IV4					

注:因子抽取方法选择主成分法,因子旋转方法选择最大方差法。

从表 5.18 中可以发现,9 个构面的 Cronbach's α 值的范围为 0.701 ~ 0.879,大于 0.7 的建议值,由此说明各构面的内部一致性较好;9 个构面的 KMO 值的范围为 0.672 ~ 0.790,大于 0.6 的建议值;另外 9 个构面的 Bartlett's 球度检验均在 0.1% 水平下具有显著性;关系嵌入构面的各变量因子载荷值的范围为 0.833 ~ 0.874、结构嵌入构面的各变量因子载荷值的范围为 0.721 ~ 0.843、区域科技环境构面的各变量因子载荷值的范围为 0.851 ~ 0.921、区域市场环境构面的各变量因子载荷值的范围为 0.875 ~ 0.917、区域金融环境构面的各变量因子载荷值的范围为 0.832 ~ 0.853、区域政府环境构面的各变量因子载荷值的范围为 0.805 ~ 0.878、区域法律环境构面的各变量因子载荷值的范围为 0.794 ~ 0.828、区域文化环境构面的各变量因子载荷值的范围为 0.777 ~ 0.806、高新技术企业创新能力构面的各变量因子载荷值的范围为 0.764 ~ 0.803,9 个构面的各变量因子载荷值均超过 0.6 的建议值;9 个构面公因子的累计解释方差变异百分比的范围为 60.245% ~ 81.220%,超过 30% 的建议值。因此,本书研究所使用的量表具有较高的信度和效度。

进一步,本书采用 **AMOS** 软件,对关系嵌入、结构嵌入、区域科技环境、区域市场环境、区域金融环境、区域政府环境、区域法律环境、区域文化环境和高新技术企业创新能力 9 个构面进行 *CR* 值、*AVE* 值、*SMC* 值以及区别效度的检验,以此进一步验证研究量表的信度与效度。相关检验结果见表 5.19。

表 5.19　信度与效度检验结果(2)

构面	题项	组成信度	收敛效度	
		CR 值	*SMC* 值	*AVE* 值
关系嵌入	RE1	0.888	0.719	0.726
	RE2		0.764	
	RE3		0.694	
结构嵌入	SE1	0.882	0.702	0.652
	SE2		0.711	
	SE3		0.674	
	SE4		0.520	
区域科技环境	RTE1	0.925	0.848	0.806
	RTE2		0.845	
	RTE3		0.724	
区域市场环境	RME1	0.928	0.830	0.812
	RME2		0.841	
	RME3		0.766	
区域金融环境	RFE1	0.881	0.717	0.712
	RFE2		0.728	
	RFE3		0.692	
区域政府环境	RGE1	0.879	0.771	0.709
	RGE2		0.648	
	RGE3		0.707	
区域法律环境	RLE1	0.854	0.686	0.661
	RLE2		0.666	
	RLE3		0.630	

表 5.19（续）

构面	题项	组成信度	收敛效度	
		CR 值	SMC 值	AVE 值
区域文化环境	RCE1	0.833	0.621	0.625
	RCE2		0.604	
	RCE3		0.650	
企业创新能力	IV1	0.859	0.593	0.603
	IV2		0.590	
	IV3		0.645	
	IV4		0.584	

从表 5.19 中可以发现，9 个构面组成信度 CR 值的范围为 0.833 ~ 0.928，大于 0.6 的建议值，表明量表内部一致性度良好；关系嵌入构面 SMC 值的范围为 0.694 ~ 0.764、结构嵌入构面 SMC 值的范围为 0.520 ~ 0.711、区域科技环境构面 SMC 值的范围为 0.724 ~ 0.848、区域市场环境构面 SMC 值的范围为 0.766 ~ 0.841、区域金融环境构面 SMC 值的范围为 0.692 ~ 0.728、区域政府环境构面 SMC 值的范围为 0.648 ~ 0.771、区域法律环境构面 SMC 值的范围为 0.630 ~ 0.686、区域文化环境构面 SMC 值的范围为 0.604 ~ 0.650、高新技术企业创新能力构面 SMC 值的范围为 0.584 ~ 0.645，上述 9 个构面 SMC 值均超过 0.5 的建议值；9 个构面 AVE 值的范围为 0.603 ~ 0.812，其对应的开根号值分别为 0.852，0.807，0.898，0.901，0.844，0.842，0.813，0.791，0.777，均大于构面之间的 Pearson 相关系数（构面之间的 Pearson 相关系数可见表 5.13）。综上所述，9 个构面具有足够的收敛效度，因此进一步证实了研究所用量表是具有足够信度和效度的。

5.3.6 聚合检验

在本书的研究中，区域层面（Level – 2）的变量属于共享构面（Shared Construct），并且区域层面的数据来源于企业层面（Level – 1）中的企业，即区域层面的数据是由企业层面的数据聚合而成的。因此，在企业层面的数据聚合成区域层面的数据之前，要对企业层面中企业问卷填答的一致性水平进行聚合检验，从而进一步验证数据由个体层次变量聚合成为总体层次变量的适当性。相关聚合检验的指标主要包括组内评分者信度和组内相关系数。

组内评分者信度是为了判断个体层次变量在加总前内部一致性的问题，James 等[309]提出了 R_{wg}（Within-group Interrater Reliability）的概念。R_{wg} 的数学公式为

$$R_{wg} = \frac{\sigma_{EU}^2 - \sigma_x^2}{\sigma_{EU}^2} = 1 - \frac{\sigma_x^2}{\sigma_{EU}^2} \tag{5.7}$$

式中，σ_{EU}^2 为随机分布的方差；σ_x^2 为实际观测到的评分方差；R_{wg} 的范围为（0，1）。

如果数据使用 Likert 等级来评分的情况下，James 提供了一个多项目量表的 R_{wg} 公式，称为 $R_{wg(J)}$，其数学公式为

$$R_{wg(J)} = \frac{J[1 - \overline{\sigma}_{xj}^2/\sigma_{EU}^2]}{J[1 - \overline{\sigma}_{xj}^2/\sigma_{EU}^2] + [\overline{\sigma}_{xj}^2/\sigma_{EU}^2]} \tag{5.8}$$

式中，J 为量表题项数量；$\overline{\sigma}_{xj}^2$ 为所有题项观测方差的平均值；其他符号定义如前。

James 等[309]建议 R_{wg} 值大于 0.7，说明组内一致性达到可接受的标准。进一步，LeBreton 等[310]提出如下 R_{wg} 值的参考范围：当 R_{wg} 值介于 0 和 0.3 之间时，代表组内没有一致性；当 R_{wg} 值介于 0.31 和 0.5 之间时，代表组内一致性很低；当 R_{wg} 值介于 0.51 和 0.7 之间时，代表组内一致性为中等程度；当 R_{wg} 值介于 0.71 和 0.9 之间时，代表组内一致性为高；当 R_{wg} 值大于 0.9 时，代表组内一致性为极高。同时，理论界普遍认为，R_{wg} 的平均值 $\overline{R}_{wg}$ 若大于 0.7，则可认为个体测量数据聚合为总体水平数据是合适的。

聚合检验的另一个重要指标是组内相关系数（Intraclass Correlation Coefficient，ICC）。ICC 用以衡量组间方差与组内方差的相对程度，具体包括 $ICC(1)$ 和 $ICC(2)$ 两个指标。$ICC(1)$ 表示组内不同组员的评分信度，反映了总体的趋同程度；$ICC(2)$ 表示组内平均评分的信度，反映了个体层次变量均值作为总体层次数据的可信度[311]。$ICC(1)$ 和 $ICC(2)$ 的数学公式为

$$ICC(1) = \frac{\sigma_b^2}{\sigma_b^2 + \sigma_w^2} = \frac{MSB - MSW}{MSB + (k - 1)MSW} \tag{5.9}$$

$$ICC(2) = \frac{kICC(1)}{1 + (k - 1)ICC(1)} = \frac{MSB - MSW}{MSB} \tag{5.10}$$

式中，σ_b^2 为组间方差，数据计算时利用 MSB（Mean Square Between）值代替；σ_w^2 为组内方差，数据计算时利用 MSW（Mean Square Within）值代替；k 为组内成员

数量。

James 等[309]建议 $ICC(1)$ 值大于 0.1 表明观测变量在总体层次中有充足的内部同质性;$ICC(2)$ 值大于 0.7 表明用个体数据的平均数作为总体测量数据的可信度较高。本书分别对 R_{wg} 的平均值 $\bar{R}_{wg}$、$ICC(1)$、$ICC(2)$ 进行测算,相关测算结果见表 5.20。

表 5.20　聚合分析检验结果

构面	$\bar{R}_{wg}$	$ICC(1)$	$ICC(2)$
区域科技环境	0.826	0.122	0.978
区域市场环境	0.801	0.145	0.982
区域金融环境	0.807	0.110	0.975
区域政府环境	0.816	0.118	0.977
区域法律环境	0.791	0.105	0.974
区域文化环境	0.824	0.120	0.977

从表 5.20 中可以发现,区域层面(Level - 2)中 6 个区域软环境变量 R_{wg} 的平均值 $\bar{R}_{wg}$ 范围为 0.791 ~ 0.826,大于 0.7 的建议值标准,这表明区域层面(Level - 2)内部个体企业对区域软环境构面的反应程度有足够的一致性,且一致性程度为高,故本书将企业层面(Level - 1)的测量数据聚合成为区域层面(Level - 2)的测量数据是合适的。另外,6 个区域软环境变量 $ICC(1)$ 值的范围为 0.105 ~ 0.145,大于 0.1 的建议值标准;$ICC(2)$ 值的范围为 0.974 ~ 0.982,大于 0.7 的建议值标准,这表明观测变量在区域层面(Level - 2)中有充足的内部同质性,具有足够的组间变异。同时,本书用企业层面(Level - 1)数据的平均数作为区域层面(Level - 2)的测量数据具有较高的信度。综上所述,区域软环境构面所测变量符合数据聚合的要求,可以将企业层面(Level - 1)的观测变量数据聚合成为区域层面(Level - 2)的观测变量数据,聚合检验获得通过。

5.4　本 章 小 结

　　本章就区域软环境对高新技术企业创新能力的跨层次影响机理进行了分析。提出了相关研究假设,在此基础上构建了以网络嵌入(关系嵌入和结构嵌入)为外生变量,高新技术企业创新能力为内生变量,区域软环境(区域科技环境、区域市场环境、区域金融环境、区域政府环境、区域法律环境、区域文化环境)为调节变量的跨层次模型。进一步采用问卷调查的方式对研究所需数据进行搜集,并对问卷设计、问卷预试、问卷发放和回收等流程进行了相关说明与检验。同时,对涉及问卷数据的同质性问题、同源偏差问题、问卷量表的信效度、跨层次数据的聚合问题等均进行了相关检验,为后续实证研究奠定了基础。

第 6 章 区域软环境对高新技术企业创新能力的跨层次模型检验

本章在第 5 章区域软环境对高新技术企业创新能力的跨层次影响机理分析基础上,对相关研究假设进行了验证。以 318 份高新技术企业调查问卷为研究样本,采用跨层次模型分别就高新技术企业创新能力的零模型、关系嵌入对高新技术企业创新能力影响的主效应(假设 H1),结构嵌入对高新技术企业创新能力影响的主效应(假设 H2),区域软环境(区域科技环境、区域市场环境、区域金融环境、区域政府环境、区域法律环境、区域文化环境)在关系嵌入与高新技术企业创新能力间的调节效应(假设 H3a ~ 假设 H3f),区域软环境(区域科技环境、区域市场环境、区域金融环境、区域政府环境、区域法律环境、区域文化环境)在结构嵌入与高新技术企业创新能力间的调节效应(假设 H4a ~ 假设 H4f)进行了检验。最后,根据相关检验结果对变量间的作用关系及效应传导过程进行了解释与分析。

6.1 网络嵌入的主效应跨层次检验

6.1.1 高新技术企业创新能力的零模型检验

本书研究中所采用的样本数据包括两个层面,一是企业层面(Level - 1)数据,另一是区域层面(Level - 2)数据,并且企业是嵌套于各自区域内的,每个区域内的企业彼此间具有较强的同质性,这表示数据样本并不是完全独立的。在此情况下,若采用一般回归分析(如 OLS 等)可能会导致统计结果产生偏误,因此本书利用 HLM 软件对相关假设及样本数据进行跨层次检验和分析。在数据检验前,我们需要对高新技术企业创新能力的零模型(Null Model)进行检验,零模型检验是进行跨层次模型分析的基础,即在不考虑加入任何变量的情况下,检验内生变量是否同时具有组间与组内变异。本书进行的零模型检验是确认高新技术企业创新能力是否因为企业的差异而有所不同,构建的高新技术企业创新能力零模型如下

$$\text{Level} - 1: IA_{ij} = \beta_{0j} + r_{ij}, \quad r_i \in N(0, \sigma^2) \tag{6.1}$$

$$\text{Level} - 2: \beta_{0j} = \gamma_{00} + \mu_{0j}, \quad \mu_{0j} \in N(0, \tau_{00}) \tag{6.2}$$

式中,IA 为高新技术企业创新能力,其他符号定义如前。

零模型的检验原理是,若零模型第二层(Level – 2)截距项的残差变异未达到显著性水平,则表明企业层面的内生变量高新技术企业创新能力不存在企业间的差异,所以不需要进行跨层次模型的检验;相反地,若零模型第二层(Level – 2)截距项的残差变异达到显著性水平,则表明企业层面的内生变量高新技术企业创新能力存在企业间的差异,所以在实证检验的过程中就不能忽视企业间的差异,就必须采用跨层次模型来进行下一步的分析。高新技术企业创新能力的零模型检验结果见表6.1。

表6.1　零模型的检验结果

固定效果检验				
固定效果	估计系数	标准误	T 值	自由度(df)	P 值
IV_{ij}均值(γ_{00})	5.304***	0.197	26.924	3	0.000
随机效果检验				
随机效果	标准差	变异数成分	自由度(df)	卡方值(χ^2)	P 值
IV_{ij}(μ_{0j})	0.453	0.203***	3	82.568	0.000
第一层效果(r_{ij})	0.613	0.381			
离异数($-2LL$) = 791.017					

注:*** 表示 $P < 0.001$。

从检验结果来看,IV_{ij} 在 0.1% 的水平下显著($\tau_{00} = 0.203$,$df = 3$,$\chi^2 = 82.568$,$P < 0.001$),这表明高新技术企业创新能力在组间差异显著。进一步,经计算组内相关系数 $\rho = 0.203/(0.203 + 0.613) \approx 0.249$,这表明高新技术企业创新能力的差异中,约 24.9% 是由于企业的不同而造成的,其余约 75.1% 是由企业内部差异所导致的。根据邱皓政[312]引用 Cohen 所建议的组内相关系数 ρ 的判别准则:当 $0.01 \leqslant \rho < 0.059$ 时,组间变异程度被视为低度关联强度;当

0.059≤ρ<0.138 时,组间变异程度被视为中度关联强度;当 ρ≥0.138 时,组间变异程度被视为高度关联强度。高新技术企业创新能力的组内相关系数 ρ≈0.249>0.138,属于高度关联强度。这进一步表明造成高新技术企业创新能力组间变异是不可以忽略的,所以必须将组间的效应考虑到跨层次模型中。因此,本书使用跨层次模型对变量间的作用关系及相关数据进行分析与验证是合理的。

另外,与其他学者研究类似的是,本书选取调查问卷中高新技术企业的成立年限、高新技术企业的性质、高新技术企业的规模以及高新技术企业所属行业等 4 个变量作为控制变量[313-315]。本书对控制变量做如下处理:(1)高新技术企业的成立年限根据企业成立时间划分为 5 年以内、6~10 年、11~20 年、20 年以上,分别赋值 1~4;(2)高新技术企业的性质划分为国有或国有控股企业、民营企业、三资企业、其他类企业,分别赋值 1~4;(3)高新技术企业的规模按照 2011 年国家统计局《关于印发统计上大中小微型企业划分办法的通知》(国统字〔2011〕75 号)划分标准并结合高新技术企业自身实际情况与特点划分为小型高新技术企业、中型高新技术企业、大型高新技术企业,分被赋值 1~3;(4)高新技术企业所属行业的划分根据高新技术产业分类并结合 2016 年国家重点支持的高新技术相关领域,将行业划分为医药制造业、航空航天器及设备制造业、电子及通信设备制造业、计算机及办公设备制造业、医疗仪器仪表设备制造业、信息化学品制造业、其他行业,分别赋值 1~7。

6.1.2　关系嵌入的主效应跨层次检验

根据研究假设 1(H1),本书构建如下模型:

$$
\begin{cases}
\text{Level}-1: IA_{ij} = \beta_{0j} + \beta_{1j}\text{年龄} + \beta_{2j}\text{性质} + \beta_{3j}\text{规模} + \beta_{4j}\text{行业} + \beta_{5j}\text{关系嵌入} + r_{ij} \\
\text{Level}-2: \beta_{0j} = \gamma_{00} + \mu_{0j} \\
\qquad\quad \beta_{1j} = \gamma_{10} \\
\qquad\quad \beta_{2j} = \gamma_{20} \\
\qquad\quad \beta_{3j} = \gamma_{30} \\
\qquad\quad \beta_{4j} = \gamma_{40} \\
\qquad\quad \beta_{5j} = \gamma_{50}
\end{cases}
$$

$$(6.3)$$

式中，i 表示第 i 家高新技术企业；j 表示第 j 个区域；其他符号定义如前。在进行实证检验前，参考温福星[316]、方杰等[317]学者的建议，将 Level - 1 中除控制变量外的外生变量进行组均值中心化（Group Mean Centering）处理，而内生变量不进行中心化处理。通过上述操作可一定程度上缓解变量间多重共线性的问题，进而提高估计结果的稳定性。关系嵌入对高新技术企业创新能力影响的主效应跨层次检验结果见表 6.2。

表 6.2　主效应的检验结果（1）

变量	因变量：高新技术企业创新能力		
	模型 1	模型 2	模型 3
企业层面截距项（γ_{00}）	5.304***	5.203***	5.168***
企业层面控制变量：			
企业年龄		0.008	0.011
企业性质		0.002	0.005
企业规模		0.046	0.049
企业所属行业		-0.046	-0.046
企业层面自变量：			
关系嵌入（γ_{50}）			0.311***
模型参数：			
组内方差（σ^2）	0.381	0.366	0.353
组间方差（τ_{00}）	0.203***	0.200***	0.185***
R^2（组内）		0.005	0.047
R^2（组间）		0.043	0.079

注：*** 表示 $P < 0.001$。

在回归分析中，为了尽量避免线性回归模型中由于变量间存在较高相关关系而导致模型估计失真的问题，需要对模型多重共线性问题进行检验。模型多重共线性统计分析结果显示，模型中方差膨胀因子 VIF 值均严格控制在 5 以内，容忍度 Tol 值均大于 0.7。由此可见，模型变量间多重共线性问题对实证研究结果的影响并不严重。在表 6.2 中，模型 1 是未引入任何变量的零模型，模型 2 是引入企业层面控制变量的模型，模型 3 是在模型 2 基础上引入企业层面外生变量关系嵌入的模型。

从模型 1 中可以发现，企业层面截距项显著（$\gamma_{00} = 5.304, P < 0.001$），这表明高新技术企业创新能力在组间差异显著。同时前文已述，组内相关系数 $\rho \approx 0.249$，这表明高新技术企业创新能力的差异中，约 24.9% 是由于组间差异所造成的，因此可以采用跨层次模型进行相关假设检验。模型 2 控制了高新技术企业的年龄、性质、规模、企业所属行业等潜在对高新技术企业创新能力可能产生影响的变量。研究发现，高新技术企业的年龄、性质、规模、企业所属行业 4 个控制变量对高新技术企业创新能力均未产生影响（$\gamma_{10} = 0.008, P > 0.1$；$\gamma_{20} = 0.002, P > 0.1$；$\gamma_{30} = 0.046, P > 0.1$；$\gamma_{40} = -0.046, P > 0.1$）。同时，组内 $R^2 = 0.005$，组间 $R^2 = 0.043$，表明高新技术企业的年龄、性质、规模、企业所属行业总共解释了高新技术企业创新能力组内方差的 0.5%，组间方差的 4.3%，即模型 2 与模型 1 相比，组内方差和组间方差分别减少了 0.005 和 0.043，模型 2 比模型 1 的解释能力明显增强。从模型 3 中可以发现，控制变量和关系嵌入总共解释了高新技术企业创新能力组内方差的 4.7%，组间方差的 7.9%，即模型 3 与模型 2 相比，组内方差和组间方差分别减少了 0.047 和 0.079，说明模型 3 比模型 2 的解释能力明显增强。同时，在控制了高新技术企业的年龄、性质、规模、企业所属行业的情况下，关系嵌入对高新技术企业创新能力有显著正向影响（$\gamma_{50} = 0.311, P < 0.001$）。因此，假设 H1 得到验证。

6.1.3　结构嵌入的主效应跨层次检验

根据研究假设 2（H2），本书构建如下模型：

$$\left\{ \begin{array}{l} \text{Level} - 1 : IA_{ij} = \beta_{0j} + \beta_{1j}\text{年龄} + \beta_{2j}\text{性质} + \beta_{3j}\text{规模} + \beta_{4j}\text{行业} + \beta_{5j}\text{结构嵌入} + r_{ij} \\ \text{Level} - 2 : \beta_{0j} = \gamma_{00} + \mu_{0j} \\ \qquad \beta_{1j} = \gamma_{10} \\ \qquad \beta_{2j} = \gamma_{20} \\ \qquad \beta_{3j} = \gamma_{30} \\ \qquad \beta_{4j} = \gamma_{40} \\ \qquad \beta_{5j} = \gamma_{50} \end{array} \right.$$

$$(6.4)$$

式中符号定义如前，变量中心化处理方式如前。结构嵌入对高新技术企业创新能力影响的主效应跨层次检验结果见表 6.3。

表 6.3　主效应的检验结果(2)

变量	因变量:高新技术企业创新能力		
	模型 1	模型 2	模型 3
企业层面截距项(γ_{00})	5.304***	5.203***	5.127***
企业层面控制变量:			
企业年龄		0.008	0.016
企业性质		0.002	0.009
企业规模		0.046	0.051
企业所属行业		−0.046	−0.040
企业层面自变量:			
结构嵌入(γ_{50})			0.320***
模型参数:			
组内方差(σ^2)	0.381	0.366	0.275
组间方差(τ_{00})	0.203***	0.200***	0.170***
R^2(组内)		0.005	0.204
R^2(组间)		0.043	0.069

注:***表示 $P < 0.001$。

模型多重共线性统计分析结果显示,模型中方差膨胀因子 VIF 值均严格控制在 5 以内,容忍度 Tol 值均大于 0.7。由此可见,模型变量间多重共线性问题对实证研究结果的影响并不严重。在表 6.3 中,模型 1 是未引入任何变量的零模型,模型 2 是引入企业层面控制变量的模型,模型 3 是在模型 2 基础上引入企业层面外生变量结构嵌入的模型。

从模型 1 中可以发现,高新技术企业创新能力在组间差异显著,采用跨层次模型进行相关假设检验是合理的。从模型 2 中可以发现,控制变量对高新技术企业创新能力均未产生影响($\gamma_{10} = 0.008, P > 0.1; \gamma_{20} = 0.002, P > 0.1; \gamma_{30} = 0.046, P > 0.1; \gamma_{40} = -0.046, P > 0.1$),且高新技术企业的年龄、性质、规模、企业所属行业总共解释了高新技术企业创新能力组内方差的 0.5%,组间方差的 4.3%,即模型 2 与模型 1 相比,组内方差和组间方差分别减少了 0.005 和

0.043，模型 2 比模型 1 的解释能力明显增强。从模型 3 中可以发现，控制变量和关系嵌入总共解释了高新技术企业创新能力组内方差的 20.4%，组间方差的 6.9%，即模型 3 与模型 2 相比，组内方差和组间方差分别减少了 0.204 和 0.069，说明模型 3 比模型 2 的解释能力明显增强。同时，在控制了高新技术企业的年龄、性质、规模、企业所属行业的情况下，结构嵌入对高新技术企业创新能力有显著正向影响（$\gamma_{50} = 0.320, P < 0.001$）。因此，假设 H2 得到验证。

6.2　区域软环境在关系嵌入与创新能力间调节效应跨层次检验

6.2.1　区域科技环境的调节效应跨层次检验

根据研究假设 3a（H3a），本书构建如下模型：

$$\begin{cases} \text{Level} - 1: IA_{ij} = \beta_{0j} + \beta_{1j}年龄 + \beta_{2j}性质 + \beta_{3j}规模 + \beta_{4j}行业 + \beta_{5j}关系嵌入 + r_{ij} \\ \text{Level} - 2: \beta_{0j} = \gamma_{00} + \gamma_{01}区域科技环境 + \mu_{0j} \\ \qquad \beta_{1j} = \gamma_{10} \\ \qquad \beta_{2j} = \gamma_{20} \\ \qquad \beta_{3j} = \gamma_{30} \\ \qquad \beta_{4j} = \gamma_{40} \\ \qquad \beta_{5j} = \gamma_{50} + \gamma_{51}区域科技环境 \end{cases}$$

$$(6.5)$$

式中符号定义如前，变量中心化处理方式如前。区域科技环境在关系嵌入与高新技术企业创新能力间的调节效应跨层次检验结果见表 6.4。

表 6.4　调节效应的检验结果（1）

变量	因变量：高新技术企业创新能力			
	模型 1	模型 2	模型 3	模型 4
企业层面截距项（γ_{00}）	5.304 ***	5.203 ***	5.159 ***	5.161 ***
企业层面控制变量：				
企业年龄		0.008	0.008	0.010

表 6.4(续)

变量	因变量:高新技术企业创新能力			
	模型 1	模型 2	模型 3	模型 4
企业性质		0.002	0.005	0.007
企业规模		0.046	0.050	0.050
企业所属行业		−0.046	−0.046	−0.045
企业层面自变量:				
关系嵌入(γ_{50})			0.313 ***	0.301 **
区域层面调节变量:				
区域科技环境(γ_{01})			0.188 ***	0.151 ***
交互效应:				
关系嵌入×区域科技环境(γ_{51})				0.047 ***
模型参数:				
组内方差(σ^2)	0.381	0.366	0.346	0.334
组间方差(τ_{00})	0.203 ***	0.200 ***	0.118 ***	0.048 ***
R^2(组内)		0.005	0.029	0.033
R^2(组间)		0.043	0.356	0.566

注:*** 表示 $P<0.001$,** 表示 $P<0.01$。

模型多重共线性统计分析结果显示,模型中方差膨胀因子 VIF 值均严格控制在 5 以内,容忍度 Tol 值均大于 0.7。由此可见,模型变量间多重共线性问题对实证研究结果的影响并不严重。在表 6.4 中,模型 1 是未引入任何变量的零模型,模型 2 是引入企业层面控制变量的模型,模型 3 是在模型 2 基础上引入企业层面外生变量关系嵌入和区域层面调节变量区域科技环境的模型,模型 4 是在模型 3 基础上引入关系嵌入与区域科技环境交互项的模型。

从模型 1 中可以发现,高新技术企业创新能力在组间差异显著,采用跨层次模型进行相关假设检验是合理的。从模型 2 中可以发现,控制变量对高新技术企业创新能力均未产生影响($\gamma_{10}=0.008$,$P>0.1$;$\gamma_{20}=0.002$,$P>0.1$;$\gamma_{30}=0.046$,$P>0.1$;$\gamma_{40}=-0.046$,$P>0.1$),且模型 2 与模型 1 相比,组内方差和组间方差分别减少了 0.005 和 0.043,模型 2 比模型 1 的解释能力明显增强。从模型 3 中可以发现,控制变量、关系嵌入、区域科技环境总共解释了高新技术企业创新能力组内方差的 2.9%,组间方差的 35.6%,即模型 3 与模型 2 相比,组内方差和组间方差分别减少了 0.029 和 0.356,模型 3 比模型 2 的解释能力明显增强。同时,在控制了高新技术企业的年龄、性质、规模、企业所属行业的情况下,关系嵌入对高新技术企业创新能力有显著正向影响($\gamma_{50} = 0.313$,$P < 0.001$),区域科技环境对高新技术企业创新能力有显著正向影响($\gamma_{01} = 0.188$,$P < 0.001$)。

从模型 4 中可以发现,控制变量、关系嵌入、区域科技环境、关系嵌入与区域科技环境的交互项总共解释了高新技术企业创新能力组内方差的 3.3%,组间方差的 56.6%,即模型 4 与模型 3 相比,组内方差和组间方差分别减少了 0.033 和 0.566,说明模型 4 比模型 3 的解释能力明显增强。同时,在控制了高新技术企业的年龄、性质、规模、企业所属行业的情况下,关系嵌入对高新技术企业创新能力有显著正向影响($\gamma_{50} = 0.301$,$P < 0.01$),区域科技环境对高新技术企业创新能力有显著正向影响($\gamma_{01} = 0.151$,$P < 0.001$)。从交互项的系数来看,关系嵌入 × 区域科技环境对高新技术企业创新能力有显著正向影响($\gamma_{51} = 0.047$,$P < 0.001$)。因此,假设 H3a 得到验证。

6.2.2 区域市场环境的调节效应跨层次检验

根据研究假设 3b(H3b),本书构建如下模型:

$$\begin{cases} \text{Level} - 1 : IA_{ij} = \beta_{0j} + \beta_{1j}\text{年龄} + \beta_{2j}\text{性质} + \beta_{3j}\text{规模} + \beta_{4j}\text{行业} + \beta_{5j}\text{关系嵌入} + r_{ij} \\ \text{Level} - 2 : \beta_{0j} = \gamma_{00} + \gamma_{01}\text{区域市场环境} + \mu_{0j} \\ \quad\quad \beta_{1j} = \gamma_{10} \\ \quad\quad \beta_{2j} = \gamma_{20} \\ \quad\quad \beta_{3j} = \gamma_{30} \\ \quad\quad \beta_{4j} = \gamma_{40} \\ \quad\quad \beta_{5j} = \gamma_{50} + \gamma_{51}\text{区域市场环境} \end{cases}$$

$$(6.6)$$

式中符号定义如前,变量中心化处理方式如前。区域市场环境在关系嵌入与高新技术企业创新能力间的调节效应跨层次检验结果见表 6.5。

表 6.5　调节效应的检验结果(2)

变量	因变量:高新技术企业创新能力			
	模型 1	模型 2	模型 3	模型 4
企业层面截距项(γ_{00})	5.304 ***	5.203 ***	5.166 ***	5.169 ***
企业层面控制变量:				
企业年龄		0.008	0.011	0.011
企业性质		0.002	0.005	0.005
企业规模		0.046	0.046	0.049
企业所属行业		−0.046	−0.046	0.046
企业层面自变量:				
关系嵌入(γ_{50})			0.306 ***	0.289 **
区域层面调节变量:				
区域市场环境(γ_{01})			0.192	0.187
交互效应:				
关系嵌入×区域市场环境(γ_{51})				0.008
模型参数:				
组内方差(σ^2)	0.381	0.366	0.346	0.335
组间方差(τ_{00})	0.203 ***	0.200 ***	0.151 ***	0.063 ***
R^2(组内)		0.005	0.029	0.030
R^2(组间)		0.043	0.186	0.565

注:*** 表示 $P<0.001$,** 表示 $P<0.01$。

　　模型多重共线性统计分析结果显示,模型中方差膨胀因子 *VIF* 值均严格控制在 5 以内,容忍度 *Tol* 值均大于 0.7。由此可见,模型变量间多重共线性问题对实证研究结果的影响并不严重。在表 6.5 中,模型 1 是未引入任何变量的零模型,模型 2 是引入企业层面控制变量的模型,模型 3 是在模型 2 基础上引入企业层面外生变量关系嵌入和区域层面调节变量区域市场环境的模型,模型 4 是在模型 3 基础上引入关系嵌入与区域市场环境交互项的模型。

　　从模型 1 中可以发现,高新技术企业创新能力在组间差异显著,采用跨层次模型进行相关假设检验是合理的。从模型 2 中可以发现,控制变量对高新技术企业创新能力均未产生影响($\gamma_{10}=0.008$,$P>0.1$;$\gamma_{20}=0.002$,$P>0.1$;$\gamma_{30}=$

0.046，$P > 0.1$；$\gamma_{40} = -0.046$，$P > 0.1$），且模型 2 与模型 1 相比，组内方差和组间方差分别减少了 0.005 和 0.043，模型 2 比模型 1 的解释能力明显增强。从模型 3 中可以发现，控制变量、关系嵌入、区域市场环境总共解释了高新技术企业创新能力组内方差的 2.9%，组间方差的 18.6%，即模型 3 与模型 2 相比，组内方差和组间方差分别减少了 0.029 和 0.186，模型 3 比模型 2 的解释能力明显增强。同时，在控制了高新技术企业的年龄、性质、规模、企业所属行业的情况下，关系嵌入对高新技术企业创新能力有显著正向影响（$\gamma_{50} = 0.306$，$P < 0.001$），区域市场环境对高新技术企业创新能力没有影响（$\gamma_{01} = 0.192$，$P > 0.1$）。

从模型 4 中可以发现，控制变量、关系嵌入、区域市场环境、关系嵌入与区域市场环境的交互项总共解释了高新技术企业创新能力组内方差的 3.0%，组间方差的 56.5%，即模型 4 与模型 3 相比，组内方差和组间方差分别减少了 0.030 和 0.565，说明模型 4 比模型 3 的解释能力明显增强。同时，在控制了高新技术企业的年龄、性质、规模、企业所属行业的情况下，关系嵌入对高新技术企业创新能力有显著正向影响（$\gamma_{50} = 0.289$，$P < 0.01$），区域市场环境对高新技术企业创新能力没有影响（$\gamma_{01} = 0.187$，$P > 0.1$）。从交互项的系数来看，关系嵌入 × 区域市场环境对高新技术企业创新能力没有影响（$\gamma_{51} = 0.008$，$P > 0.1$）。因此，假设 H3b 未得到验证。

6.2.3　区域金融环境的调节效应跨层次检验

根据研究假设 3c（H3c），本书构建如下模型：

$$\begin{cases} \text{Level} - 1 : IA_{ij} = \beta_{0j} + \beta_{1j}\text{年龄} + \beta_{2j}\text{性质} + \beta_{3j}\text{规模} + \beta_{4j}\text{行业} + \beta_{5j}\text{关系嵌入} + r_{ij} \\ \text{Level} - 2 : \beta_{0j} = \gamma_{00} + \gamma_{01}\text{区域金融环境} + \mu_{0j} \\ \qquad \beta_{1j} = \gamma_{10} \\ \qquad \beta_{2j} = \gamma_{20} \\ \qquad \beta_{3j} = \gamma_{30} \\ \qquad \beta_{4j} = \gamma_{40} \\ \qquad \beta_{5j} = \gamma_{50} + \gamma_{51}\text{区域金融环境} \end{cases}$$

$$(6.7)$$

式中符号定义如前，变量中心化处理方式如前。区域金融环境在关系嵌入与高新技术企业创新能力间的调节效应跨层次检验结果见表6.6。

表6.6　调节效应的检验结果(3)

变量	因变量:高新技术企业创新能力			
	模型1	模型2	模型3	模型4
企业层面截距项(γ_{00})	5.304***	5.203***	5.175***	5.172***
企业层面控制变量:				
企业年龄		0.008	0.012	0.013
企业性质		0.002	0.005	0.005
企业规模		0.046	0.048	0.048
企业所属行业		−0.046	−0.046	−0.050
企业层面自变量:				
关系嵌入(γ_{50})			0.308***	0.293**
区域层面调节变量:				
区域金融环境(γ_{01})			0.098*	0.052*
交互效应:				
关系嵌入×区域金融环境(γ_{51})				0.019*
模型参数:				
组内方差(σ^2)	0.381	0.366	0.347	0.335
组间方差(τ_{00})	0.203***	0.200***	0.107***	0.046***
R^2(组内)		0.005	0.029	0.045
R^2(组间)		0.043	0.418	0.579

注:*** 表示 $P<0.001$,** 表示 $P<0.01$,* 表示 $P<0.05$。

　　模型多重共线性统计分析结果显示,模型中方差膨胀因子 VIF 值均严格控制在 5 以内,容忍度 Tol 值均大于 0.7。由此可见,模型变量间多重共线性问题对实证研究结果的影响并不严重。在表 6.6 中,模型 1 是未引入任何变量的零模型,模型 2 是引入企业层面控制变量的模型,模型 3 是在模型 2 基础上引入企业层面外生变量关系嵌入和区域层面调节变量区域金融环境的模型,模型 4 是在模型 3 基础上引入关系嵌入与区域金融环境交互项的模型。

　　从模型 1 中可以发现,高新技术企业创新能力在组间差异显著,采用跨层次模型进行相关假设检验是合理的。从模型 2 中可以发现,控制变量对高新技术企业创新能力均未产生影响($\gamma_{10} = 0.008, P > 0.1; \gamma_{20} = 0.002, P > 0.1; \gamma_{30} = 0.046, P > 0.1; \gamma_{40} = -0.046, P > 0.1$),且模型 2 与模型 1 相比,组内方差和组间方差分别减少了 0.005 和 0.043,模型 2 比模型 1 的解释能力明显增强。从模型 3 中可以发现,控制变量、关系嵌入、区域金融环境总共解释了高新技术企业创新能力组内方差的 2.9%,组间方差的 41.8%,即模型 3 与模型 2 相比,组内方差和组间方差分别减少了 0.029 和 0.418,模型 3 比模型 2 的解释能力明显增强。同时,在控制了高新技术企业的年龄、性质、规模、企业所属行业的情况下,关系嵌入对高新技术企业创新能力有显著正向影响($\gamma_{50} = 0.308$, $P < 0.001$),区域金融环境对高新技术企业创新能力有显著正向影响($\gamma_{01} = 0.098, P < 0.05$)。

从模型 4 中可以发现,控制变量、关系嵌入、区域金融环境、关系嵌入与区域金融环境的交互项总共解释了高新技术企业创新能力组内方差的 4.5%,组间方差的 57.9%,即模型 4 与模型 3 相比,组内方差和组间方差分别减少了 0.045 和 0.579,说明模型 4 比模型 3 的解释能力明显增强。同时,在控制了高新技术企业的年龄、性质、规模、企业所属行业的情况下,关系嵌入对高新技术企业创新能力有显著正向影响($\gamma_{50} = 0.293, P < 0.01$),区域金融环境对高新技术企业创新能力有显著正向影响($\gamma_{01} = 0.052, P < 0.05$)。从交互项的系数来看,关系嵌入×区域金融环境对高新技术企业创新能力有显著正向影响($\gamma_{51} = 0.019, P < 0.05$)。因此,假设 H3c 得到验证。

6.2.4 区域政府环境的调节效应跨层次检验

根据研究假设 3d(H3d),本书构建如下模型:

$$
\begin{cases}
\text{Level} - 1 : IA_{ij} = \beta_{0j} + \beta_{1j}\text{年龄} + \beta_{2j}\text{性质} + \beta_{3j}\text{规模} + \beta_{4j}\text{行业} + \beta_{5j}\text{关系嵌入} + r_{ij} \\
\text{Level} - 2 : \beta_{0j} = \gamma_{00} + \gamma_{01}\text{区域政府环境} + \mu_{0j} \\
\qquad\quad \beta_{1j} = \gamma_{10} \\
\qquad\quad \beta_{2j} = \gamma_{20} \\
\qquad\quad \beta_{3j} = \gamma_{30} \\
\qquad\quad \beta_{4j} = \gamma_{40} \\
\qquad\quad \beta_{5j} = \gamma_{50} + \gamma_{51}\text{区域政府环境}
\end{cases}
$$

$$(6.8)$$

式中符号定义如前,变量中心化处理方式如前。区域政府环境在关系嵌入与高新技术企业创新能力间的调节效应跨层次检验结果见表6.7。

表6.7　调节效应的检验结果(4)

变量	因变量:高新技术企业创新能力			
	模型 1	模型 2	模型 3	模型 4
企业层面截距项(γ_{00})	5.304 ***	5.203 ***	5.170 ***	5.174 ***
企业层面控制变量:				
企业年龄		0.008	0.010	0.010
企业性质		0.002	0.005	0.007
企业规模		0.046	0.047	0.048
企业所属行业		−0.046	−0.049	−0.049
关系嵌入(γ_{50})			0.303 ***	0.289 ***
区域层面调节变量:				
区域政府环境(γ_{01})			0.077 **	0.069 **
交互效应:				
关系嵌入×区域政府环境(γ_{51})				0.022 **
模型参数:				
组内方差(σ^2)	0.381	0.366	0.346	0.333
组间方差(τ_{00})	0.203 ***	0.200 ***	0.133 ***	0.088 ***
R^2(组内)		0.005	0.029	0.035
R^2(组间)		0.043	0.281	0.327

注:*** 表示 $P<0.001$,** $P<0.01$。

模型多重共线性统计分析结果显示,模型中方差膨胀因子 *VIF* 值均严格控制在 5 以内,容忍度 *Tol* 值均大于 0.7。由此可见,模型变量间多重共线性问题对实证研究结果的影响并不严重。在表6.7 中,模型 1 是未引入任何变量的零模型,模型 2 是引入企业层面控制变量的模型,模型 3 是在模型 2 基础上引入企业层面外生变量关系嵌入和区域层面调节变量区域政府环境的模型,模型 4 是在模型 3 基础上引入关系嵌入与区域政府环境交互项的模型。

从模型 1 中可以发现,高新技术企业创新能力在组间差异显著,采用跨层次模型进行相关假设检验是合理的。从模型 2 中可以发现,控制变量对高新技术企业创新能力均未产生影响($\gamma_{10} = 0.008$,$P > 0.1$;$\gamma_{20} = 0.002$,$P > 0.1$;$\gamma_{30} = 0.046$,$P > 0.1$;$\gamma_{40} = -0.046$,$P > 0.1$),且模型 2 与模型 1 相比,组内方差和组间方差分别减少了 0.005 和 0.043,模型 2 比模型 1 的解释能力明显增强。从模型 3 中可以发现,控制变量、关系嵌入、区域政府环境总共解释了高新技术企业创新能力组内方差的 2.9%,组间方差的 28.1%,即模型 3 与模型 2 相比,组内方差和组间方差分别减少了 0.029 和 0.281,模型 3 比模型 2 的解释能力明显增强。同时,在控制了高新技术企业的年龄、性质、规模、企业所属行业的情况下,关系嵌入对高新技术企业创新能力有显著正向影响($\gamma_{50} = 0.303$,$P < 0.001$),区域政府环境对高新技术企业创新能力有显著正向影响($\gamma_{01} = 0.077$,$P < 0.01$)。

从模型 4 中可以发现,控制变量、关系嵌入、区域政府环境、关系嵌入与区域政府环境的交互项总共解释了高新技术企业创新能力组内方差的 3.5%,组间方差的 32.7%,即模型 4 与模型 3 相比,组内方差和组间方差分别减少了 0.035 和 0.327,说明模型 4 比模型 3 的解释能力明显增强。同时,在控制了高新技术企业的年龄、性质、规模、企业所属行业的情况下,关系嵌入对高新技术企业创新能力有显著正向影响($\gamma_{50} = 0.289$,$P < 0.001$),区域政府环境对高新技术企业创新能力有显著正向影响($\gamma_{01} = 0.069$,$P < 0.01$)。从交互项的系数来看,关系嵌入 × 区域政府环境对高新技术企业创新能力有显著正向影响($\gamma_{51} = 0.022$,$P < 0.01$)。因此,假设 H3d 得到验证。

6.2.5　区域法律环境的调节效应跨层次检验

根据研究假设 3e(H3e),本书构建如下模型:

$$
\begin{cases}
\text{Level} - 1 : IA_{ij} = \beta_{0j} + \beta_{1j}\text{年龄} + \beta_{2j}\text{性质} + \beta_{3j}\text{规模} + \beta_{4j}\text{行业} + \beta_{5j}\text{关系嵌入} + r_{ij} \\
\text{Level} - 2 : \beta_{0j} = \gamma_{00} + \gamma_{01}\text{区域法律环境} + \mu_{0j} \\
\qquad\quad \beta_{1j} = \gamma_{10} \\
\qquad\quad \beta_{2j} = \gamma_{20} \\
\qquad\quad \beta_{3j} = \gamma_{30} \\
\qquad\quad \beta_{4j} = \gamma_{40} \\
\qquad\quad \beta_{5j} = \gamma_{50} + \gamma_{51}\text{区域法律环境}
\end{cases}
$$

$$(6.9)$$

式中符号定义如前,变量中心化处理方式如前。区域法律环境在关系嵌入与高新技术企业创新能力间的调节效应跨层次检验结果见表6.8。

表 6.8　调节效应的检验结果(5)

变量	因变量:高新技术企业创新能力			
	模型 1	模型 2	模型 3	模型 4
企业层面截距项(γ_{00})	5.304 ***	5.203 ***	5.135 ***	5.136 ***
企业层面控制变量:				
企业年龄		0.008	0.015	0.015
企业性质		0.002	0.005	0.007
企业规模		0.046	0.051	0.052
企业所属行业		−0.046	−0.046	0.043
企业层面自变量:				
关系嵌入(γ_{50})			0.285 ***	0.222 **
区域层面调节变量:				
区域法律环境(γ_{01})			0.042	0.021
交互效应:				
关系嵌入×区域法律环境(γ_{51})				−0.013
模型参数:				
组内方差(σ^2)	0.381	0.366	0.344	0.331
组间方差(τ_{00})	0.203 ***	0.200 ***	0.100 ***	0.042 ***
R^2(组内)		0.005	0.040	0.049
R^2(组间)		0.043	0.450	0.603

注:*** 表示 $P < 0.001$,** $P < 0.01$。

模型多重共线性统计分析结果显示,模型中方差膨胀因子 *VIF* 值均严格控制在 5 以内,容忍度 *Tol* 值均大于 0.7。由此可见,模型变量间多重共线性问题对实证研究结果的影响并不严重。在表 6.8 中,模型 1 是未引入任何变量的零模型,模型 2 是引入企业层面控制变量的模型,模型 3 是在模型 2 基础上引入企业层面外生变量关系嵌入和区域层面调节变量区域法律环境的模型,模型 4 是在模型 3 基础上引入关系嵌入与区域法律环境交互项的模型。

从模型 1 中可以发现,高新技术企业创新能力在组间差异显著,采用跨层次模型进行相关假设检验是合理的。从模型2中可以发现,控制变量对高新技术企业创新能力均未产生影响($\gamma_{10} = 0.008, P > 0.1; \gamma_{20} = 0.002, P > 0.1; \gamma_{30} = 0.046, P > 0.1; \gamma_{40} = -0.046, P > 0.1$),且模型2与模型1相比,组内方差和组间方差分别减少了0.005和0.043,模型2比模型1的解释能力明显增强。从模型3中可以发现,控制变量、关系嵌入、区域法律环境总共解释了高新技术企业创新能力组内方差的4%,组间方差的45%,即模型3与模型2相比,组内方差和组间方差分别减少了0.040和0.450,模型3比模型2的解释能力明显增强。同时,在控制了高新技术企业的年龄、性质、规模、企业所属行业的情况下,关系嵌入对高新技术企业创新能力有显著正向影响($\gamma_{50} = 0.285, P < 0.001$),区域法律环境对高新技术企业创新能力没有影响($\gamma_{01} = 0.042, P > 0.1$)。

从模型4中可以发现,控制变量、关系嵌入、区域法律环境、关系嵌入与区域法律环境的交互项总共解释了高新技术企业创新能力组内方差的4.9%,组间方差的60.3%,即模型4与模型3相比,组内方差和组间方差分别减少了0.049和0.603,说明模型4比模型3的解释能力明显增强。同时,在控制了高新技术企业的年龄、性质、规模、企业所属行业的情况下,关系嵌入对高新技术企业创新能力有显著正向影响($\gamma_{50} = 0.222, P < 0.01$),区域法律环境对高新技术企业创新能力没有影响($\gamma_{01} = 0.021, P > 0.1$)。从交互项的系数来看,关系嵌入×区域法律环境对高新技术企业创新能力没有影响($\gamma_{51} = -0.013, P > 0.1$)。因此,假设H3e未得到验证。

6.2.6　区域文化环境的调节效应跨层次检验

根据研究假设3f(H3f),本书构建如下模型:

$$
\begin{cases}
\text{Level} - 1: IA_{ij} = \beta_{0j} + \beta_{1j}\text{年龄} + \beta_{2j}\text{性质} + \beta_{3j}\text{规模} + \beta_{4j}\text{行业} + \beta_{5j}\text{关系嵌入} + r_{ij} \\
\text{Level} - 2: \beta_{0j} = \gamma_{00} + \gamma_{01}\text{区域文化环境} + \mu_{0j} \\
\qquad \beta_{1j} = \gamma_{10} \\
\beta_{2j} = \gamma_{20} \\
\qquad \beta_{3j} = \gamma_{30} \\
\beta_{4j} = \gamma_{40} \\
\qquad \beta_{5j} = \gamma_{50} + \gamma_{51}\text{区域文化环境}
\end{cases}
$$

$$(6.10)$$

式中符号定义如前,变量中心化处理方式如前。区域文化环境在关系嵌入与高新技术企业创新能力间的调节效应跨层次检验结果见表6.9。

表6.9　调节效应的检验结果(6)

变量	因变量:高新技术企业创新能力			
	模型1	模型2	模型3	模型4
企业层面截距项(γ_{00})	5.304***	5.203***	5.178***	5.180***
企业层面控制变量:				
企业年龄		0.008	0.012	0.012
企业性质		0.002	0.003	0.004
企业规模		0.046	0.046	0.046
企业所属行业		−0.046	−0.047	−0.046
企业层面自变量:				
关系嵌入(γ_{50})			0.310***	0.288***
区域层面调节变量:				
区域文化环境(γ_{01})			0.115***	0.087**
交互效应:				
关系嵌入×区域文化环境(γ_{51})				0.010***
模型参数:				
组内方差(σ^2)	0.381	0.366	0.352	0.349
组间方差(τ_{00})	0.203***	0.200***	0.111***	0.055***
R^2(组内)		0.005	0.049	0.057
R^2(组间)		0.043	0.499	0.696

注:*** 表示 $P<0.001$,** $P<0.01$。

模型多重共线性统计分析结果显示,模型中方差膨胀因子 VIF 值均严格控制在 5 以内,容忍度 Tol 值均大于 0.7。由此可见,模型变量间多重共线性问题对实证研究结果的影响并不严重。在表6.9中,模型1是未引入任何变量的零模型,模型2是引入企业层面控制变量的模型,模型3是在模型2基础上引入企业层面外生变量关系嵌入和区域层面调节变量区域文化环境的模型,模型4是在模型3基础上引入关系嵌入与区域文化环境交互项的模型。

从模型1中可以发现,高新技术企业创新能力在组间差异显著,采用跨层次模型进行相关假设检验是合理的。从模型 2 中可以发现,控制变量对高新技术企业创新能力均未产生影响($\gamma_{10} = 0.008, P > 0.1; \gamma_{20} = 0.002, P > 0.1; \gamma_{30} = 0.046, P > 0.1; \gamma_{40} = -0.046, P > 0.1$),且模型 2 与模型 1 相比,组内方差和组间方差分别减少了 0.005 和 0.043,模型 2 比模型 1 的解释能力明显增强。从模型 3 中可以发现,控制变量、关系嵌入、区域文化环境总共解释了高新技术企业创新能力组内方差的 4.9%,组间方差的 49.9%,即模型 3 与模型 2 相比,组内方差和组间方差分别减少了 0.049 和 0.499,模型 3 比模型 2 的解释能力明显增强。同时,在控制了高新技术企业的年龄、性质、规模、企业所属行业的情况下,关系嵌入对高新技术企业创新能力有显著正向影响($\gamma_{50} = 0.310$, $P < 0.001$),区域文化环境对高新技术企业创新能力有显著正向影响($\gamma_{01} = 0.115, P < 0.001$)。

从模型 4 中可以发现,控制变量、关系嵌入、区域文化环境、关系嵌入与区域文化环境的交互项总共解释了高新技术企业创新能力组内方差的 5.7%,组间方差的 69.6%,即模型 4 与模型 3 相比,组内方差和组间方差分别减少了 0.057 和 0.696,说明模型 4 比模型 3 的解释能力明显增强。同时,在控制了高新技术企业的年龄、性质、规模、企业所属行业的情况下,关系嵌入对高新技术企业创新能力有显著正向影响($\gamma_{50} = 0.288, P < 0.001$),区域文化环境对高新技术企业创新能力有显著正向影响($\gamma_{01} = 0.087, P < 0.01$)。从交互项的系数来看,关系嵌入 × 区域文化环境对高新技术企业创新能力有显著正向影响($\gamma_{51} = 0.010, P < 0.001$)。因此,假设 H3f 得到验证。

6.3   区域软环境在结构嵌入与创新能力间调节效应跨层次检验

6.3.1   区域科技环境的调节效应跨层次检验

根据研究假设 4a(H4a),本书构建如下模型:

$$\begin{cases} Level-1: IA_{ij} = \beta_{0j} + \beta_{1j}年龄 + \beta_{2j}性质 + \beta_{3j}规模 + \beta_{4j}行业 + \beta_{5j}结构嵌入 + r_{ij} \\ Level-2: \beta_{0j} = \gamma_{00} + \gamma_{01}区域科技环境 + \mu_{0j} \\ \qquad \beta_{1j} = \gamma_{10} \\ \qquad \beta_{2j} = \gamma_{20} \\ \qquad \beta_{3j} = \gamma_{30} \\ \qquad \beta_{4j} = \gamma_{40} \\ \qquad \beta_{5j} = \gamma_{50} + \gamma_{51}区域科技环境 \end{cases}$$

$$(6.11)$$

式中符号定义如前,变量中心化处理方式如前。区域科技环境在结构嵌入与高新技术企业创新能力间的调节效应跨层次检验结果见表 6.10。

表 6.10　调节效应的检验结果(7)

变量	因变量:高新技术企业创新能力			
	模型 1	模型 2	模型 3	模型 4
企业层面截距项(γ_{00})	5.304***	5.203***	5.180***	5.127***
企业层面控制变量:				
企业年龄		0.008	0.009	0.015
企业性质		0.002	0.005	0.009
企业规模		0.046	0.051	0.052
企业所属行业		−0.046	−0.046	−0.040
企业层面自变量:				
结构嵌入(γ_{50})			0.315***	0.310***
区域层面调节变量:				
区域科技环境(γ_{01})			0.202***	0.177***
交互效应:				
结构嵌入×区域科技环境(γ_{51})				0.080***
模型参数:				
组内方差(σ^2)	0.381	0.366	0.298	0.261
组间方差(τ_{00})	0.203***	0.200***	0.168***	0.073***
R^2(组内)		0.005	0.207	0.211
R^2(组间)		0.043	0.461	0.614

注:*** 表示 $P < 0.001$。

模型多重共线性统计分析结果显示,模型中方差膨胀因子 VIF 值均严格控制在 5 以内,容忍度 Tol 值均大于 0.7。由此可见,模型变量间多重共线性问题对实证研究结果的影响并不严重。在表 6.10 中,模型 1 是未引入任何变量的零模型,模型 2 是引入企业层面控制变量的模型,模型 3 是在模型 2 基础上引入企业层面外生变量结构嵌入和区域层面调节变量区域科技环境的模型,模型 4 是在模型 3 基础上引入结构嵌入与区域科技环境交互项的模型。

从模型 1 中可以发现,高新技术企业创新能力在组间差异显著,采用跨层次模型进行相关假设检验是合理的。从模型 2 中可以发现,控制变量对高新技术企业创新能力均未产生影响($\gamma_{10} = 0.008$,$P > 0.1$;$\gamma_{20} = 0.002$,$P > 0.1$;$\gamma_{30} = 0.046$,$P > 0.1$;$\gamma_{40} = -0.046$,$P > 0.1$),且模型 2 与模型 1 相比,组内方差和组间方差分别减少了 0.005 和 0.043,模型 2 比模型 1 的解释能力明显增强。从模型 3 中可以发现,控制变量、结构嵌入、区域科技环境总共解释了高新技术企业创新能力组内方差的 20.7%,组间方差的 46.1%,即模型 3 与模型 2 相比,组内方差和组间方差分别减少了 0.207 和 0.461,模型 3 比模型 2 的解释能力明显增强。同时,在控制了高新技术企业的年龄、性质、规模、企业所属行业的情况下,结构嵌入对高新技术企业创新能力有显著正向影响($\gamma_{50} = 0.315$,$P < 0.001$),区域科技环境对高新技术企业创新能力有显著正向影响($\gamma_{01} = 0.202$,$P < 0.001$)。

从模型 4 中可以发现,控制变量、结构嵌入、区域科技环境、结构嵌入与区域科技环境的交互项总共解释了高新技术企业创新能力组内方差的 21.1%,组间方差的 61.4%,即模型 4 与模型 3 相比,组内方差和组间方差分别减少了 0.211 和 0.614,说明模型 4 比模型 3 的解释能力明显增强。同时,在控制了高新技术企业的年龄、性质、规模、企业所属行业的情况下,结构嵌入对高新技术企业创新能力有显著正向影响($\gamma_{50} = 0.310$,$P < 0.001$),区域科技环境对高新技术企业创新能力有显著正向影响($\gamma_{01} = 0.177$,$P < 0.001$)。从交互项的系数来看,结构嵌入 × 区域科技环境对高新技术企业创新能力有显著正向影响($\gamma_{51} = 0.080$,$P < 0.001$)。因此,假设 H4a 得到验证。

6.3.2　区域市场环境的调节效应跨层次检验

根据研究假设 4b(H4b),本书构建如下模型:

$$
\begin{cases}
\text{Level}-1: IA_{ij} = \beta_{0j} + \beta_{1j}\text{年龄} + \beta_{2j}\text{性质} + \beta_{3j}\text{规模} + \beta_{4j}\text{行业} + \beta_{5j}\text{结构嵌入} + r_{ij} \\
\text{Level}-2: \beta_{0j} = \gamma_{00} + \gamma_{01}\text{区域市场环境} + \mu_{0j} \\
\qquad \beta_{1j} = \gamma_{10} \\
\qquad \beta_{2j} = \gamma_{20} \\
\qquad \beta_{3j} = \gamma_{30} \\
\qquad \beta_{4j} = \gamma_{40} \\
\qquad \beta_{5j} = \gamma_{50} + \gamma_{51}\text{区域市场环境}
\end{cases}
$$

$$(6.12)$$

式中符号定义如前,变量中心化处理方式如前。区域市场环境在结构嵌入与高新技术企业创新能力间的调节效应跨层次检验结果见表6.11。

表6.11 调节效应的检验结果(8)

变量	因变量:高新技术企业创新能力			
	模型1	模型2	模型3	模型4
企业层面截距项(γ_{00})	5.304***	5.203***	5.140***	5.131***
企业层面控制变量:				
企业年龄		0.008	0.018	0.015
企业性质		0.002	0.008	0.009
企业规模		0.046	0.054	0.051
企业所属行业		-0.046	-0.035	-0.039
结构嵌入(γ_{50})			0.307***	0.291***
区域层面调节变量:				
区域市场环境(γ_{01})			0.198	0.191
交互效应:				
结构嵌入×区域市场环境(γ_{51})				0.019
模型参数:				
组内方差(σ^2)	0.381	0.366	0.276	0.211
组间方差(τ_{00})	0.203***	0.200***	0.137***	0.085***
R^2(组内)		0.005	0.211	0.224
R^2(组间)		0.043	0.272	0.646

注:*** 表示 $P < 0.001$。

　　模型多重共线性统计分析结果显示,模型中方差膨胀因子 *VIF* 值均严格控制在 5 以内,容忍度 *Tol* 值均大于 0.7。由此可见,模型变量间多重共线性问题对实证研究结果的影响并不严重。在表 6.11 中,模型 1 是未引入任何变量的零模型,模型 2 是引入企业层面控制变量的模型,模型 3 是在模型 2 基础上引入企业层面外生变量结构嵌入和区域层面调节变量区域市场环境的模型,模型 4 是在模型 3 基础上引入结构嵌入与区域市场环境交互项的模型。

　　从模型 1 中可以发现,高新技术企业创新能力在组间差异显著,采用跨层次模型进行相关假设检验是合理的。从模型 2 中可以发现,控制变量对高新技术企业创新能力均未产生影响($\gamma_{10} = 0.008, P > 0.1$;$\gamma_{20} = 0.002, P > 0.1$;$\gamma_{30} = 0.046, P > 0.1$;$\gamma_{40} = -0.046, P > 0.1$),且模型 2 与模型 1 相比,组内方差和组间方差分别减少了 0.005 和 0.043,模型 2 比模型 1 的解释能力明显增强。从模型 3 中可以发现,控制变量、结构嵌入、区域市场环境总共解释了高新技术企业创新能力组内方差的 21.1%,组间方差的 27.2%,即模型 3 与模型 2 相比,组内方差和组间方差分别减少了 0.211 和 0.272,模型 3 比模型 2 的解释能力明显增强。同时,在控制了高新技术企业的年龄、性质、规模、企业所属行业的情况下,结构嵌入对高新技术企业创新能力有显著正向影响($\gamma_{50} = 0.307$, $P < 0.001$),区域市场环境对高新技术企业创新能力没有影响($\gamma_{01} = 0.198, P > 0.1$)。

　　从模型 4 中可以发现,控制变量、结构嵌入、区域市场环境、结构嵌入与区域市场环境的交互项总共解释了高新技术企业创新能力组内方差的 22.4%,组间方差的 64.6%,即模型 4 与模型 3 相比,组内方差和组间方差分别减少了 0.224 和 0.646,说明模型 4 比模型 3 的解释能力明显增强。同时,在控制了高新技术企业的年龄、性质、规模、企业所属行业的情况下,结构嵌入对高新技术企业创新能力有显著正向影响($\gamma_{50} = 0.291, P < 0.001$),区域市场环境对高新技术企业创新能力没有影响($\gamma_{01} = 0.191, P > 0.1$)。从交互项的系数来看,结构嵌入 × 区域市场环境对高新技术企业创新能力没有影响($\gamma_{51} = 0.019, P > 0.1$)。因此,假设 H4b 未得到验证。

6.3.3　区域金融环境的调节效应跨层次检验

　　根据研究假设 4c(H4c),本书构建如下模型:

$$\begin{cases} \text{Level}-1: IA_{ij} = \beta_{0j} + \beta_{1j}\text{年龄} + \beta_{2j}\text{性质} + \beta_{3j}\text{规模} + \beta_{4j}\text{行业} + \beta_{5j}\text{结构嵌入} + r_{ij} \\ \text{Level}-2: \beta_{0j} = \gamma_{00} + \gamma_{01}\text{区域金融环境} + \mu_{0j} \\ \qquad\quad \beta_{1j} = \gamma_{10} \\ \qquad\quad \beta_{2j} = \gamma_{20} \\ \qquad\quad \beta_{3j} = \gamma_{30} \\ \qquad\quad \beta_{4j} = \gamma_{40} \\ \qquad\quad \beta_{5j} = \gamma_{50} + \gamma_{51}\text{区域金融环境} \end{cases}$$

$$(6.13)$$

式中符号定义如前,变量中心化处理方式如前。区域金融环境在结构嵌入与高新技术企业创新能力间的调节效应跨层次检验结果见表6.12。

表 6.12　调节效应的检验结果(9)

变量	因变量:高新技术企业创新能力			
	模型 1	模型 2	模型 3	模型 4
企业层面截距项(γ_{00})	5.304***	5.203***	5.127***	5.128***
企业层面控制变量:				
企业年龄		0.008	0.016	0.019
企业性质		0.002	0.006	0.006
企业规模		0.046	0.052	0.052
企业所属行业		−0.046	−0.045	−0.045
企业层面自变量:				
结构嵌入(γ_{50})			0.316***	0.300***
区域层面调节变量:				
区域金融环境(γ_{01})			0.112	0.074
交互效应:				
结构嵌入×区域金融环境(γ_{51})				−0.015
模型参数:				
组内方差(σ^2)	0.381	0.366	0.274	0.214
组间方差(τ_{00})	0.203***	0.200***	0.106***	0.042***
R^2(组内)		0.005	0.207	0.208
R^2(组间)		0.043	0.405	0.575

注:*** 表示 $P < 0.001$。

模型多重共线性统计分析结果显示,模型中方差膨胀因子 VIF 值均严格控制在 5 以内,容忍度 Tol 值均大于 0.7。由此可见,模型变量间多重共线性问题对实证研究结果的影响并不严重。在表 6.12 中,模型 1 是未引入任何变量的零模型,模型 2 是引入企业层面控制变量的模型,模型 3 是在模型 2 基础上引入企业层面外生变量结构嵌入和区域层面调节变量区域金融环境的模型,模型 4 是在模型 3 基础上引入结构嵌入与区域金融环境交互项的模型。

从模型 1 中可以发现,高新技术企业创新能力在组间差异显著,采用跨层次模型进行相关假设检验是合理的。从模型 2 中可以发现,控制变量对高新技术企业创新能力均未产生影响($\gamma_{10} = 0.008, P > 0.1$; $\gamma_{20} = 0.002, P > 0.1$; $\gamma_{30} = 0.046, P > 0.1$; $\gamma_{40} = -0.046, P > 0.1$),且模型 2 与模型 1 相比,组内方差和组间方差分别减少了 0.005 和 0.043,模型 2 比模型 1 的解释能力明显增强。从模型 3 中可以发现,控制变量、结构嵌入、区域金融环境总共解释了高新技术企业创新能力组内方差的 20.7%,组间方差的 40.5%,即模型 3 与模型 2 相比,组内方差和组间方差分别减少了 0.207 和 0.405,模型 3 比模型 2 的解释能力明显增强。同时,在控制了高新技术企业的年龄、性质、规模、企业所属行业的情况下,结构嵌入对高新技术企业创新能力有显著正向影响($\gamma_{50} = 0.316$, $P < 0.001$),区域金融环境对高新技术企业创新能力没有影响($\gamma_{01} = 0.112, P > 0.1$)。

从模型 4 中可以发现,控制变量、结构嵌入、区域金融环境、结构嵌入与区域金融环境的交互项总共解释了高新技术企业创新能力组内方差的 20.8%,组间方差的 57.7%,即模型 4 与模型 3 相比,组内方差和组间方差分别减少了 0.208 和 0.577,说明模型 4 比模型 3 的解释能力明显增强。同时,在控制了高新技术企业的年龄、性质、规模、企业所属行业的情况下,结构嵌入对高新技术企业创新能力有显著正向影响($\gamma_{50} = 0.300, P < 0.001$),区域金融环境对高新技术企业创新能力没有影响($\gamma_{01} = 0.074, P > 0.1$)。从交互项的系数来看,结构嵌入×区域金融环境对高新技术企业创新能力没有影响($\gamma_{51} = -0.015, P > 0.1$)。因此,假设 H4c 未得到验证。

6.3.4　区域政府环境的调节效应跨层次检验

根据研究假设 4d(H4d),本书构建如下模型:

$$\begin{cases} \text{Level} - 1 : IA_{ij} = \beta_{0j} + \beta_{1j}\text{年龄} + \beta_{2j}\text{性质} + \beta_{3j}\text{规模} + \beta_{4j}\text{行业} + \beta_{5j}\text{结构嵌入} + r_{ij} \\ \text{Level} - 2 : \beta_{0j} = \gamma_{00} + \gamma_{01}\text{区域政府环境} + \mu_{0j} \\ \beta_{1j} = \gamma_{10} \\ \beta_{2j} = \gamma_{20} \\ \beta_{3j} = \gamma_{30} \\ \beta_{4j} = \gamma_{40} \\ \beta_{5j} = \gamma_{50} + \gamma_{51}\text{区域政府环境} \end{cases}$$

$$(6.14)$$

式中符号定义如前,变量中心化处理方式如前。区域政府环境在结构嵌入与高新技术企业创新能力间的调节效应跨层次检验结果见表 6.13。

表 6.13 调节效应的检验结果(10)

变量	因变量:高新技术企业创新能力			
	模型 1	模型 2	模型 3	模型 4
企业层面截距项(γ_{00})	5.304 ***	5.203 ***	5.133 ***	5.126 ***
企业层面控制变量:				
企业年龄		0.008	0.012	0.015
企业性质		0.002	0.008	0.009
企业规模		0.046	0.046	0.050
企业所属行业		− 0.046	− 0.041	− 0.035
企业层面自变量:				
结构嵌入(γ_{50})			0.324 ***	0.306 ***
区域层面调节变量:				
区域政府环境(γ_{01})			0.123 **	0.106 **
交互效应:				
结构嵌入×区域政府环境(γ_{51})				0.035 **
模型参数:				
组内方差(σ^2)	0.381	0.366	0.276	0.210
组间方差(τ_{00})	0.203 ***	0.200 ***	0.134 ***	0.067 ***
R^2(组内)		0.005	0.247	0.268
R^2(组间)		0.043	0.283	0.584

注: *** 表示 $P < 0.001$, ** $P < 0.01$。

模型多重共线性统计分析结果显示,模型中方差膨胀因子 *VIF* 值均严格控制在 5 以内,容忍度 *Tol* 值均大于 0.7。由此可见,模型变量间多重共线性问题对实证研究结果的影响并不严重。在表 6.13 中,模型 1 是未引入任何变量的零模型,模型 2 是引入企业层面控制变量的模型,模型 3 是在模型 2 基础上引入企业层面外生变量结构嵌入和区域层面调节变量区域政府环境的模型,模型 4 是在模型 3 基础上引入结构嵌入与区域政府环境交互项的模型。

从模型 1 中可以发现,高新技术企业创新能力在组间差异显著,采用跨层次模型进行相关假设检验是合理的。从模型 2 中可以发现,控制变量对高新技术企业创新能力均未产生影响($\gamma_{10} = 0.008, P > 0.1; \gamma_{20} = 0.002, P > 0.1; \gamma_{30} = 0.046, P > 0.1; \gamma_{40} = -0.046, P > 0.1$),且模型 2 与模型 1 相比,组内方差和组间方差分别减少了 0.005 和 0.043,模型 2 比模型 1 的解释能力明显增强。从模型 3 中可以发现,控制变量、结构嵌入、区域政府环境总共解释了高新技术企业创新能力组内方差的 24.7%,组间方差的 28.3%,即模型 3 与模型 2 相比,组内方差和组间方差分别减少了 0.247 和 0.283,模型 3 比模型 2 的解释能力明显增强。同时,在控制了高新技术企业的年龄、性质、规模、企业所属行业的情况下,结构嵌入对高新技术企业创新能力有显著正向影响($\gamma_{50} = 0.324, P < 0.001$),区域政府环境对高新技术企业创新能力有显著正向影响($\gamma_{01} = 0.123, P < 0.01$)。

从模型 4 中可以发现,控制变量、结构嵌入、区域政府环境、结构嵌入与区域政府环境的交互项总共解释了高新技术企业创新能力组内方差的 26.8%,组间方差的 58.4%,即模型 4 与模型 3 相比,组内方差和组间方差分别减少了 0.268 和 0.584,说明模型 4 比模型 3 的解释能力明显增强。同时,在控制了高新技术企业的年龄、性质、规模、企业所属行业的情况下,结构嵌入对高新技术企业创新能力有显著正向影响($\gamma_{50} = 0.306, P < 0.001$),区域政府环境对高新技术企业创新能力有显著正向影响($\gamma_{01} = 0.106, P < 0.01$)。从交互项的系数来看,结构嵌入 × 区域政府环境对高新技术企业创新能力有显著正向影响($\gamma_{51} = 0.035, P < 0.01$)。因此,假设 H4d 得到验证。

6.3.5　区域法律环境的调节效应跨层次检验

根据研究假设 4e(H4e),本书构建如下模型:

$$
\begin{cases}
\text{Level}-1: IA_{ij} = \beta_{0j} + \beta_{1j}\text{年龄} + \beta_{2j}\text{性质} + \beta_{3j}\text{规模} + \beta_{4j}\text{行业} + \beta_{5j}\text{结构嵌入} + r_{ij} \\
\text{Level}-2: \beta_{0j} = \gamma_{00} + \gamma_{01}\text{区域法律环境} + \mu_{0j} \\
\quad\quad \beta_{1j} = \gamma_{10} \\
\quad\quad \beta_{2j} = \gamma_{20} \\
\quad\quad \beta_{3j} = \gamma_{30} \\
\quad\quad \beta_{4j} = \gamma_{40} \\
\quad\quad \beta_{5j} = \gamma_{50} + \gamma_{51}\text{区域法律环境}
\end{cases}
$$

$$(6.15)$$

式中符号定义如前,变量中心化处理方式如前。区域法律环境在结构嵌入与高新技术企业创新能力间的调节效应跨层次检验结果见表 6.14。

表 6.14　调节效应的检验结果(11)

变量	因变量:高新技术企业创新能力			
	模型 1	模型 2	模型 3	模型 4
企业层面截距项(γ_{00})	5.304***	5.203***	5.130***	5.128***
企业层面控制变量:				
企业年龄		0.008	0.016	0.016
企业性质		0.002	0.009	0.009
企业规模		0.046	0.048	0.051
企业所属行业		−0.046	−0.044	−0.040
企业层面自变量:				
结构嵌入(γ_{50})			0.277***	0.203***
区域层面调节变量:				
区域法律环境(γ_{01})			0.038	0.015
交互效应:				
结构嵌入×区域法律环境(γ_{51})				−0.019
模型参数:				
组内方差(σ^2)	0.381	0.366	0.275	0.219
组间方差(τ_{00})	0.203***	0.200***	0.099***	0.038***
R^2(组内)		0.005	0.205	0.224
R^2(组间)		0.043	0.438	0.571

注:*** 表示 $P < 0.001$。

模型多重共线性统计分析结果显示,模型中方差膨胀因子 *VIF* 值均严格控制在 5 以内,容忍度 *Tol* 值均大于 0.7。由此可见,模型变量间多重共线性问题对实证研究结果的影响并不严重。在表 6.14 中,模型 1 是未引入任何变量的零模型,模型 2 是引入企业层面控制变量的模型,模型 3 是在模型 2 基础上引入企业层面外生变量结构嵌入和区域层面调节变量区域法律环境的模型,模型 4 是在模型 3 基础上引入结构嵌入与区域法律环境交互项的模型。

从模型 1 中可以发现,高新技术企业创新能力在组间差异显著,采用跨层次模型进行相关假设检验是合理的。从模型 2 中可以发现,控制变量对高新技术企业创新能力均未产生影响($\gamma_{10} = 0.008, P > 0.1; \gamma_{20} = 0.002, P > 0.1; \gamma_{30} = 0.046, P > 0.1; \gamma_{40} = -0.046, P > 0.1$),且模型 2 与模型 1 相比,组内方差和组间方差分别减少了 0.005 和 0.043,模型 2 比模型 1 的解释能力明显增强。从模型 3 中可以发现,控制变量、结构嵌入、区域法律环境总共解释了高新技术企业创新能力组内方差的 20.5%,组间方差的 43.8%,即模型 3 与模型 2 相比,组内方差和组间方差分别减少了 0.205 和 0.438,模型 3 比模型 2 的解释能力明显增强。同时,在控制了高新技术企业的年龄、性质、规模、企业所属行业的情况下,结构嵌入对高新技术企业创新能力有显著正向影响($\gamma_{50} = 0.277, P < 0.001$),区域法律环境对高新技术企业创新能力没有影响($\gamma_{01} = 0.038, P > 0.1$)。

从模型 4 中可以发现,控制变量、结构嵌入、区域法律环境、结构嵌入与区域法律环境的交互项总共解释了高新技术企业创新能力组内方差的 22.4%,组间方差的 57.1%,即模型 4 与模型 3 相比,组内方差和组间方差分别减少了 0.224 和 0.571,说明模型 4 比模型 3 的解释能力明显增强。同时,在控制了高新技术企业的年龄、性质、规模、企业所属行业的情况下,结构嵌入对高新技术企业创新能力有显著正向影响($\gamma_{50} = 0.203, P < 0.001$),区域法律环境对高新技术企业创新能力没有影响($\gamma_{01} = 0.015, P > 0.1$)。从交互项的系数来看,结构嵌入×区域法律环境对高新技术企业创新能力没有影响($\gamma_{51} = -0.019, P > 0.1$)。因此,假设 H4e 未得到验证。

6.3.6　区域文化环境的调节效应跨层次检验

根据研究假设 4f(H4f),本书构建如下模型:

$$
\begin{cases}
\text{Level} - 1 : IA_{ij} = \beta_{0j} + \beta_{1j}\text{年龄} + \beta_{2j}\text{性质} + \beta_{3j}\text{规模} + \beta_{4j}\text{行业} + \beta_{5j}\text{结构嵌入} + r_{ij} \\
\text{Level} - 2 : \beta_{0j} = \gamma_{00} + \gamma_{01}\text{区域文化环境} + \mu_{0j} \\
\qquad \beta_{1j} = \gamma_{10} \\
\qquad \beta_{2j} = \gamma_{20} \\
\qquad \beta_{3j} = \gamma_{30} \\
\qquad \beta_{4j} = \gamma_{40} \\
\qquad \beta_{5j} = \gamma_{50} + \gamma_{51}\text{区域文化环境}
\end{cases}
$$

$$(6.16)$$

式中符号定义如前,变量中心化处理方式如前。区域文化环境在结构嵌入与高新技术企业创新能力间的调节效应跨层次检验结果见表 6.15。

表 6.15　调节效应的检验结果(12)

变量	因变量:高新技术企业创新能力			
	模型 1	模型 2	模型 3	模型 4
企业层面截距项(γ_{00})	5.304 ***	5.203 ***	5.120 ***	5.124 ***
企业层面控制变量:				
企业年龄		0.008	0.014	0.016
企业性质		0.002	0.009	0.009
企业规模		0.046	0.046	0.055
企业所属行业		−0.046	−0.048	−0.047
企业层面自变量:				
结构嵌入(γ_{50})			0.327 ***	0.294 ***
区域层面调节变量:				
区域文化环境(γ_{01})			0.132	0.088
交互效应:				
结构嵌入 × 区域文化环境(γ_{51})				0.032
模型参数:				
组内方差(σ^2)	0.381	0.366	0.273	0.233
组间方差(τ_{00})	0.203 ***	0.200 ***	0.093 ***	0.052 ***
R^2(组内)		0.005	0.045	0.054
R^2(组间)		0.043	0.338	0.571

注: *** 表示 $P < 0.001$。

　　模型多重共线性统计分析结果显示,模型中方差膨胀因子 VIF 值均严格控制在 5 以内,容忍度 Tol 值均大于 0.7。由此可见,模型变量间多重共线性问题对实证研究结果的影响并不严重。在表 6.15 中,模型 1 是未引入任何变量的零模型,模型 2 是引入企业层面控制变量的模型,模型 3 是在模型 2 基础上引入企业层面外生变量结构嵌入和区域层面调节变量区域文化环境的模型,模型 4 是在模型 3 基础上引入结构嵌入与区域文化环境交互项的模型。

　　从模型 1 中可以发现,高新技术企业创新能力在组间差异显著,采用跨层次模型进行相关假设检验是合理的。从模型 2 中可以发现,控制变量对高新技术企业创新能力均未产生影响($\gamma_{10} = 0.008$,$P > 0.1$;$\gamma_{20} = 0.002$,$P > 0.1$;$\gamma_{30} = 0.046$,$P > 0.1$;$\gamma_{40} = -0.046$,$P > 0.1$),且模型 2 与模型 1 相比,组内方差和组间方差分别减少了 0.005 和 0.043,模型 2 比模型 1 的解释能力明显增强。从模型 3 中可以发现,控制变量、结构嵌入、区域文化环境总共解释了高新技术企业创新能力组内方差的 4.5%,组间方差的 33.8%,即模型 3 与模型 2 相比,组内方差和组间方差分别减少了 0.045 和 0.338,模型 3 比模型 2 的解释能力明显增强。同时,在控制了高新技术企业的年龄、性质、规模、企业所属行业的情况下,结构嵌入对高新技术企业创新能力有显著正向影响($\gamma_{50} = 0.327$,$P < 0.001$),区域文化环境对高新技术企业创新能力没有影响($\gamma_{01} = 0.132$,$P > 0.1$)。

　　从模型 4 中可以发现,控制变量、结构嵌入、区域文化环境、结构嵌入与区域文化环境的交互项总共解释了高新技术企业创新能力组内方差的 5.4%,组间方差的 57.1%,即模型 4 与模型 3 相比,组内方差和组间方差分别减少了 0.054 和 0.571,说明模型 4 比模型 3 的解释能力明显增强。同时,在控制了高新技术企业的年龄、性质、规模、企业所属行业的情况下,结构嵌入对高新技术企业创新能力有显著正向影响($\gamma_{50} = 0.294$,$P < 0.001$),区域文化环境对高新技术企业创新能力没有影响($\gamma_{01} = 0.088$,$P > 0.1$)。从交互项的系数来看,结构嵌入 × 区域文化环境对高新技术企业创新能力没有影响($\gamma_{51} = 0.032$,$P > 0.1$)。因此,假设 H4f 未得到验证。

　　综上所述,区域软环境对高新技术企业创新能力提升影响机理的研究假设验证结果见表 6.16。

表 6.16　假设验证结果

假设	假设内容	验证结果
H1	关系嵌入对高新技术企业创新能力有显著正向影响	假设通过
H2	结构嵌入对高新技术企业创新能力有显著正向影响	假设通过
H3a	区域科技环境正向调节关系嵌入对高新技术企业创新能力的影响。即区域科技环境越完善,关系嵌入对高新技术企业创新能力的影响越大	假设通过
H3b	区域市场环境正向调节关系嵌入对高新技术企业创新能力的影响。即区域市场环境越完善,关系嵌入对高新技术企业创新能力的影响越大	假设未通过
H3c	区域金融环境正向调节关系嵌入对高新技术企业创新能力的影响。即区域金融环境越完善,关系嵌入对高新技术企业创新能力的影响越大	假设通过
H3d	区域政府环境正向调节关系嵌入对高新技术企业创新能力的影响。即区域政府环境越完善,关系嵌入对高新技术企业创新能力的影响越大	假设通过
H3e	区域法律环境正向调节关系嵌入对高新技术企业创新能力的影响。即区域法律环境越完善,关系嵌入对高新技术企业创新能力的影响越大	假设未通过
H3f	区域文化环境正向调节关系嵌入对高新技术企业创新能力的影响。即区域文化环境越完善,关系嵌入对高新技术企业创新能力的影响越大	假设通过
H4a	区域科技环境正向调节结构嵌入对高新技术企业创新能力的影响。即区域科技环境越完善,结构嵌入对高新技术企业创新能力的影响越大	假设通过
H4b	区域市场环境正向调节结构嵌入对高新技术企业创新能力的影响。即区域市场环境越完善,结构嵌入对高新技术企业创新能力的影响越大	假设未通过

表 6.16(续)

假设	假设内容	验证结果
H4c	区域金融环境正向调节结构嵌入对高新技术企业创新能力的影响。即区域金融环境越完善,结构嵌入对高新技术企业创新能力的影响越大	假设未通过
H4d	区域政府环境正向调节结构嵌入对高新技术企业创新能力的影响。即区域政府环境越完善,结构嵌入对高新技术企业创新能力的影响越大	假设通过
H4e	区域法律环境正向调节结构嵌入对高新技术企业创新能力的影响。即区域法律环境越完善,结构嵌入对高新技术企业创新能力的影响越大	假设未通过
H4f	区域文化环境正向调节结构嵌入对高新技术企业创新能力的影响。即区域文化环境越完善,结构嵌入对高新技术企业创新能力的影响越大	假设未通过

为了更直观地反映区域软环境调节下的交互作用,本书对显著的交互效应进行拾点法处理[318]。相关交互效应如图 6.1~图 6.6 所示。

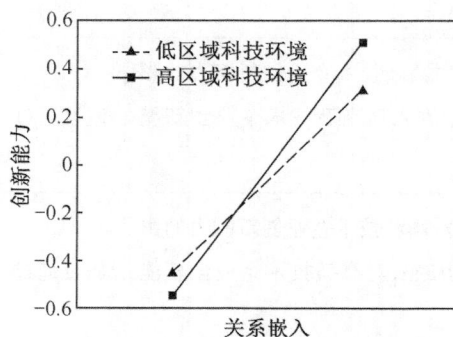

图 6.1　关系嵌入×区域科技
环境交互效应图

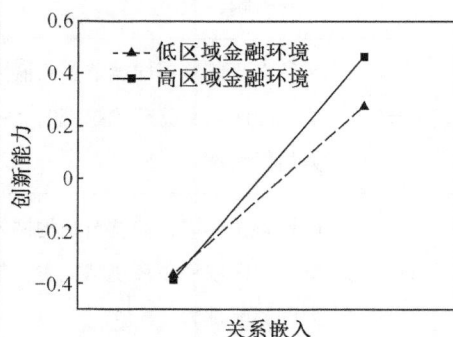

图 6.2　关系嵌入×区域金融
环境交互效应图

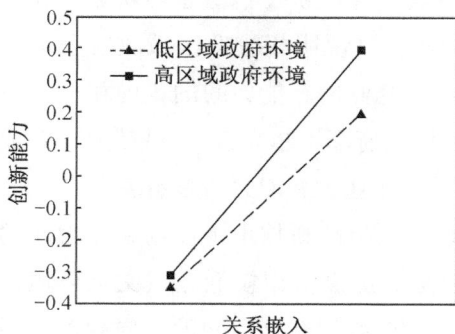

图 6.3　关系嵌入×区域政府
环境交互效应图

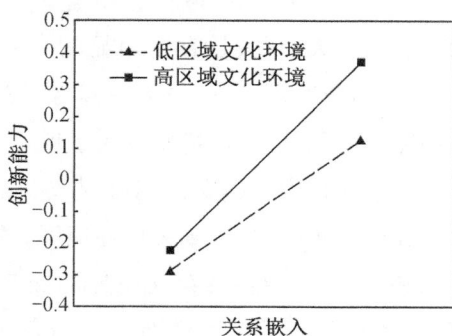

图 6.4　关系嵌入×区域文化
环境交互效应图

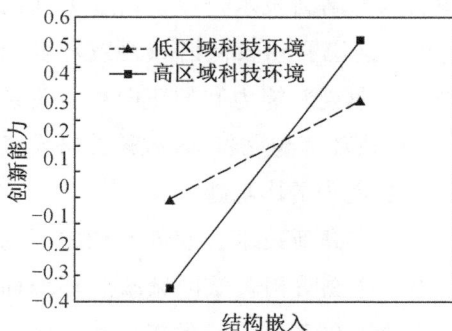

图 6.5　结构嵌入×区域科技
环境交互效应图

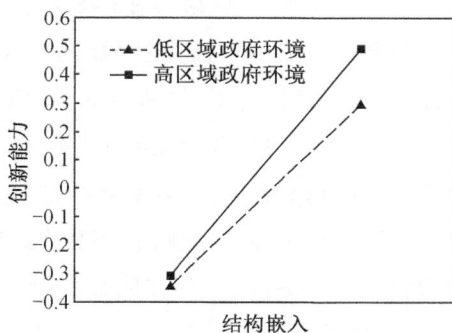

图 6.6　结构嵌入×区域政府
环境交互效应图

在图 6.1 中,高区域科技环境下,关系嵌入与高新技术企业创新能力间的回归斜率更大一些,且存在明显的交互趋势。这说明相较低区域科技环境而言,高区域科技环境下,关系嵌入与高新技术企业创新能力间的正向相关关系更显著,即区域科技环境发展水平越高,区域科技环境越完善,区域科技研发资金投入力度越大,关系嵌入对高新技术企业创新能力的影响越大。

在图 6.2 中,高区域金融环境下,关系嵌入与高新技术企业创新能力间的回归斜率更大一些,且存在明显的交互趋势。这说明相较低区域金融环境而言,高区域金融环境下,关系嵌入与高新技术企业创新能力间的正向相关关系更显著,即区域金融环境发展水平越高,区域金融环境越完善,区域企业融资便利程度越大,关系嵌入对高新技术企业创新能力的影响越大。

　　在图 6.3 中,高区域政府环境下,关系嵌入与高新技术企业创新能力间的回归斜率更大一些,且存在明显的交互趋势。这说明相较低区域政府环境而言,高区域政府环境下,关系嵌入与高新技术企业创新能力间的正向相关关系更显著,即区域政府环境发展水平越高,区域政府环境越完善,区域政府对企业税收优惠扶持力度越大,关系嵌入对高新技术企业创新能力的影响越大。

　　在图 6.4 中,高区域文化环境下,关系嵌入与高新技术企业创新能力间的回归斜率更大一些,且存在明显的交互趋势。这说明相较低区域文化环境而言,高区域文化环境下,关系嵌入与高新技术企业创新能力间的正向相关关系更显著,即区域文化环境发展水平越高,区域文化环境越完善,区域内的创业精神越高,关系嵌入对高新技术企业创新能力的影响越大。

　　在图 6.5 中,高区域科技环境下,结构嵌入与高新技术企业创新能力间的回归斜率更大一些,且存在明显的交互趋势。这说明相较低区域科技环境而言,高区域科技环境下,结构嵌入与高新技术企业创新能力间的正向相关关系更显著,即区域科技环境发展水平越高,区域科技环境越完善,区域科技研发资金投入力度越大,结构嵌入对高新技术企业创新能力的影响越大。

　　在图 6.6 中,高区域政府环境下,结构嵌入与高新技术企业创新能力间的回归斜率更大一些,且存在明显的交互趋势。这说明相较低区域政府环境而言,高区域政府环境下,结构嵌入与高新技术企业创新能力间的正向相关关系更显著,即区域政府环境发展水平越高,区域政府环境越完善,区域政府对企业税收优惠扶持力度越大,结构嵌入对高新技术企业创新能力的影响越大。

6.4　区域软环境对高新技术企业创新能力影响的跨层次实证结果分析

6.4.1　网络嵌入对高新技术企业创新能力影响主效应的结果分析

1. 关系嵌入与高新技术企业创新能力

　　关系嵌入对高新技术企业创新能力具有显著的促进作用。这表明,高新技术企业与所在区域网络内的利益相关者合作交流时间越长,交流次数越频繁,彼此间信任与默契度越高,区域网络成员彼此间建立起来的紧密互动关系就越牢靠,高新技术企业关系嵌入能力就越强,越有利于提高高新技术企业创新能力水平。对于高新技术企业而言,高新技术企业通过增进与所在区域网络内的高等院校、科研机构、金融机构、政府部门、其他企业、创业者或创业团队等利益相关者的沟通交流,建立起稳定的合作关系和良性的沟通管道。高新技术企业通过不断强化自身关系嵌入能力,也进一步增强了高新技术企业与所在区域网络内网络成员之间的信任度与好感,导致互惠行为的发生,确保了高新技术企业获得资源的灵活性和可持续性。同时,高新技术企业高效的关系嵌入行为有助于外部细粒度信息和隐性知识的流入,进而提高了高新技术企业知识创造能力。

重要的是,伴随高新技术企业关系嵌入能力的增强,进一步加速了高新技术企业与所在区域网络内的利益相关者合作与交流的进程,进一步深化了区域网络内成员彼此间的共同理解,营造了一种合作更加默契的区域网络氛围,一定程度上降低了机会主义和利己主义带来的合作风险,降低了信息不对称所带来的创新风险,这对高新技术企业创新能力的提升产生了重要的影响。同时,高新技术企业关系嵌入能力的增强提高了区域网络内企业间知识共享的意愿和创新合作发生的概率,提高了区域网络成员间彼此分享知识的意愿,营造了一个氛围良好的区域知识交流环境,有利于提高高新技术企业创新能力水平。

2.结构嵌入与高新技术企业创新能力

结构嵌入对高新技术企业创新能力具有显著的促进作用。这表明高新技术企业与所在区域网络内的利益相关者的联系数量越多,在区域网络中越活跃,在区域网络中越能发挥领导者作用,距离区域网络的"中心"位置越近,就越能够提高企业异质性资源的获取能力,越能够增强高新技术企业知识获取和创造能力,越能够激发企业创新活力与创新意愿,高新技术企业结构嵌入能力越强,越有利于提高高新技术企业创新能力水平。对于高新技术企业而言,高新技术企业通过增进与所在区域网络内的高等院校、科研机构、金融机构、政府部门、其他企业、创业者或创业团队等利益相关者的沟通交流,建立起稳定的合作关系和良性的沟通管道。高新技术企业通过不断强化自身结构嵌入能力,有助于强化企业对异质性资源和关键性资源的获取。同时,高新技术企业高效的结构嵌入行为也大幅降低了企业资源获取的信息成本,拓宽了资源获取边界,进而增强了企业获得更多异质性资源和互补性技术的可能性,提高了高新技术企业创新能力水平。

伴随高新技术企业结构嵌入能力的增强,企业在区域网络中扮演的角色和发挥的作用日益重要,凭借高新技术企业在区域网络中所处的关键位置,企业获得异质性资源、高质量信息、关键性技术等的可能性逐渐提高。高新技术企业掌握区域网络创新资源丰裕程度的不断增强,导致高新技术企业成员也在不断提高自身适应能力来逐步调整自己对新知识、新信息的看法和观点。高新技术企业成员通过反复的沟通、交流、商讨将彼此掌握和观察到的信息进一步的共享和研究,有利于共同意愿的形成并最终达成创新共识。独特想法和新奇观点的出现,加速了高新技术企业创造性思维的形成,增强了高新技术企业整体的创造力,有效提升了高新技术企业的整体创新水平和创新能力。

6.4.2　区域软环境调节效应的结果分析

1. 区域软环境在关系嵌入与高新技术企业创新能力间的调节作用

区域科技环境正向调节关系嵌入对高新技术企业创新能力的影响。这表明在相对完善和发展水平较高的区域科技环境下,即区域科技研发投入相对较高的情况下,高新技术企业通过关系嵌入行为可有效提高企业创新能力水平。高新技术企业通过增进与区域内高等院校、科研机构的交流与互动,建立以信任和共享为纽带的合作机制,借助产学研合作创新模式,有助于使高新技术企业不断掌握前沿科技资讯和关键性技术,有利于获取知识、技术等异质性创新资源和关键性信息,进一步加速了科技创新成果的市场转化,使得高新技术企业关系嵌入行为与完善的区域科技环境形成了良性的交互效应,进而提高了高新技术企业创新能力水平。

区域金融环境正向调节关系嵌入对高新技术企业创新能力的影响。这表明在相对完善和发展水平较高的区域金融环境下,即区域企业融资便利程度相对较高的情况下,高新技术企业通过关系嵌入行为可有效提高企业创新能力水平。高新技术企业通过关系嵌入行为不断加强与区域网络内银行等金融机构的联系,与银行等金融机构保持双边或多边的银企关系,有助于高新技术企业吸引到更多的贷款资金,极大缓解了企业的融资压力。充足的资金来源为高新技术企业创新活动提供了重要保障,使得高新技术企业关系嵌入行为与完善的区域金融环境形成了良性的交互效应,进而提高了高新技术企业创新能力水平。

区域政府环境正向调节关系嵌入对高新技术企业创新能力的影响。这表明在相对完善和发展水平较高的区域政府环境下，即区域政府对企业税收优惠扶持力度相对较大的情况下，高新技术企业通过关系嵌入行为可有效提高企业创新能力水平。高新技术企业通过不断增进与区域内地方政府部门的交流与联系，不断强化与区域内政府部门之间的信任合作度，有助于使高新技术企业更易获得政府在税收等方面的扶持与帮助。政企关系的强化提升了高新技术企业获取政策性资源如直接补贴、财政扶持、税收优惠等的概率，为高新技术企业知识创造行为提供了便利条件，使得高新技术企业关系嵌入行为与完善的区域政府环境形成了良性的交互效应，进而提高了高新技术企业创新能力水平。

区域文化环境正向调节关系嵌入对高新技术企业创新能力的影响。这表明在相对完善和发展水平较高的区域文化环境下，即区域内的创业精神相对较高的情况下，高新技术企业通过关系嵌入行为可有效提高企业创新能力水平。高新技术企业通过发挥自身关系嵌入的优势不断增进与区域内创业者的沟通与交流，可以加速新知识、新技能的转移和传播，为企业自身创新行为的顺利开展创造有利条件。同时，关系作为中国重要的文化和社会要素，高新技术企业通过进一步强化自身关系嵌入能力可以将区域内积极向上的创业精神如敢于突破、勇于实践创新、冒险精神、团队合作意识等与企业自身文化融会贯通，促进、激发高新技术企业创新文化的发展，有利于提高高新技术企业创新资源转化的能力，使得高新技术企业关系嵌入行为与完善的区域文化环境形成了良性的交互效应，进而提高了高新技术企业创新能力水平。

区域市场环境在关系嵌入与高新技术企业创新能力间的调节作用未能得到验证。可能的原因是，本书测量区域市场环境的题项主要反映的是外商进入对市场活力与开放度的影响。高新技术领域的外资企业对其核心技术往往采取设置技术壁垒和有条件转让等方式压缩并抑制知识的溢出效应，高新技术企业通过增进与其他外资企业的交流与联系，试图与之建立信任合作关系来分享其技术成果常常是难以奏效的，这就使得高新技术企业关系嵌入行为与区域市场环境难以形成良性的交互效应，进而对提高高新技术企业创新能力未产生应有的影响。

区域法律环境在关系嵌入与高新技术企业创新能力间的调节作用未能得到验证。可能的原因是，国内快速增长的知识专利申请与区域产权执法的滞后是背道而驰的,区域法律环境调节效应未能得到验证从侧面揭露了中国区域知识产权保障工作和高新技术企业维权意识、产权保护制度仍有待提高、完善的客观现实,区域法律环境的建设仍有很大的空间。区域知识产权执法的滞后、区域产权执法效率不强、高新技术企业合法知识权益与创新成果保护观念落伍等因素共同使高新技术企业关系嵌入行为与区域法律环境难以形成良性的交互效应,进而对提高高新技术企业创新能力未产生应有的影响。

2. 区域软环境在结构嵌入与高新技术企业创新能力间的调节作用

区域科技环境正向调节结构嵌入对高新技术企业创新能力的影响。这表明在相对完善和发展水平较高的区域科技环境下,即区域科技研发投入相对较高的情况下,高新技术企业通过结构嵌入行为可有效促进企业创新能力的提升。在完善的区域科技环境中,高新技术企业通过嵌入到规模较大、密度较高的区域网络内,不断强化自身结构嵌入能力使高新技术企业距离区域网络中心度和结构洞位置越近,其与区域网络内高等院校、科研机构的合作就越紧密,交流与互动也越频繁。在此情况下,高新技术企业有机会参与到技术研发和科学研究中,在一定程度上强化了企业自身的知识积累效应,使得高新技术企业结构嵌入行为与完善的区域科技环境形成了良性的交互效应,进而提高了高新技术企业创新能力水平。

区域政府环境正向调节结构嵌入对高新技术企业创新能力的影响。这表明在完善的区域政府环境中,高新技术企业通过密集的网络节点和高新技术企业所处的核心区域网络位置进一步拉近了企业与政府间的沟通、联系,拓宽了高新技术企业创新资源获取的网络边界。政企关系的加强使关系企业获得更多的政治资源如直接补贴、财政扶持、税收优惠等。高新技术企业通过强化自身结构嵌入能力并保持与政府一定的政治关联度放大了地方政府对高新技术企业税收优惠的杠杆效应,极大缓解了高新技术企业的创新成本压力和创新风险,使得高新技术企业结构嵌入行为与完善的区域政府环境形成了良性的交互效应,进而提高了高新技术企业创新能力水平。

区域市场环境在结构嵌入与高新技术企业创新能力间的调节作用未能得到验证。可能的原因是,高新技术企业通过强化自身结构嵌入能力嵌入到企业所在区域网络的目的是希望通过不断增进与区域网络内利益相关者的联系,接近区域网络结构洞和中心位置来提高企业异质性和关键性创新资源的获取能力,进而占据区域网络核心位置的高新技术企业其创新能力一般具有比较优势。在区域市场环境中,外资企业的进入与处于区域网络结构洞和中心位置的高新技术企业易产生竞争抵触,占据区域网络结构洞和中心位置的高新技术企业技术创新能力较强,外部知识携带者同样在技术创新方面具有一定的比较优势,外资企业的进入易导致高新技术企业与外资企业互补性技术需求不足,而同质性技术相似有余情况的出现。这在一定程度上容易产生恶性竞争行为,使得高新技术企业结构嵌入行为与区域市场环境难以形成良性的交互效应,进而对提高高新技术企业创新能力未产生应有的影响。

区域金融环境在结构嵌入与高新技术企业创新能力间的调节作用未能得到验证。可能的原因是,处于区域网络结构洞和中心位置,与其他区域网络内利益相关者联系紧密的高新技术企业通常在区域网络内发挥领导性作用,这类高新技术企业创新能力一般具有比较优势,但其技术创新的风险性也是逐渐提升的。某种程度上,区域金融机构如银行为了规避资金风险,会对处于区域网络核心地位的高新技术企业采取提高资金贷款门槛,设置抵押担保等手段限制资金的供给。资金来源的不畅以及面临银行等金融机构多重的监管,降低了高新技术企业的创新意愿,增加了高新技术企业的创新成本,弱化并制约了高新技术企业的创新能力,使得高新技术企业结构嵌入行为与区域金融环境难以形成良性的交互效应,进而对提高高新技术企业创新能力未产生应有的影响。

区域法律环境在结构嵌入与高新技术企业创新能力间的调节作用未能得到验证。可能的原因是,区域法律环境是通过完备的法律、法规规范区域内参与社会经济活动的主体行为规则,调整各行为主体的利益关系,维持社会经济活动秩序的各类环境因素集合,反映了高新技术企业所在区域网络内企业、政府、供应商、经销商等多利益主体在经济行为和行为约束等方面所共同遵循的制度规范。区域法律环境调节作用未得到应有的发挥,从侧面凸显并暴露出中国区域产权执法不到位、区域法治协调不完善,高新技术企业法律观念普遍淡薄、自身维权意识不强等问题,区域法律环境建设仍有很大的空间。上述因素共同使高新技术企业结构嵌入行为与区域法律环境难以形成良性的交互效应,进而对提高高新技术企业创新能力未产生应有的影响。

区域文化环境在结构嵌入与高新技术企业创新能力间的调节作用未能得到验证。可能的原因是,结构嵌入实质上就是网络成员对嵌入网络的总体结构的描述,其中网络规模、网络密度、网络中心位置和结构洞位置的确立与形成更多意义上体现的是企业外部网络环境中成员间对于资源利用、配置,以及相互间经济行为的整体情况。企业所嵌入的结构网络环境是客观形成的,并由网络中复杂的成员主体所构成,这样的网络结构较为稳固和紧密。与其他区域软环境不同的是,区域文化环境特别是区域内的创业精神的形成是地方政府政策引导、创业者个人创业素质、地区社会相关创业配套条件等多因素共同作用的结果,是区域整体创新观念、创新意识、创新行为的重要体现。创业精神通常情况下需要借助关系纽带来发挥作用,在较为稳固和紧密的结构网络环境内,试图通过创业精神来影响网络结构特征,以期提高高新技术企业创新能力水平是难以奏效的。最终使高新技术企业结构嵌入行为与区域文化环境难以形成良性的交互效应,进而对提高高新技术企业创新能力未产生应有的影响。

6.5　本 章 小 结

本章就区域软环境对高新技术企业创新能力影响的跨层次模型及相关理论假设进行了检验。研究表明:(1)关系嵌入对高新技术企业创新能力有显著正向影响;结构嵌入对高新技术企业创新能力有显著正向影响。(2)区域科技环境在关系嵌入与高新技术企业创新能力间起正向调节作用;区域金融环境在关系嵌入与高新技术企业创新能力间起正向调节作用;区域政府环境在关系嵌入与高新技术企业创新能力间起正向调节作用;区域文化环境在关系嵌入与高新技术企业创新能力间起正向调节作用;区域市场环境在关系嵌入与高新技术企业创新能力间的调节作用未能发挥。区域法律环境在关系嵌入与高新技术企业创新能力间的调节作用未能发挥;(3)区域科技环境在结构嵌入与高新技术企业创新能力间起正向调节作用;区域政府环境在结构嵌入与高新技术企业创新能力间起正向调节作用;区域市场环境在结构嵌入与高新技术企业创新能力间的调节作用未能发挥;区域金融环境在结构嵌入与高新技术企业创新能力间的调节作用未能发挥;区域法律环境在结构嵌入与高新技术企业创新能力间的调节作用未能发挥;区域文化环境在结构嵌入与高新技术企业创新能力间的调节作用未能发挥。

第7章　促进中国高新技术企业创新能力提升的对策研究

根据区域软环境对高新技术企业创新能力影响机理的研究成果,可以发现提高高新技术企业创新能力水平不仅需要高新技术企业自身能力的不断完善和发展,更有赖于企业外部区域软环境的完善程度和发展水平。因此,本章根据区域软环境对高新技术企业创新能力的影响效果及影响机理的研究成果,从政府和企业两个层面来提出促进中国高新技术企业创新能力提升的对策及建议,拟为中国高新技术企业创新能力的提升提供切实可行的对策建议和决策依据,以期促进中国高新技术企业整体竞争实力的稳步提升,更好地推动中国经济社会创新的全面快速发展。

7.1　优化区域软环境的政府对策建议

7.1.1　优化区域科技资金配置水平

根据区域软环境对高新技术企业创新能力影响的空间计量模型检验结果来看,区域科技环境对高新技术企业创新能力的影响整体显著;区域科技环境对东部地区、中部地区、西部地区、东北地区的高新技术企业创新能力影响效果均显著,表明提高区域研发资金投入力度有效提高了各地区高新技术企业创新能力水平。科技创新是高新技术企业创新能力提升的原动力。归根结底,对于高新技术企业来说,提高科技研发资金的投入是确保高新技术企业顺利、成功开展技术创新活动的关键,在此方面,建议政府可以从以下三个方面进一步完善:

首先,进一步加大区域科技资金的投入力度。各级地方政府要进一步扩大科技资金的投入规模,特别是加大对创新科技资金和科技成果转化资金的投入力度和投放比例,最大限度地发挥科技资金的引导作用和放大效应。同时,各级地方政府在科技资金投入过程中,要明确突出科技资金的投入重点,优化投入结构。进一步将科技资金引向关键工程、前沿技术领域,特别是在电子信息、生物与新医药、航空航天、新材料、高技术服务、新能源与节能、资源与环境、先进制造与自动化等与高新技术企业密切相关的领域,要强化科技资金的投入力度。

其次,进一步强化区域科技资金的使用效率。各级地方政府要逐步建立以高新技术企业为主体,市场为导向,产学研深度融合的技术创新体系,进一步强化高新技术企业科研资金的使用效率。各级地方政府可以成立面向高新技术企业的科技资金专项小组,可拟将高新技术企业新产品产值、新产品市场占有率、研发专利等衡量企业创新绩效和创新能力水平的工具作为专项科技资金使用的考核重点,并逐步建立和完善相关审查与考核机制。同时,各级地方政府要继续加大对优秀创新科研团队的扶持力度,赋予创新团队和领军人才更大的资金支配权和创新技术路线决策权,提高科研资金使用的灵活性和自主性,进而调动高新技术企业创新的积极性,提高企业创新的产出效能。

最后,进一步完善区域科技资金的管理水平。各级地方政府要进一步改进财政科技项目资金的管理水平,简化预算编制,下放预算调剂权限,明确科技资金的开支范围,做好项目结转结余资金的处理。对高新技术企业要进一步扩大科技资金项目的管理权限,简化区域内高新技术企业科技资金申请的审批程序。同时,为了进一步确保科技研发资金使用到位,各级政府要加强对高新技术企业科技资金使用效率的专项巡视与调研,建立企业黑名单制度,重点整治、惩处"有钱乱用"的企业不作为现象。

当然,我们还应该注意到区域科技资源禀赋的客观差异对不同区域内高新技术企业创新能力影响效果的异同。所以,科技资金的区域资源配置要遵循"因地制宜"的策略,杜绝"一刀切"和"一步到位"的思想,允许采取差异性和过渡性的政策安排。基于这一基本指导原则。针对科技基础雄厚,相关科技配套设施完善的东部地区和中部地区的高新技术企业,地区政府科技资金的投入应瞄准世界科技前沿的创新领域,集中科技资金优势重点突破智能制造、量子信息技术、新能源、新材料等重点领域的关键技术创新,提升高新技术企业原创性、颠覆性发明创造的能力。

针对科技基础较为薄弱,相关科技配套设施有待完善的西部地区和东北地区的高新技术企业,地区政府科技资金投入要重点用于加强基础科学研究,对包括数学、物理学、化学等在内的重点基础学科给予更多科技资金的倾斜,提升高新技术企业原始创新能力。另外,各级地方政府要最大限度地破除区域之间的技术保护壁垒,鼓励更多本土高新技术企业进入彼此区域进行技术交流,支持多边科技合作框架下的合作研究,并为跨区域技术交流活动和技术交流市场建设创造有利条件。

7.1.2　规范区域外商企业引入制度

根据区域软环境对高新技术企业创新能力影响的空间计量模型检验结果来看,区域市场环境对高新技术企业创新能力的影响效果整体不显著;区域市场环境对东部地区、中部地区、东北地区的高新技术企业创新能力的影响效果不显著,表明随着区域市场开放力度的加大,上述地区外商企业进入带来的知识溢出和知识扩散效应对提高地区内高新技术企业创新能力的作用有限;区域市场环境对西部地区的高新技术企业创新能力的影响效果负向显著,表明随着区域市场开放力度的加大,西部地区外商企业进入带来的技术挤出效应抑制了本地区高新技术企业创新能力的提升。在此方面,建议政府可以从以下三个环节入手:

第一,不断推进政府自身廉政建设水平。各级地方政府在招商引资过程中存在不同程度的外商资金摊派、挪用等失位现象可能是外商企业进入对地区高新技术企业创新能力提升作用有限的潜在诱因。对此,各级地方政府要在治理商业贿赂、纠正不正之风、推进反腐倡廉、加强政府机关作风等方面从严推进区域政府廉政建设水平。要进一步规范政府行政权力运行,继续深化行政审批制度改革,健全行政权力监督机制。对履行重要招商引资审批职能的干部进行轮岗,对招商引资项目、金额、投向政府要建立专项监察体制,重点核查涉及高新技术产业领域且资金额度高的项目是否真正落实到位。

第二,不断优化外商企业的引入结构。为了尽量避免招商引入项目参差不齐、区域招商引资恶性竞争等问题的频发,各级地方政府要大力完善外商企业市场准入制度,要综合域内高新技术企业发展水平及其特点快速准确地拟定核心主导领域,并且以主导领域为核心辅助招商引资。同时,各级地方政府还要遵循各地区经济结构的客观差异,统筹区域发展,实行差异化布局。例如,东部及东北地区地理位置优越,易能吸引到优质的外资。但东部地区和中部地区高新技术企业技术相似度高,东北地区高新技术企业工业结构与产业结构高度类似,一定程度上两地区高新技术企业从外商技术溢出效应中受益有限。针对这一问题,两地区政府应紧抓"21世纪海上丝绸之路"的政策契机,在大力吸引、鼓励外商企业进入的前提下,对产业结构进行优化升级。要重视技术类高新技术企业的引入,适当缩减制造类、加工类等传统企业的比例,并在结构调整中重视可持续发展,秉持低碳理念。

就西部地区高新技术企业而言,外商企业的进入凭借其技术比较优势易在本地区形成技术垄断,抑制本地区高新技术企业创新能力的提高。针对这一问题,地区政府应在"丝绸之路经济带"政策指引下,借力资源优势和政策优势,努力致力于高科技含量、高创新附加值产品的发展方针,在涉及新兴能源加工、高端装备制造、高端项目工程等领域大力引进先进技术,稳步推进外商项目由资源密集型向技术密集型过渡。为了进一步发挥外商企业技术优势所带的知识溢出效应,地方政府应该进一步强化关于核心技术、人才的引进,通过政策优惠和其他福利待遇使技术、人才"引得来、留得住"。同时引入的资金和技术要精准投入到地区高新技术企业创新能力发展急需的方面,重视高新技术企业研发中心的建设,适当减少厂房等生产基地的扩张,避免区域陷入"泡沫招商、空壳经济"的怪圈。

第三,不断完善外商投资负面清单制度。大量外资的流入和跨国公司来华设厂所带来的外商投资"挤出效应"和"鲶鱼效应"需要引起政府的足够重视。特别是外商投资对西部地区高新技术企业存在的反噬作用,地方政府需要进一步加快完善外商投资负面清单制度,建立健全外商引入主体的评价机制,建立公平竞争的市场秩序,约束和规范外来高新技术企业经营行为。在此方面,各级政府应实行外商投资准入前国民待遇加负面清单管理的模式,建立一个稳定、透明、统一、内外一致的负面清单,并将负面清单的执行效力置于其他准入管理措施之上。负面清单的内容可包括某些行业必须由中方企业控股或合资、合作;明确限制、禁止一批对于区域内高新技术行业、高新技术企业产生潜在冲击的项目;除在中国法律框架下合法经营外,对于部分外商投资比例、持股比重设定区间。通过以上举措,对于合理、高效利用外商资源进而进一步提升中国高新技术企业创新能力具有重要的影响。

7.1.3 完善区域融资平台体系建设

根据区域软环境对高新技术企业创新能力影响的空间计量模型检验结果来看,区域金融环境对高新技术企业创新能力的影响效果整体显著;区域金融环境对西部地区和东北地区的高新技术企业创新能力的影响效果显著,表明随着区域企业融资便利度的不断优化,充足的资金供给和稳定的资金来源对提高西部地区和东北地区高新技术企业创新能力水平具有积极的促进作用;区域金融环境对东部地区和中部地区的高新技术企业创新能力的影响效果不显著,表明区域融资便利度对高新技术企业创新能力的影响未能充分发挥,导致融资便利度对东部地区和中部地区的高新技术企业创新能力的作用有限。对此,建议政府逐步完善以下个方面:

一方面,鼓励银行等金融机构打造高新技术企业专属融资产品。西部地区和东北地区高新技术企业能获得充足的外部资金支持很大程度上是借助地方政府背后的推力。西部地区和东北地区高新技术企业数量相较东、中部地区来看较少,地方政府尤为注重域内高新技术企业对地区经济发展的推动作用和由此产生的积极影响。进而地方银行等金融机构对高新技术企业的资金放贷一定程度上具有政策导向。但从长远来看,区域高新技术企业严重依赖政府导向的融资模式很难从根本上缓解现实中的融资压力,仍需要高新技术企业利用好非正规融资模型和途径来进一步满足企业的融资需求。针对这一问题,各级地方政府要鼓励银行等金融机构创新高科技产品的融资服务体系,提高高新技术企业作为融资主体的参与度。准确把握区域内高新技术企业融资"多、小、短"的特点,据此设立适合高新技术企业现实需求的贷款品种如"高新贷"等融资产品,并为银行等金融机构提供相关配套政策支持。同时,进一步鼓励融资多元化,将非正规融资这种"地下状态"融资形式逐步纳入法治轨道上并使之制度化,适时考虑给予其融资合法地位,将其视为正规融资渠道的补充使其与之相向发展。

另一方面,拓展企业融资渠道,推广知识产权抵押融资模式。东部地区和中部地区金融发展水平较高,金融基础程度较好,但以高新技术企业为主导的融资行为和迫切的融资需求往往与银行风险规避相抵触,银行等金融机构出于资金安全性的考虑往往要求高新技术企业以库存、生产设备进行贷款的抵押担保,面对银行等金融机构的多重监管,制约了企业创新能力的提升。针对这一问题,各级地方政府要逐步完善区域内债券、股权等融资服务机制,拓展融资渠道,引导社会资本参与高新技术企业的技术创新活动中去。积极鼓励高新技术企业充分参与并利用国内主板、中小板、创业板市场,优先推荐实力较强的高新技术企业上市融资,引导并推动符合条件的高新技术企业到海外上市融资,通过建立高新技术企业数据库对企业上市融资提供服务帮助。同时,鼓励银行参股企业,银行在为企业提供资金的同时,又将企业创新活动置于监管之下,银行自身经济利益与企业创新行为形成利益共同体,有助于提高高新技术企业的资金使用效率,促进企业创新能力的提升。

另外,各级地方政府要积极推动、引导和规范相关技术创新专项基金的发展与运行,建立相较完善的基金运行监管机制,建立健全基金管理机构的信用、信息评价机制。健全完善创新券的管理制度和运行机制,在全面创新改革试验区域探索建立创新券的跨区域互通互认机制。各级地方政府要大力推广专利权质押等知识产权融资模式,鼓励高新技术企业利用知识产权来进抵押借款。同时,各级地方政府要鼓励区域内其他金融机构如风险投资公司、信贷担保公司、财务公司、保险公司等为高新技术企业知识产权融资提供资质认证、信用评级、风险担保及保险服务,对符合条件的由地方政府提供风险补偿或保费补贴。

7.1.4 提高区域税收优惠政策效力

根据区域软环境对高新技术企业创新能力影响的空间计量模型检验结果来看,区域政府环境对高新技术企业创新能力的影响效果整体显著;区域政府环境对东部地区的高新技术企业创新能力的影响效果显著,表明随着区域政府税收优惠扶持力度的加大,税收优惠政策的杠杆效应和激励效应对提高东部地区高新技术企业创新能力水平具有积极的促进作用;区域政府环境对中部地区、西部地区、东北地区的高新技术企业创新能力的影响效果不显著,表明上述地方政府税收优惠政策的引导力和执行力对提高地区内高新技术企业创新能力作用有限。在此方面,建议政府应重点完善以下几个方面:

一方面,进一步丰富政府"一揽子"税收工具,充分发挥税收优惠政策的引导效应。政府税收优惠政策的制定不能流于形式,要充分考虑到减税政策的可操作性,充分发挥减税政策的效力水平。东部地区政府环境相较良好,政策执行效率高,政府效能可以得到充分释放。同时,东部地区出口导向型的高新技术企业数量众多,减税政策的受惠群体基数大。对此,建议各级地方政府针对东部地区高新技术企业要进一步加大对高新技术企业出口退税方面的补贴力度和金额的减免,适时对出口退税税率进行调整。结合并搭配其他优惠政策如营业税、增值税、资源税、企业所得税等,进一步丰富政府"一揽子"税收工具,强化税收优惠政策对东部地区高新技术企业创新能力提升的"杠杆效应",进而刺激高新技术企业创新能力的稳步提升。

另一方面,深化政府效能改革与提升税收优惠政策精准性并举。中部地区、西部地区和东北地区政府政策的执行效率和政府效能仍需进一步提升,过度的税收优惠补贴导致高新技术企业产能过剩,也会抑制高新技术企业创新能力的提升。针对上述地区的高新技术企业,各级地方政府要首先实现政府职能的转型,政府要由重权力向重责任,重管理向重服务进行转变。此外,在处理与高新技术企业的政企关系中,各级地方要严格恪守、秉持"有所为、有所不为"的基本原则。各级政府要高度重视地方政府对高新技术企业的寻租、抽租行为,在此方面建议政府可以通过地方官员轮换,增加中央巡查力度,建立地方高新技术企业与中央直通的信息反馈机制来规避搭便车、资源错位配置等问题。在税收政策管理方面,各级地方政府要进一步健全税收审查机制,明确审查程序,强化审查责任,推动并全面实施公开、公正、公平、透明的审查制度。同时,加大税收事中和事后的监管力度,确保政府对高新技术企业的税收优惠政策落实到位并充分发挥应有的效果。

另外,各级地方政府还需要从税收源头上从严把控,对符合出口补贴范围内的高新技术企业给予补贴优惠,对超出出口补贴范围甚至不在出口补贴范围内的高新技术企业不予补贴优惠,杜绝企业税收优惠这一政策调配工具的乱用、滥用。要适时建立对高新技术企业税收优惠政策执行情况的反馈制度及分析制度。各级地方政府要对本地区高新技术企业的创新发展水平、创新发展程度、创新发展规律有清晰的认识,在此基础上,针对高新技术企业税收管理和企业创新中出现的问题,要以税收角度开展相关分析。要及时发现政策落实过程中存在的突出问题和短板,通过调整结构、引导投向等来进一步释放税收优惠政策给地区高新技术企业带来的创新收益。

同时,加强税收优惠政策的宣传力度,提高政府的行政效能和服务水平。

各级地方税务机构和相关的政府部门要进一步拓展税收优惠政策的宣传渠道，充分利用政府服务热线、政府门户网站、地区高新技术企业网及各种形式的网络媒体平台，加大政府对高新技术企业税收优惠政策的宣传力度，使高新技术企业了解相关税收优惠政策的实施过程、落实进程、申请范围与相关申请流程，扩大高新技术企业对税收优惠政策的认知面，并切实根据自身条件和发展需求开展填报申请活动。

7.1.5　推进区域产权保护深入落实

根据区域软环境对高新技术企业创新能力影响的空间计量模型检验结果来看，区域法律环境对高新技术企业创新能力的影响效果整体不显著；区域法律环境对东部地区的高新技术企业创新能力的影响效果显著，表明随着区域知识产权保护力度的加大，有力维护了东部地区的高新技术企业在知识创造行为和科技创新活动中取得的创新成果，对激发东部地区高新技术企业的创新活力进而对提高高新技术企业创新能力水平具有积极的促进作用；区域法律环境对中部地区、西部地区、东北地区的高新技术企业创新能力的影响效果不显著，表明上述地区知识产权保护力度对提高地区内高新技术企业创新能力作用有限。在此方面，建议政府应着重从以下三点入手：

第一，强化知识产权执法力度。东部地区法律环境相较优越，地区高新技术企业对知识产权保护有较强的法律意识和法治观念，地区内高新技术企业知识维权意识强，侵权诉求高，社会产权执法力度较强，产权执法配套资源相较完善。对此，东部地区要以保护产权、维护契约、统一市场、平等交换、公平竞争为基本导向，不断完善相关法律法规，为地区高新技术企业知识创造行为和科技创新活动保驾护航，营造氛围良好的区域法律环境。同时，各级产权执法机构对各种知识侵权行为要依法严肃处理，对产权纠纷案件要依法甄别纠正。各级产权执法机关可通过实行侵权惩罚性赔偿制度来进一步强化知识产权保护。通过上述举措，进一步明确产权制度是社会主义市场经济的基石，为提高本地区高新技术企业创新能力水平创造有利条件。

第二，树立高新技术企业法治观念与法治意识。中部地区、西部地区、东北地区法律环境发展相较滞后，由此导致区域知识产权保护力度对地区内高新技术企业创新能力提升的影响作用有限，这从侧面也反映了区域法治建设和产权执法能力仍有很大的提升空间。对此,各级产权执法机关要继续深入推进区域知识产权执法工作的开展,竭力营造稳定有序的社会法律环境。强化区域知识产权的执法工作关键在于从高新技术企业思想源头上让其树立维权意识,增强法治观念。各级产权执法机关要持续在地区高新技术企业内部定期开展法治宣传活动,将维护知识产权权益,保障企业创新成果合法利益的观念长期贯彻下去并使之常态化。另外,各级产权执法机关还需要继续着力加强知识产权立法工作和专利执法力度,提高执法人员专业素质水平,为专利执法部门配备相关的执法资源。各级产权执法机关要进一步加大对假冒伪劣、非法仿制、窃取知识产权等行为的惩处力度,充分保障创新者的合法权益。充分发挥知识产权司法保护的主导性作用,为高新技术企业树立保护知识产权就是保护创新成果的观念意识。

第三,增强区域间的产权执法合作。全社会都要参与到社会法治环境的建设中去,不断提高和强化区域间的产权执法合作关系。首先,区域产权执法部门要从从根本上杜绝执法犯法、权力滥用、金权交易等不良社会风气,净化执法队伍,提高执法素质。其次,逐步建立起完善的知识产权运用和快速协同保护体系,加快推进快速保护由单一产业领域向多领域的扩展。最后,构建起区域间知识产权执法网络合作平台,加快建设区域间知识产权运营服务体系,逐步发挥区域间知识产权执法网络合作平台的枢纽作用。针对知识产权侵权成本低、维权成本高的问题,可借助区域间知识产权执法网络合作平台,推动运用"互联网＋"的手段,通过源头追溯、实时监测、在线识别等方式进一步强化对地区内高新技术企业的知识产权保护。同时,为配合区域间知识产权执法网络合作平台的搭建,各区域产权执法部门和各级地方政府要进一步加快知识产权执法的区域一体化进程,对于跨区域知识侵权行为,要强化区域之间执法部门的通力合作,确保异地高新技术企业维权行为得到公平、公正对待和处理。深入推进知识产权立法工作,强化知识产权审判创新,对于跨地区知识产权纠纷可以交由第三方的法院来进行仲裁。完善知识产权诉讼制度,加强知识产权法院体系建设与知识产权审判队伍建设。

7.1.6　培育区域创业精神落地生根

根据区域软环境对高新技术企业创新能力影响的空间计量模型检验结果

来看,区域文化环境对高新技术企业创新能力的影响效果整体显著;区域文化环境对东部地区和西部地区的高新技术企业创新能力的影响效果显著,表明随着区域创业精神的不断提高,创业精神的角色带头效应和先进示范效应对提高东部地区和西部地区高新技术企业创新能力水平具有积极的促进作用;区域文化环境对中部地区和东北地区的高新技术企业创新能力的影响效果不显著,表明上述地区创业氛围有待加强,创业激情与创业热情有待调动,两个地区的创业精神对提高地区内高新技术企业创新能力作用有限。在此方面,建议政府着力提高以下三个方面的建设:

第一,弘扬"双创"精神,彰显榜样力量。东部地区创业精神活跃,创业基础良好,"重利崇商"的社会文化特质和历史风俗传统已深入人心。西部地区深受国家创业政策的影响,政策的倾斜与相关配套资源的逐步落实为西部地区活跃的创业活动提供了重要保障。鉴于此,东部地区的地方政府要继续巩固和强化社会创业基础,特别是要进一步完善本地区信息化基础设施的建设力度,为信息高效的传播、便利的共享提供优质的服务。积极打造特色科技项目服务平台,面向创业者和创业团队提供在前沿科技领域和关键技术方向的高新科技项目,为创业者和创业团队提供更好的选择。政府要带头支持设立创业投资引导基金,鼓励银行等金融机构试点设立"创客中心"等一站式特色综合金融服务平台,促进创业创新模式集聚发展。西部地区的地方政府要继续加大"双创"政策的宣传力度,并适时根据本地区创业发展情况逐步构建起较为完善的创新创业政策体系。除了在财政、税收等方面的实质性减免外,地方政府要积极实施人才"引进来"战略。在此方面,政府要协调各有关部门,围绕外籍技术骨干、外籍青年创业者、外籍高端人才开通申请办理永久居留的"直通渠道"。另外,东部地区和西部地区活跃的创业精神更归功于创业先锋榜样的示范、引领作用。在此方面,地方政府要稳步扎实推进树立典型、表彰先进的创业赛事,对"双创之星"的评比要逐步规范化、制度化。同时,积极号召和鼓励全社会向创业创新典型学习,立足岗位,开拓创新。通过彰显创业创新的榜样力量,进一步营造了浓厚的创业创新氛围,引领了全社会双创潮流不断向前发展。

第二,增强创业意识,营造创业氛围。中部地区和东北地区整体创业氛围不浓,创业失败挫折感削弱了地区创业激情,由此导致区域创业精神对地区内高新技术企业创新能力提升的影响作用有限,这从侧面也反映了区域创业氛围的营造和创业热情的激发仍有很大的提升空间。对此,政府首先要从观念上转变固守落后的创业观,树立创业并不是简单的就业方式,而是勇于挑战自我、不断超越极限的一种人生态度和价值观念。各级政府可以在地方积极组织创业教育主题展览,鼓励成立创业教育试点基地和创业专业培训示范机构,进一步激发全社会的创业意识和创业潜能,为本地区植入创业基因。在增强地区创业意识的同时,政府要大力营造和谐稳定的创业环境,为创业者和创业团队提供服务保障。支持打造"双创"基地,深化大学创业园区建设力度,支持科技企业孵化器建设与发展。支持农民工和大学生创业,为农民工设立专项培训资金和技术援助基金,为大学生建立创业"种子资金"。支持科技人员创业,优化科技资源共享服务平台的建设,对科技成果的处置和收益进行相关改革,加快支持技术创新成果的转化。积极营造包容的社会创业氛围,对于创业失败的个人或团体,从制度上给予其"受挫折"和"承失败"的机会,鼓励创业失败的个人或团体重新进行二次创业。

第三,强化创业教育,提升创业能力。区域文化环境对高新技术企业创新能力的促进作用背后是区域创业精神这种核心创新精神对高新技术企业技术创新能力的深层次影响。区域创业精神作用的发挥关键在于创业者和创业团队自身创业技能与创业素质,很大程度上,加强创业者和创业团队创业技能的训练与掌握,提高创业者和创业团队创业素质教育对提升创业者和创业团队的创业能力,激发创业精神,释放创业活力,进而提高高新技术企业创新能力水平显得尤为重要。在此方面,政府要重视创业教育,通过教育改革与创新更加系统地培养创业者、创业团队的创业精神和创业能力。各级政府要强化完善创业师资体系建设,规范创业教师培训机构的认定与相关考核机制,建议各级学校积极开展创新创业课程,并逐渐将创新创业课程纳入学分管理,强化对创业教师的资质认定与技能考核,加强创业教师队伍的专业化和系统化建设。创新创业需要一定的知识积累和技能储备,对此,政府要强化学校课程建设力度,深化学校创新创业教育改革,促进创新创业教育与专业教育的深度融合。积极鼓励创业教师开展"专业+创新创业"活动,开展启发式、探索式、参与式教学,鼓励学生参加技能竞赛,积极申请专利,开展创业企业实地参观调研等活动。另外,创业教育同样需要国际化借鉴与本土化建设并举,要逐步建立和完善"立足区域、融合发展"的特色化、国际化的创业教育体系。

7.2 促进创新能力提升的企业对策建议

7.2.1 强化高新技术企业诚信体系建设

根据区域软环境对高新技术企业创新能力影响的主效应跨层次检验结果来看,高新技术企业关系嵌入行为对企业创新能力产生了显著的积极影响。这表明高新技术企业通过不断增进与所处区域网络内的利益相关者彼此间的信任程度、好感度、合作愿景对提高高新技术企业创新能力具有直接促进作用。信任是连接高新技术企业与其他利益相关者间的桥梁和纽带,是企业建立彼此联系与沟通交流的基础,强化高新技术企业诚信体系建设对提高企业创新能力水平至关重要。在此方面,高新技术企业应重点完善以下三个方面:

第一,提高企业诚信意识,树立企业诚信观念。企业的诚信是赢得利益相关者信任的重要武器,对此高新技术企业内部要不断深化企业诚信体制建设。高新技术企业要大力宣传企业诚信观念,并将诚信视为企业管理实践的指导性原则。确立诚信体系建设是高新技术企业核心竞争力的重要组成部分,是企业价值理念和工作准则的重要环节。通过在高新技术企业内部经常性开展诚信思想宣传,有序推进员工诚信教育,进一步凝聚企业诚信共识,树立企业诚信意识。在高新技术企业内部定期组织开展企业诚信文化周、企业诚信文化月等活动,以此不断培育高新技术企业的诚信文化氛围并逐步使之制度化、规范化。

第二,完善企业管理制度,确立诚信考核机制。高新技术企业内部要建立并不断完善严格、规范、科学的现代化管理制度,从企业的决策者、管理者到基层员工建立起科学而又有侧重的约束机制。针对企业决策者和管理者,要不断完善高新技术企业的内部治理结构,预防个人专权、舞弊、腐败等问题的发生。高新技术企业可通过提高决策程序的透明度,重大决策问题要体现员工的参与度,逐步建立诚信管理制度。针对基层员工,要建立并完善相关的诚信考核机制与评价体系。高新技术企业不能仅将诚信停留在口头上,通过诚信制度化的设计将企业诚信理念贯穿于企业经营行为与创新活动中去,并逐渐使之提升到高新技术企业长远发展的战略高度。

第三,增强企业的社会责任感和使命意识。高新技术企业除了公平竞争、诚信经营、增强企业透明度外,通过履行并践行相关社会责任,在利益相关者中树立良好的社会道德规范,同样会拉近高新技术企业与利益相关者间的距离,增进彼此好感,提高合作概率,促进企业创新能力的提升。高新技术企业要根据自身创新能力发展水平和成长状况对践行社会责任进行系统的规划。高新技术企业初期应始终以技术创新为企业发展的核心目标,通过强化知识学习能力,提高知识整合能力,促进知识成果市场转化水平,不断完善提高自身创新能力。这一阶段,高新技术企业应履行与其能力匹配的社会技术责任和社会经济责任。在技术创新活动的发展中期,高新技术企业借助创新技术的累积与突破,通过采用新技术和新工艺进一步降低能耗,实行清洁生产,秉持低碳、绿色、可持续发展理念。这一阶段,高新技术企业应积极履行社会环境责任。当高新技术企业创新能力和发展水平达到一定规模时,高新技术企业逐渐成为推动社会经济发展的参与者和行业内的佼佼者。这一阶段,高新技术企业要积极参与社会公益事业,树立良好负责任的企业形象,强化高新技术企业的社会责任感和使命意识,提升企业信誉度,履行社会慈善责任。

7.2.2　提升高新技术企业自身能力建设

根据区域软环境对高新技术企业创新能力影响的主效应跨层次检验结果来看,高新技术企业结构嵌入行为对企业创新能力产生了显著的积极影响。这表明高新技术企业通过使自身处于区域网络的核心位置或是关键位置,不断在区域网络内扮演关键性角色会进一步提高高新技术企业异质性资源的获取边界,增强网络内其他利益相关者与高新技术企业的合作意愿,进而对提高高新技术企业创新能力具有直接促进作用。由此可见,高新技术企业能否占据区域网络核心位置,能否在区域网络内起关键性作用取决于高新技术企业的整体竞争力和综合实力。这就要求高新技术企业要具备"打铁还需自身硬"的基本素质,因此高新技术企业应重点完善以下几个方面:

一方面,完善并强化高新技术企业创新能力。高新技术企业提升自身整体竞争力和综合实力的当务之急是必须要潜心加强自身创新能力的建设,特别是提高高新技术企业技术创新能力水平。这就要求高新技术企业要具有大局观和前瞻意识,能对前沿科技领域的重大成果和科技创新领域的发展态势要有敏锐的洞察力,并根据高新技术企业自身实际能力开展相关科学技术的论证、实施、攻关,以此稳步提升高新技术企业的技术创新能力。同时,高新技术企业要与区域高等院校、科研院所单位等融通创新,加快创新成果转化应用,逐步建立健全高新技术企业与区域内高等院校、科研院所单位等科研机构的创新容错机制,进一步促进创新资源开放共享,鼓励自由探索和挑战未知。

另外,科技人才在高新技术企业创新活动中扮演关键角色。对此,高新技术企业要大力拓展人才引入渠道。企业管理者要重视科研团队、科技人才的发展,将团队建设、人才保护摆在高新技术企业发展战略的突出位置。通过采取灵活的薪酬制度和奖励措施,确保科技人才不仅能引进来,还要留得住。同时,高新技术企业还要扩大自身人才储备,有悖于激励创新的规章制度要适时修改废除,有碍于释放创新活力的繁文缛节要下决心砍掉。要充分发挥科技人才的创新力与创造性,逐步打造规模宏大、结构合理、素质优良的企业科技创新人才队伍。

另一方面,完善并强化高新技术企业经营能力。高新技术企业要进一步提高企业决策、组织、管理、生产等各方面的能力,要从战略高度重视高新技术企业经营能力的培育和提升。首先,要加大企业培训力度,大力提升企业管理者和基层员工的业务素质、技术水平、文化修养等。明确培训目标,完善培训方案,增强培训效果。其次,要注重团队建设,提高团队科研项目人员的政治待遇与经济待遇。不断完善团队专业人员职业发展机制,加大项目人才引进机制,为高新技术企业创新能力的培育与提升夯实基础。最后,要进一步优化企业自身业务结构,扩展业务市场渠道,有效控制企业生产成本。不断完善质量监督与售后服务体系,创造并提供更优质的服务,建立健全风险预警机制。

7.2.3 加紧高新技术企业内部环境建设

根据区域软环境对高新技术企业创新能力影响的调节效应跨层次检验结果来看,区域科技环境与高新技术企业关系嵌入和结构嵌入行为的交互作用对企业创新能力产生积极的促进作用;区域政府环境与高新技术企业关系嵌入和结构嵌入行为的交互作用对企业创新能力产生积极的促进作用。上述表明高新技术企业通过关系嵌入和结构嵌入行为与区域网络内科研机构、政府部门形成了良性的交互效应,进而提高了高新技术企业创新能力水平。区域金融环境与高新技术企业关系嵌入的交互作用对企业创新能力产生积极的促进作用;区域文化环境与高新技术企业关系嵌入的交互作用对企业创新能力产生积极的促进作用。上述表明高新技术企业通过关系嵌入行为与区域网络内银行等金融机构、创业者或创业团队形成了良性的交互效应,进而提高了高新技术企业创新能力水平。除了区域文化环境与高新技术企业结构嵌入行为的交互作用对企业创新能力并未产生影响是由于区域结构网络环境是客观形成,并且这样的网络结构较为稳固和紧密之外,其他区域软环境与高新技术企业网络嵌入行为并未产生交互效应,表明高新技术企业与这些区域软环境的互动交流需进一步增强。

高新技术企业既是区域软环境的受益者,同时也是区域软环境建设的重要参与者与贡献者。区域软环境对高新技术企业创新能力的影响意义深远,构建氛围良好、和谐共生的区域软环境不仅需要政府等其他利益主体的配合,更需要高新技术企业的积极参与和协助。这就需要高新技术企业不断提高企业自身内部环境的建设步伐,加紧企业内部环境的建设力度,以更好增进高新技术企业与区域软环境的交流互动,并为高新技术企业创新能力的稳定、持续提升创造有利条件。对此,本书建议高新技术企业应重点完善以下四个方面的建设:

一是不断提高高新技术企业科技能力建设水平。在高新技术企业内部要将创新驱动发展战略思想和“双创”精神深深植根于企业发展的每个环节,培养企业创新意识。企业要具备前瞻意识和战略眼光,将高新技术企业科技创新发展与前沿科技和关键领域技术相衔接。科技基础较为薄弱的高新技术企业,建议在“引进—消化—吸收—创新”的模式下有目的、有计划、有针对性地制定企业创新发展规划,逐步实现创新门槛的跨越。科技基础较为雄厚的高新技术企业,可尝试与科研机构、高等院校等建立长期合作关系,进而促进区域间知识的交流与共享。高新技术企业通过与区域内科研机构、高等院校等展开联合技术研发并逐渐形成以企业为主导,多方科技力量共同参与的共赢模式,可稳步提升高新技术企业创新产品(服务)的市场竞争力。另外,创新能力较强的高新技术企业可以通过技术援助的形式带动创新落后企业共同发展,企业间的创新合作模式可由“授之以鱼”向“授之以渔”逐步深化。

二是不断增强高新技术企业与政府、银行等的沟通协调能力。高新技术企业要确保与外部沟通管道的畅通,对政府惠企政策的制定与银行融资信息的发布要及时感知,并提高对相关信息的收集和处置能力。在高新技术企业内部,要逐步建立健全"信息获取—信息分发—信息解释"这一长效信息处理机制。在高新技术企业外部,要积极构建与地方政府、银行等金融机构的多边、多层对话机制。在确保沟通渠道畅通的同时,高新技术企业要进一步强化自身信息反馈机制的建设,通过建立企业信息数据库,利用云计算、大数据等手段对政府惠企政策的延续性和银行融资政策的时效性进行量化研究,为高新技术企业开展相关活动提供决策依据。另外,高新技术企业要不断优化组织结构的调整,提高决策和管理的透明度。高新技术企业在与政府和银行的交往联系中,要秉持适度原则,预防政企关联和银企关联对高新技术企业创新能力的侵蚀。

三是不断完善高新技术企业知识产权保护制度。高新技术企业要以零容忍的态度面对知识侵权行为,决不能姑息和纵容任何损害企业创新成果和知识权益的行为,要坚决维护高新技术企业知识创造和技术创新的合法权益。身为人大代表、政协委员等的企业家应向政府提案,呼吁立法保护高新技术企业合法的知识权益和创新成果,并引起社会对此问题的重视与关注。高新技术企业内部要定期开展法治宣传活动,将知识产权保护的法治观念深入贯彻下去,并使之常态化。高新技术企业科技创新成果一旦形成,要及时到地方知识产权局登记注册,并在企业内部建立科技创新成果档案并将其制度化。建议高新技术企业实行差异化的产权制度管理。创新能力较强的高新技术企业可以独立设立企业知识产权部门,下辖若干个职能子部门,确保知识产权管理的严密性和灵活性;创新能力较弱的高新技术企业可以尝试组建跨企业的知识产权保护联盟,通过凝聚力量联合对抗侵权行为,促进知识产权保护制度的行业化和社会化。

四是不断培育企业创业精神,发展企业创新文化。高新技术企业要始终秉持和发扬"以人为本"的核心理念,重视和尊重具有创业潜质和创业特质的个人,并为其提供参加创新创业培训、学习、历练的机会。在高新技术企业内部定期开展创新文化周和创业文化月的活动,通过设计创业主题展览,开展创新技能比赛不断丰富企业文化生活。同时,高新技术企业管理者要善于激发员工的创新意识和团队合作精神,大力培育和扶持具有创新潜能和创业潜力的个人或团队。大力弘扬敢为人先、迎难而上的进取精神,持之以恒、坚韧不拔的拼搏精神,勇于实践、脚踏实地的务实精神。树立崇尚成功、宽容失败的容错机制,培育企业工匠精神,建立相关激励与考核机制,建立并完善具有工匠精神潜质员工的发现、筛选、培养、考核机制。注重高新技术企业企业家精神的培养,为企业家干事创业提供足够的空间,营造良好的舆论宣传环境,更好展现企业家的软实力,借此不断强化高新技术企业的凝聚力和向心力。

7.3 本章小结

本章从政府和企业两个层面提出了促进中国高新技术企业创新能力提升的对策及建议。在优化区域软环境方面的政府对策建议包括优化区域科技资金配置水平、规范区域外商企业引入制度、完善区域融资平台体系建设、提高区域税收优惠政策效力、推进区域产权保护深入落实、培育区域创业精神落地生根等六个方面的内容;在促进创新能力提升方面的企业对策建议包括强化高新技术企业诚信体系建设、提升高新技术企业自身能力建设、加紧高新技术企业内部环境建设等三个方面的内容。上述对策建议的提出为中国高新技术企业创新能力的提升提供了切实可行的对策建议和决策依据。

参 考 文 献

[1] 钟春平,刘诚."中国经济崩溃论"根本站不住脚:中国经济发展将更加健康更可持续[N].人民日报,2017-04-25(7).

[2] 刘世锦,吴振宇.正确认识新常态下经济下行压力[J].求是,2015(15):23-25.

[3] 黄群慧.论中国工业的供给侧结构性改革[J].中国工业经济,2016(9):5-23.

[4] 李坤望,蒋为,宋立刚.中国出口产品品质变动之谜:基于市场进入的微观解释[J].中国社会科学,2014(3):80-103.

[5] 杨继军,范从来."中国制造"对全球经济"大稳健"的影响:基于价值链的实证研究[J].中国社会科学,2015(10):92-113.

[6] SHARMA A,LYER G R,MEHROTRA A,et al. Sustainability and business-to-business marketing:a framework and implications[J]. Industrial Marketing Management,2010,39(2):330-341.

[7] DE JONG G,PHAN T B,VAN EES H. Does the meta-environment determine firm performance? Theory and evidence from European multinational enterprises[J]. International Business Review,2011,20(4):454-465.

[8] 李冲,钟昌标,郭经纬,等.区域金融生态环境与企业创新能力:理论假说及空间计量检验[J].经济与管理,2016,30(3):19-26.

[9] 李苗苗,肖洪钧,李海波.区域开放程度与企业技术创新能力的关系研究:基于有向无环图的实证分析[J].运筹与管理,2016,25(6):266-273.

[10] AARSTAD J,KVITASTEIN O A,JAKOBSEN S E. Related and unrelated variety as regional drivers of enterprise productivity and innovation:a multilevel study[J]. Research Policy,2016,45(4):844-856.

[11] 葛亮,仲伟俊,梅姝娥.民营科技企业的成长模式与环境分析[J].中国软科学,2004(3):69-75.

[12] 林汉川,管鸿禧.我国东中西部中小企业竞争力实证比较研究[J].经济研

究,2004(12):45－54.

[13] 魏漭.私营经济发展的软环境研究[D].哈尔滨:哈尔滨工程大学,2005.

[14] 林迎星.民营企业自主创新当前区域软环境评价:框架与实例[J].科学学与科学技术管理,2006,27(9):65－70.

[15] 范钧.区域软环境对企业竞争力的作用机制及其评价体系[J].科研管理,2007,28(2):99－104.

[16] 徐彪,李心丹,刘海飞,等.区域背景与企业绩效关系研究:基于中国52个城市工业制造企业的实证分析[J].管理学报,2011,8(6):827－836.

[17] 于东平.区域软环境概念及维度研究述评[J].中国市场,2012(14):55－57.

[18] 于东平,段万春.区域软环境、企业家能力与中小企业绩效[J].科研管理,2012,33(12):68－77.

[19] YANG C H,MOTOHASHI K,CHEN J R. Are new technology-based firms located on science parks really more innovative? Evidence from Taiwan[J]. Research Policy,2009,38(1):77－85.

[20] 沈红波,寇宏,张川.金融发展、融资约束与企业投资的实证研究[J].中国工业经济,2010(6):55－64.

[21] 刁丽琳,张蓓,马亚男.基于 SFA 模型的科技环境对区域技术效率的影响研究[J].科研管理,2011,32(4):143－151.

[22] 黄志忠,谢军.宏观货币政策、区域金融发展和企业融资约束[J].会计研究,2013(1):63－69.

[23] FITJAR R D,RODRIGUEZ P A. Networking,context and firm-level innovation:cooperation through the regional filter in Norway[J]. Geoforum,2015,(63):25－35.

[24] OGALA A. Geographic,cultural,and psychic distance to foreign markets in the context of small and new ventures[J]. International Business Review,2015,24(5):825－835.

[25] MONTMARTIN B,HERRERA M. Internal and external effects of R&D subsidies and fiscal incentives:empirical evidence using spatial dynamic panel models[J]. Research Policy,2015,44(5):1065－1079.

[26] 李贲,吴利华.开发区设立与企业成长:异质性与机制研究[J].中国工业

经济,2018(4):79－97.

[27] 范钧.区域软环境对中小企业竞争优势作用机制的实证研究:以浙江制造业为例[J].科研管理,2010,31(2):105－113.

[28] HASHI I, KRASNIQI B A. Entrepreneurship and SME growth:evidence from advanced and laggard transition economies[J]. International Journal of Entrepreneurial Behavior & Research,2011,17(5):456－487.

[29] LASCH F. Beyond the concept of human and social capital:the impact of the regional environment on high-tech venturing[J]. International Journal of Entrepreneurship and Small Business,2011,14(1):56－76.

[30] 任颋,茹璟,尹潇霖.所有制性质、制度环境与企业跨区域市场进入战略选择[J].南开管理评论,2015,18(2):51－63.

[31] ATHREYE S. Agglomeration and growth:a study of the Cambridge hi-tech cluster[R]. SIEPR Discussion Paper,2001.

[32] BATEN J. Creating firms for a new century:determinants of creation around 1900[R]. CESIFO Working Paper,2003.

[33] 钱丽,肖仁桥,陈忠卫.中国工业企业绿色技术创新效率及其区域差异研究:基于共同前沿理论和 DEA 模型[J].经济理论与经济管理,2015,(1):26－43.

[34] 朱福林,陶秋燕,朱晓妹,等.社会资本强度导致创新绩效与企业成长差异:基于北京市 200 多家科技型中小微企业的实证研究[J].产经评论,2016(5):115－131.

[35] 赵玉奇,柯善咨.市场分割、出口企业的生产率准入门槛与"中国制造"[J].世界经济,2016(9):74－98.

[36] 范剑勇.市场一体化、地区专业化与产业集聚趋势:兼谈对地区差距的影响[J].中国社会科学,2004(6):39－51.

[37] 谷任,邝国良.产业集群、金融发展与产业竞争力[J].中国软科学,2007(6):92－95.

[38] 王艳荣,刘业政.农业产业集聚形成机制的结构验证[J].中国农村经济,2011(10):77－85.

[39] HSU W T, WANG P. Trade, firm selection, and industrial agglomeration[J].

Regional Science and Urban Economics,2012,42(6):975 –986.

[40] KONDO H. International R&D subsidy competition, industrial agglomeration and growth[J]. Journal of International Economics,2013,89(1):233 –251.

[41] 刘新艳,赵顺龙.区域环境对产业集群创新绩效的影响:基于集群创新能力中介作用的分析[J].科技进步与对策,2015,32(6):72 –79.

[42] LEVINE R. Financial development and economic growth:views and agenda [J]. Journal of Economic Literature,1997,35(2):688 –726.

[43] 綦良群,李兴杰.区域装备制造业产业结构升级机理及影响因素研究[J].中国软科学,2011(5):138 –147.

[44] ZHAO Q,NIU M Y. Influence analysis of FDI on China's industrial structure optimization[J]. Procedia Computer Science,2013(17):1015 –1022.

[45] 宋凌云,王贤彬.政府补贴与产业结构变动[J].中国工业经济,2013(4):94 –106.

[46] 余东华,吕逸楠.政府不当干预与战略性新兴产业产能过剩:以中国光伏产业为例[J].中国工业经济,2015(10):53 –68.

[47] 李新功.区域金融改善与产业结构优化[J].科学学研究,2016,34(6):833 –849.

[48] 张憬,沈坤荣.地方政府干预、区域金融发展与中国经济增长方式转型:基于财政分权背景的实证研究[J].南开经济研究,2008(6):122 –141.

[49] 曹洪军,莎娜.区域环境视角下的区域经济发展模式研究:基于山东省数据的实证分析[J].中国工业经济,2011(8):25 –35.

[50] CHECHERITA W C,ROTHER P. The impact of high government debt on economic growth and its channels:an empirical investigation for the euro area [J]. European Economic Review,2012,56(7):1392 –1405.

[51] PEGKAS P. The impact of FDI on economic growth in Eurozone countries[J]. The Journal of Economic Asymmetries,2015,12(2):124 –132.

[52] YANG Z. Tax reform, fiscal decentralization, and regional economic growth: new evidence from China[J]. Economic Modelling,2016(59):520 –528.

[53] DURUSU C D,ISPIR M S,YETKINER H. Financial development and economic growth:some theory and more evidence [J]. Journal of Policy

Modeling,2017,29(2):290 - 306.

[54] BUNTE J B, DESAI H, GBALA K, et al. Natural resource sector FDI, government policy, and economic growth: quasi-experimental evidence from Liberia[J]. World Development,2018(107):151 - 162.

[55] 陈学光,俞红,樊利钧. 研发团队海外嵌入特征、知识搜索与创新绩效:基于浙江高新技术企业的实证研究[J]. 科学学研究,2010,28(1):151 - 160.

[56] NUNES P M, SERRASQUEIRO Z, LEITÃO J. Is there a linear relationship between R&D intensity and growth? Empirical evidence of non-high-tech vs high-tech SMEs[J]. Research Policy,2012,41(1):36 - 53.

[57] 张玉臣,吕宪鹏. 高新技术企业创新绩效影响因素研究[J]. 科研管理,2013,34(12):58 - 65.

[58] 解学梅,戴智华,刘丝雨. 高新技术企业科技研发投入与新产品创新绩效:基于面板数据的比较研究[J]. 工业工程与管理,2013,18(3):92 - 96.

[59] HONG J, FENG B, WANG Y R, et al. Do government grants promote innovation efficiency in China's high-tech industries? [J]. Technovation,2016 (57 - 58):4 - 13.

[60] 张光磊,刘善仕,申红艳. 组织结构、知识转移渠道与研发团队创新绩效:基于高新技术企业的实证研究[J]. 科学学研究,2011,29(8):1198 - 1206.

[61] WANG H W, WU M C. Business type, industry value chain, and R&D performance: evidence from high-tech firms in an emerging market [J]. Technological Forecasting and Social Change,2012,79(2):326 - 340.

[62] 李永周,黄薇,刘旸. 高新技术企业研发人员工作嵌入对创新绩效的影响:以创新能力为中介变量[J]. 科学学与科学技术管理,2014,35(3):135 - 143.

[63] HSIEH J K, HSIEH Y C. Dialogic co-creation and service innovation performance in high-tech companies[J]. Journal of Business Research,2015, 68(11):2266 - 2271.

[64] GU Q X, WAN J, WANG G G. Effects of external and internal sources on innovation performance in Chinese high-tech SMEs: a resource-based perspective [J]. Journal of Engineering and Technology Management,2016 (40):76 - 86.

［65］SHENG M L,CHI E. Rethinking organizational learning orientation on radical and incremental innovation in high-tech firms［J］. Journal of Business Research,2016,69(6):2302 – 2308.

［66］孙锐,赵晨.高新技术企业组织情绪能力、组织学习与创新绩效［J］.科研管理,2017,38(2):93 – 100.

［67］黄玮,项国鹏,杜运周,等.越轨创新与个体创新绩效的关系研究:地位和创造力的联合调节作用［J］.南开管理评论,2017,20(1):143 – 154.

［68］顾群,翟淑萍.融资约束、代理成本与企业创新效率:来自上市高新技术企业的经验证据［J］.经济与管理研究,2012(5):73 – 80.

［69］熊飞,郑茜,唐葆君.基于 DEA 方法的高新技术企业创新效率研究:以丰台科技园为例［J］.中国管理科学,2012,20(S2):696 – 701.

［70］李刘艳.基于 DEA 分析法的高新技术企业创新效率研究［J］.科技管理研究,2013(18):171 – 174.

［71］张俊瑞,陈怡欣,汪方军.所得税优惠政策对企业创新效率影响评价研究［J］.科研管理,2016,37(3):93 – 100.

［72］陈晔婷,邢文祥,朱锐.中国高技术企业"走出去"对研发效率的影响:基于合成控制法的研究［J］.世界经济研究,2016(8):126 – 134.

［73］戴魁早,刘友金.要素市场扭曲与创新效率:对中国高技术产业发展的经验分析［J］.经济研究,2016(7):72 – 86.

［74］马宁,官建成,高柏杨.中国高新技术企业规模与创新分布［J］.管理科学学报,2001,4(1):75 – 80.

［75］方建国.基于动态能力观的企业技术创新能力研究:以中国高新技术产业上市公司为例［J］.科技进步与对策,2010,27(16):72 – 77.

［76］沙文兵,李桂香.FDI 知识溢出、自主 R&D 投入与内资高技术企业创新能力:基于中国高技术产业分行业动态面板数据模型的检验［J］.世界经济研究,2011(1):51 – 56.

［77］郑霞.中国高技术企业技术创新能力影响因素研究［J］.财经问题研究,2014(11):127 – 132.

［78］王公为,彭纪生.国际化对新兴市场企业创新能力的影响:基于不同维度的交互作用［J］.科技进步与对策,2016,33(5):91 – 96.

[79] BOLY V,MOREL L,RENAUD J,et al. Innovation in low tech SMBs:evidence of a necessary constructivist approach[J]. Technovation,2000,20(3):161 – 168.

[80] Kodama M. Innovation and knowledge creation through leadership-based strategic community: case study on high-tech company in Japan [J]. Technovation,2007,27(3):115 – 132.

[81] HUNG R Y Y, LIEN B Y H, YANG B, et al.. Impact of TQM and organizational learning on innovation performance in the high-tech industry [J]. International Business Review,2011,20(2):213 – 225.

[82] VERDU A J,TAMAYO I,RUIZ M A. The moderating effect of environmental uncertainty on the relationship between real options and technological innovation in high-tech firms[J]. Technovation,2012,32(9 – 10):579 – 590.

[83] 曹勇,蒋振宇,孙合林,等. 知识溢出效应、创新意愿与创新能力:来自战略性新兴产业企业的实证研究[J]. 科学学研究,2016,34(1):89 – 98.

[84] MARRA A,ANTONELLI P,POZZI C. Emerging green-tech specializations and clusters:a network analysis on technological innovation at the metropolitan level[J]. Renewable and Sustainable Energy Reviews,2017(67):1037 – 1046.

[85] 唐惠英,周宗放. 基于粗集:熵值法的高新技术企业自主创新能力评价[J]. 统计与决策,2008(11):167 – 169.

[86] 刘晶,孙利辉,王军. 高新技术企业技术创新能力评价研究[J]. 科研管理,2009,30(S1):19 – 23.

[87] 张目,周宗放. 高新技术企业自主创新能力的评价[J]. 统计与决策,2009(11):46 – 48.

[88] 吴其叶,肖飞. 高新技术企业研发中心创新能力的局部测度与评价实证研究[J]. 科技进步与对策,2010,27(14):117 – 120.

[89] 贺明,夏恩君,刘伊雯. 基于 DEA 方法的中关村科技园区创新能力评价分析[J]. 科技进步与对策,2010,27(9):106 – 109.

[90] 梅强,范茜. 基于 BP 神经网络的高新技术企业自主创新能力评价研究[J]. 科技管理研究,2011(11):1 – 4.

[91] 杜丹丽,曾小春. 速度特征视角的我国高新技术企业创新能力动态综合评价研究[J]. 科研管理,2017,38(7):44 – 53.

［92］ 肖海莲,覃嘉敏. 基于异质性的创新能力评价研究:以广东省高新技术企业为例[J]. 科技管理研究,2018(8):72 - 79.

［93］ STOREY D J,TETHER B S. Public policy measures to support new technology - based firms in the European Union[J]. Research Policy, 1998, 26 (9): 1037 - 1057.

［94］ FONTES M,COOMBS R. Contribution of new technology - based firms to the strengthening of technological capabilities in intermediate economies[J]. Research Policy,2001,30(1):79 - 97.

［95］ LÖFSTEN H,LINDELÖF P. Science parks and the growth of new technology - based firms:academic - industry links, innovation and markets[J]. Research Policy,2002,31(6):859 - 876.

［96］ LÖFSTEN H,LINDELÖF P. R&D networks and product innovation patternsl: academic and non-academic new technology - based firms on science parks [J]. Technovation,2005,25(9):1025 - 1037.

［97］ FUKUGAWA N. Science parks in Japan and their value - added contributions to new technology - based firms[J]. International Journal of Industrial Organization,2006,24(2):381 - 400.

［98］ 马月婷,张德,段苏桓. 影响高科技企业创新能力的文化价值观研究[J]. 中国软科学,2007(6):63 - 68.

［99］ CASSON P D,MARTIN R,NISAR T M. The financing decisions of innovative firms [J]. Research in International Business and Finance,2008,22(2):208 - 221.

［100］ 朱建新,冯志军. 高新技术企业自主创新环境要素构成及测度研究[J]. 科学学与科学技术管理,2009,30(8):65 - 71.

［101］ 洪伟,元桥一之,曾国屏. 与大学为邻能否提高创新能力:以清华科技园的高科技中小企业为例[J]. 科学学与科学技术管理,2011,32(6):52 - 58.

［102］ 马伟红. 税收激励与政府资助对企业 R&D 投入影响的实证研究:基于上市高新技术企业的面板数据[J]. 科技进步与对策,2011,28(17):111 - 114.

［103］ SADEGHI A,AZAR A,RAD R S. Developing a fuzzy group AHP model for prioritizing the factors affecting success of high-tech SME's in Iran:a case study [J]. Procedia - Social and Behavioral Sciences,2012,62(24):957 - 961.

[104] 庞瑞芝,薛宁,丁明磊. 中国创新型试点企业创新效率及其影响因素研究:基于 2006—2010 年创新型试点企业非平衡面板数据的实证考察[J].产业经济研究,2012(5):1 – 11.

[105] 夏冠军,陆根尧. 资本市场促进了高新技术企业研发投入吗:基于中国上市公司动态面板数据的证据[J].科学学研究,2012,30(9):1370 – 1377.

[106] 邢夫敏. FDI 嵌入集群情境下本土高新技术企业创新投入的影响因素研究:以长三角地区为例[J].科技管理研究,2013(13):127 – 132.

[107] TEIXEIRA A A C,TAVARES-LEHMANN A T. Human capital intensity in technology – based firms located in Portugal:does foreign ownership matter? [J]. Research Policy,2014,43(4):737 – 748.

[108] WONGLIMPIYARAT J. New economics of innovation:Strategies to support high-tech SMEs[J]. The Journal of High Technology Management Research,2015,26(2):186 – 195.

[109] 翟淑萍,毕晓方. 高管持股、政府资助与高新技术企业研发投资:兼议股权结构的治理效应[J].科学学研究,2016,34(9):1371 – 1380.

[110] 李静,马宗国. 基于 RJVs 的我国中小企业自主创新能力影响因素研究[J].科技管理研究,2016(8):14 – 20.

[111] 王淑娟,叶蜀君,解方圆. 金融发展、金融创新与高新技术企业自主创新能力:基于中国省际面板数据的实证分析[J].软科学,2018,32(3):10 – 15.

[112] 陈传康. 区域概念及其研究途径[J].中原地理研究,1986(1):10 – 14.

[113] 阿尔夫雷德·赫特纳. 地理学:它的历史、性质和方法[M].王兰生,译. 北京:商务印书馆,1983.

[114] LOSCH A. The nature of economic regions[J]. Southern Economic Journal,1938,5(1):71 – 78.

[115] 艾德加 M 胡佛. 区域经济学导论[M].王翼龙,译. 北京:商务印书馆,1990.

[116] 崔功豪,魏清泉,陈宗兴. 区域分析与划分[M].北京:高等教育出版社,1999.

[117] 郝寿义,安虎森. 区域经济学[M].北京:经济科学出版社,1999.

[118] 黄鲁成. 关于区域创新系统研究内容的探讨[J].科研管理,2000,21(2):

43 – 47.

[119] 吴殿廷. 区域经济学[M]. 北京:科学出版社,2003.

[120] DEWAR M,EPSTEIN D. Planning for "Mega regions" in the United States [J]. Journal of Planning Literature,2007(22):108 – 124.

[121] BEHRENS K,THISSE J F. Regional economics:a new economic geography perspective[J]. Regional Science and Urban Economics,2007,37(4):457 – 465.

[122] 刘凤霞. 基于 SPA 的高新技术企业 R&D 人员绩效评价与激励研究[D]. 天津:天津大学,2005.

[123] 曹兴,李佳. 高科技企业发展特征、影响因素及其环境分析[J]. 中国软科学,2003(7):58 – 63.

[124] 胡鞍钢,任皓. 中国高技术产业如何赶超美国[J]. 中国科学院院刊,2016,31(12):1355 – 1365.

[125] SCHUMPETER J A. The theory of economic development[M]. Cambridge:Harvard University Press,1934.

[126] THOMPSON D L. Survey data as evidence in trademark infringement cases [J]. Journal of Marketing Research,1965,2(1):64 – 73.

[127] DRUCKER P F. Innovation and entrepreneur ship[M]. New York:Harper & Row Publishers,1985.

[128] JESSUA C,LABROUSSE C,VITRY D. Dicionar de tiine economice[M]. Bucureti:Editura Arc,2006.

[129] GRUBLER A,WILSON C. Energy technology innovation:learning from historical successes and failures [M]. Cambridge:Cambridge University Press,2014.

[130] GRAFSTRM J,LINDMAN A. Invention, innovation and diffusion in the European wind power sector [J]. Technological Forecasting and Social Change,2017(114):179 – 191.

[131] BERS J A,DISMUKES J P,MILLER L K, et al. Accelerated radical innovation:theory and application[J]. Technological Forecasting and Social Change,2009,76(1):165 – 177.

[132] 克莱顿·克里斯坦森,杰夫·戴尔,赫尔·葛瑞格森. 创新者的基因 [M]. 曾佳宁,译. 北京:中信出版社,2013.

[133] FREEMAN C. Economics of industrial innovation [M]. Middlesex: Penguin,1974.

[134] HENDERSON R,CLARK K B. Architectural innovation:the reconfiguration of existing product technologies and the failure of established firms [J]. Administrative Science Quarterly,1990,35(1):9 – 30.

[135] Anon. Oslo Manual[M]. 3rd ed. . Pairs:OECD Publishing,2005.

[136] 彭新敏,吴晓波,吴东. 基于二次创新动态过程的企业网络与组织学习平衡模式演化:海天 1971—2010 年纵向案例研究[J]. 管理世界,2011(4):138 – 149.

[137] 解学梅,曾赛星. 科技产业集群持续创新的周期演化机理和关联模式研究[J]. 研究与发展管理,2008,20(1):52 – 58.

[138] 邢小强,周江华,全允桓. 包容性创新:概念、特征与关键成功因素[J]. 科学学研究,2013,31(6):923 – 931.

[139] 拉里·唐斯,保罗·纽恩斯. 大爆炸式创新[M]. 粟之敦,译. 杭州:浙江人民出版社,2014.

[140] FRANCIS D,BESSANT J. Targeting innovation and implications for capability development[J]. Technovation,2005,25(3):171 – 183.

[141] CHANDLER A D,HAGSTROM P,SOLVELL O. The dynamic firm:the role of technology, strategy, organization, and regions [M]. New York:Oxford University Press,1998.

[142] XU Z,LIN J,LIN D. Networking and innovation in SMEs:evidence from guangdong province,China [J]. Journal of Small Business and Enterprise Development,2008,15(4):788 – 801.

[143] NGO L V,CASS A. Creating value offerings via operant resource – based capabilities[J]. Industrial Marketing Management,2009(38):45 – 59.

[144] LEMASSON P,WEIL B,HATCHUEL A. Strategic management of innovation and design[M]. New York:Cambridge University Press,2010.

[145] HOGAN S J,SOUTAR G N,MCCOLL-KENNEDY J R,et al. Reconceptualizing

professional service firm innovation capability：scale development［J］. Industrial Marketing Management,2011,40(8):1264 − 1273.

［146］ SAUNILA M,UKKO J. Intangible aspects of innovation capability in SMEs：impacts of size and industry［J］. Journal of Engineering and Technology Management,2014(33):32 − 46.

［147］ 张军,许庆瑞,张素平. 企业创新能力内涵、结构与测量：基于管理认知与行为导向视角［J］. 管理工程学报,2014,28(3):1 − 10.

［148］ 盛伟忠,陈劲. 制造业中小企业创新能力测度指标研究［J］. 管理工程学报,2015,29(4):49 − 55.

［149］ SOLO C S. Innovation in the capitalist process：a critique of the schumpeterian theory［J］. Quarterly Journal of Economics,1951,65(3):417 − 428.

［150］ MYERS S,MARQUIS D G. Successful industrial innovation：a study of factors underlying innovation in selected firms［M］. Washington D C：National Science Foundation,1969.

［151］ UTTERBACK J M. Innovation in industry and the diffusion of technology［J］. Science,1974,183(4125):620 − 626.

［152］ MUESER R. Identifying technical innovations［C］. Engineering Management IEEE Transactions on,1985,32(4):158 − 176.

［153］ 傅家骥. 技术创新学［M］. 北京：清华大学出版社,1998.

［154］ 吴贵生. 技术创新管理［M］. 北京：清华大学出版社,2002.

［155］ 陈劲,陈钰芬. 企业技术创新绩效评价指标体系研究［J］. 科学学与科学技术管理,2006,27(3):86 − 91.

［156］ 许庆瑞. 研究、发展与技术创新管理［M］. 北京：高等教育出版社,2010.

［157］ 魏江,许庆瑞. 企业技术能力与技术创新能力之关系研究［J］. 科研管理,1996,17(1):22 − 26.

［158］ BURGELMAN R,MAIDIQUE M A,WHEELWRIGHT S C. Strategic management of technology and innovation［M］. New York：McGraw − Hill,2004.

［159］ KOGUT B,ZANDER U. Knowledge of firm,combinative capability and the replication of technology［J］. Organization Science,1992,3(3):383 − 397.

［160］ LALL S. Technological capabilities and industrialization［J］. World development,1992,20(2):165 - 186.

[161] ADLER P S, SHENBAR A. Adapting your technological base: the organizational challenge[J]. Sloan Management Review,1990(25):25 - 37.

[162] BARTON D L. Core capability and core rigidities:a paradox in managing new product development[J]. Strategic Management Journal,1992,13(S1):111 - 125.

[163] 陈力田. 企业技术创新能力演进规律研究:基于适应性演化和协同视角[D]. 杭州:浙江大学,2012.

[164] 石惠,甘仞初. 高技术企业技术能力演化规律研究及实证分析[J]. 科技进步与对策,2006(10):75 - 78.

[165] 陈力田,赵晓庆,魏致善. 企业创新能力的内涵及其演变:一个系统化的文献综述[J]. 科技进步与对策,2012,29(14):154 - 160.

[166] NOURSE H O. Regional economics[M]. New York:McGraw - Hill,1968.

[167] BEHRENS K,THISSE J F. Regional economics:a new economic geography perspective[J]. Regional Science and Urban Economics,2007,37(4):457 - 465.

[168] 亚当·斯密. 国民财富的性质和原因的研究[M].郭大力,王亚南,译. 北京:商务印书馆,1972.

[169] 杨吾扬,梁进社. 高等经济地理学[M]. 北京:北京大学出版社,1997.

[170] 刘卫东. 经济地理学与空间治理[J]. 地理学报,2014,69(8):1109 - 1116.

[171] PFEFFER J,SALANCIK G R. The external control of organizations:a resource dependence perspective [M]. Palo Alto: Stanford University Press,2003.

[172] HELFAT C E,PETERAF M A. The dynamic resource - based view:capability lifecycles[J]. Strategic Management Journal,2003,24(10):997 - 1010.

[173] LUTHANS F. Introduction to management:a contingency approach[M]. New York:McGraw - Hill,1976.

[174] RIVKIN J W. Imitation of complex strategies [J]. Management Science,2000,46(6):824 - 844.

[175] MILGROM P R, ROBERTS J. The economics of modern manufacturing: technology, strategy, and organization [J]. American Economic Review,

1990,80(3):511 – 528.

[176] COLLIS D J,MONTGOMERY C A. Competing on resource:strategy in 1990s
[J]. Harvard Business Review,1995,73(4):7 – 8.

[177] HANNAN M T,FREEMAN J H. The population ecology of organizations[J].
American Journal of Sociology,1977,82(5):929 – 964.

[178] MARSDEN P V. Introducing influence processes into a system of collective
decisions[J]. American Journal of Sociology,1981(86):1203 – 1235.

[179] GRANOVETTER M. Economic action and social structure: the problem of
embeddedness [J]. The American Journal of Sociology, 1985, 91 (3):
481 – 510.

[180] UZZI B. Social structure and competition in interfirm networks:the paradox of
embeddedness[J]. Administrative Science Quarterly,1997,42(1):35 – 67.

[181] 孙骞,欧光军. 双重网络嵌入与企业创新绩效:基于吸收能力的机制研究
[J]. 科研管理,2018,39(5):67 – 76.

[182] WUYTS S, GEYSKENS I. The formation of buyer-supplier relationships:
detailed contract drafting and close partner selection [J]. Journal of
Marketing,2005,69(4):103 – 117.

[183] ZUKIN S, DIMAGGIO P. Structures of capital: the social organization of
economy[M]. Cambridge:Cambridge University Press,1990.

[184] GRANOVETTER M. Economic institutions as social constructions: a
framework for analysis[J]. Acta Sociologica,1992,35(1):3 – 11.

[185] HAGEDOORN J. Understanding the cross-level embeddedness of interfirm
partnership formation [J]. Mathematical Social Sciences, 2006, 31 (3):
670 – 680.

[186] PACKARD G, ARIBARG A, ELIASHBERG J, et al. The role of network
embeddedness in film success [J]. International Journal of Research in
Marketing,2016,33(2):328 – 342.

[187] ROWLEY T, BEHRENS D, KRACKHARDT D. Redundant governance
structures:an analysis of structural and relational embeddedness in the steel
an semiconductor industries [J]. Strategic Management Journal, 2000, 21

(3):369 – 386.

[188] BONACICH P. Power and centrality：a family of measures[J]. American Journal of Sociology,1987(92):1170 – 1182.

[189] RAYMOND E S. Cathedral and the bazaar:musings on linux and open source by an accidental revolutionary[M]. Sebastopol:O'Reilly & Associates,2001.

[190] YANG H L,CHENG H H. Creativity of student information system projects：from the perspective of network embeddedness[J]. Computers & Education,2010,54(1):209 – 221.

[191] 陈强. 高级计量经济学及 Stata 应用[M]. 2 版. 北京:高等教育出版社,2014.

[192] ROSENBLATT M. Remarks on some nonparametric estimates of a density function[J]. Annals of Mathematical Statistics,1956,27(6):832 – 837.

[193] 张军,许庆瑞. 知识积累、创新能力与企业成长关系研究[J]. 科学学与科学技术管理,2014,35(8):86 – 95.

[194] 魏江,徐蕾. 知识网络双重嵌入、知识整合与集群企业创新能力[J]. 管理科学学报,2014,17(2):34 – 47.

[195] 曹勇,蒋振宇,孙合林,等. 知识溢出效应、创新意愿与创新能力:来自战略性新兴产业企业的实证研究[J]. 科学学研究,2016,34(1):89 – 98.

[196] 孙玉涛,李苗苗. 企业技术创新能力培育的区域性因素:基于战略性新兴产业上市公司的实证分析[J]. 科学学与科学技术管理,2013,34(8):129 – 137.

[197] 沈能,赵增耀. 集聚动态外部性与企业创新能力[J]. 科研管理,2014,35(4):1 – 9.

[198] 傅利平,李永辉. 政府补贴、创新能力与企业存续时间[J]. 科学学研究,2015,33(10):1496 – 1503.

[199] 刘思明,侯鹏,赵彦云. 知识产权保护与中国工业创新能力:来自省级大中型工业企业面板数据的实证研究[J]. 数量经济与技术经济研究,2015(3):40 – 57.

[200] AKKERMANS D,CASTALDI C,LOS B. Do 'liberal market economies' really innovate more radically than 'coordinated market economies'？:Hall

and Soskice reconsidered[J]. Research Policy,2009,38(1):181 – 191.

[201] KRAMMER S M S. Drivers of national innovation in transition:evidence from a panel of Eastern European countries[J]. Research Policy,2009,38(5): 845 – 860.

[202] 李蕊,巩师恩. 开放条件下知识产权保护与我国技术创新:基于1997—2010年省级面板数据的实证研究[J]. 研究与发展管理,2013,25(3):1 – 9.

[203] KRAMMER S M S. Do good institutions enhance the effect of technological spillovers on productivity? Comparative evidence from developed and transition economies[J]. Technological Forecasting and Social Change,2015 (94):133 – 154.

[204] SCHNEIDER M R,SCHULZE-BENTROP C,PAUNESCU M. Mapping the institutional capital of high-tech firms:a fuzzy-set analysis of capitalist variety and export performance[J]. Journal of International Business Studies,2010, 41(2):246 – 266.

[205] MALIK T H. Varieties of capitalism, innovation performance and the transformation of science into exported products:a panel analysis [J]. Technological Forecasting and Social Change,2017(118):324 – 333.

[206] SHARMA A,IYER G R,MEHROTRA A,et al. Sustainability and business-to-business marketing:a framework and implications[J]. Industrial Marketing Management,2010,39(2):330 – 341.

[207] SONG M,DROGE C,HANVANICH S,et al. Marketing and technology resource complementarity:an analysis of their interaction effect in two environmental contexts[J]. Strategic Management Journal,2005,26(3):259 – 276.

[208] 郭亚军. 综合评价理论、方法及拓展[M]. 北京:科学出版社,2012.

[209] 章穗,张梅,迟国泰. 基于熵权法的科学技术评价模型及其实证研究[J]. 管理学报,2010,7(1):34 – 42.

[210] 杨力,刘程程,宋利,等. 基于熵权法的煤矿应急救援能力评价[J]. 中国软科学,2013(11):185 – 192.

[211] 张俊光,宋喜伟,杨双. 基于熵权法的关键链项目缓冲确定方法[J]. 管理评论,2017,29(1):211 – 219.

［212］戚湧,李千目.科学研究绩效评价的理论与方法［M］.北京:科学出版社,2009.

［213］VÁSQUEZ-URRIAGO A R,BARGE-GIL A,RICO A M. Science and technology parks and cooperation for innovation:empirical evidence from Spain［J］. Research Policy,2016,45(1):137 - 147.

［214］DÍEZ-VIAL I,MONTORO-SÁNCHEZ A. How knowledge links with universities may foster innovation:the case of a science park ［J］. Technovation,2016(50 - 51):41 - 52.

［215］ZHANG G Y,ZHAO S K,XI Y J,et al. Relating science and technology resources integration and polarization effect to innovation ability in emerging economies:an empirical study of Chinese enterprises ［J］. Technological Forecasting and Social Change,2017(15):117 - 120.

［216］杨龙志,刘霞.区域间技术转移存在"马太效应"吗?:省际技术转移的驱动机制研究［J］.科学学研究,2014,32(12):1820 - 1827.

［217］张颖熙,夏杰长.区域市场开放与地区服务业增长:基于省级面板数据的动态分析［J］.产业经济研究,2013(5):35 - 44.

［218］PIPEROPOULOS P,WU J,WANG C Q. Outward FDI,location choices and innovation performance of emerging market enterprises［J］. Research Policy,2018,47(1):232 - 240.

［219］LIU X H,ZOU H. The impact of greenfield FDI and mergers and acquisitions on innovation in Chinese high-tech industries［J］. Journal of World Business,2008,43(3):352 - 364.

［220］MULLER E,ZIMMERMANN V. The importance of equity finance for R&D activity［J］. Small Business Economics,2009,33(3):303 - 318.

［221］AYYAGARI M,DEMIRGUC-KUNT A,MAKSIMOVIC V. Firm innovation in emerging markets:the role of finance,governance,and competition ［J］. Journal of Financial and Quantitative Analysis,2011,46(6):1545 - 1580.

［222］马光荣,刘明杨,恩艳.银行授信、信贷紧缩与企业研发［J］.金融研究,2014(7):76 - 93.

［223］MASKARA P K,MULLINEAUX D J. Information asymmetry and self-selection bias in bank loan announcement studies[J]. Journal of Financial Economics,2011,101(3):684 - 694.

[224] 胡宗义,刘亦文,袁亮. 金融均衡发展对经济可持续增长的实证研究[J]. 中国软科学,2013(7):25 - 38.

[225] 李苗苗,肖洪钧,赵爽. 金融发展、技术创新与经济增长的关系研究:基于中国的省市面板数据[J]. 中国管理科学,2015,23(1):162 - 169.

[226] DOH S, KIM B. Government support for SME innovations in the regional industries:the case of government financial support program in South Korea [J]. Research Policy,2014,43(9):1557 - 1569.

[227] SZCZYGIELSKI K, GRABOWSKI W, PAMUKCU M T, et al. Does government support for private innovation matter? Firm-level evidence from two catching-up countries[J]. Research Policy,2017,46(1):219 - 237.

[228] 顾元媛,沈坤荣. 地方政府行为与企业研发投入:基于中国省际面板数据的实证分析[J]. 中国工业经济,2012(10):77 - 88.

[229] BLOMQVIST L, HARA V, KOIVUNIEMI J, et al. Towards networked R&D management:the R&D approach of sonera corporation as an example[J]. R&D Management,2004,34(5):591 - 603.

[230] JIAO H,KOO C K,CUI Y. Legal environment,government effectiveness and firms' innovation in China:examining the moderating influence of government ownership[J]. Technological Forecasting and Social Change, 2015 (96): 15 - 24.

[231] CHATURVEDI K, CHATAWAY J, WIELD D. Policy, markets and knowledge:strategic synergies in indian pharmaceutical firms[J]. Technology Analysis and Strategic Management,2007,19(5):565 - 588.

[232] ANG J B. Financial reforms,patent protection,and knowledge accumulation in India[J]. World Development,2010,38(8):1070 - 1081.

[233] 张志文. 区域创新文化促进高技术产业集群发展机理研究[J]. 科技进步与对策,2009,26(7):23 - 26.

[234] 李海,张勉. 企业文化是核心竞争力吗?:文化契合度对企业绩效的影响 [J]. 中国软科学,2012(4):125 - 134.

[235] 徐建平,王重鸣.创业精神的区域文化特征:基于浙江的实证研究[J].科学学与科学技术管理,2008,29(12):141-145.

[236] ZAHRA S A,SAPIENZA H J,DAVIDSSON P. Entrepreneurship and dynamic capabilities:a review,model and research agenda[J]. Journal of Management Studies,2006,43(4):917-955.

[237] TEECE D J. Dynamic capabilities:routines versus entrepreneurial action[J]. Journal of Management Studies,2012,49(8):1395-1401.

[238] 德鲁克 彼得 F.创业精神与创新:变革时代的管理原则与实践[M].柯政,译.北京:工人出版社,1989.

[239] TOBLER W. A computer movie simulating urban growth in the Detroit region [J]. Economic Geography,1970(46):234-240.

[240] ANSELIN L. Spatial econometrics:methods and models[M]. Dordrecht:Kluwer Academic Publishers,1988.

[241] ANSELIN L,FLORAX R. Small sample properties of tests for spatial dependence in regression models:some further results[J]. New Directions in Spatial Econometrics,1995(12):112-118.

[242] 王锐淇.我国区域技术创新能力空间相关性及扩散效应实证分析:基于1997—2008年空间面板数据[J].系统工程理论与实践,2012,32(11):2419-2432.

[243] 项歌德,朱平芳,张征宇.经济结构、R&D投入及构成与R&D空间溢出效应[J].科学学研究,2011,29(2):206-214.

[244] 李欣,何艳芬,马超群,等.中国FDI时空演变及影响因素研究[J].经济地理,2013,33(10):20-27.

[245] 部慧,梁小珍,皮理.我国金融业区域发展差异的空间统计分析[J].系统工程理论与实践,2014,34(5):1171-1180.

[246] 钟炜.税收优惠与FDI的时空分析:基于税收优惠信号理论的实证研究[J].财经研究,2006,32(8):124-134.

[247] 徐清.知识产权保护强度的空间分布及其决定因素:基于31个省(市)面板数据的空间计量研究[J].世界经济研究,2013(9):23-29.

[248] 郭琪,贺灿飞,史进.空间集聚、市场结构对城市创业精神的影响研究:基

于 2001—2007 年中国制造业的数据[J]. 中国软科学, 2014（5）: 107 - 117.

[249] GOODCHILD M. Integrating GIS and spatial data analysis: problems and possibilities[J]. International Journal of Geographical Information Systems, 1992,6(5):407 - 423.

[250] MORAN P A P. The interpretation of statistical maps[J]. Journal of the Royal Statistical Society B,1948,10(2):243 - 251.

[251] CLIFF A, ORD K. Testing for spatial autocorrelation among regression residuals[J]. Geographical Analysis,1972,4(3):267 - 284.

[252] 李丹,杨建君. 关系嵌入的二元性及其对机会主义基础假设的调节机理研究[J]. 南开管理评论,2017,20(4):129 - 139.

[253] UZZI B. Embeddedness in the making of financial capital: how social relations and networks benefit firms seeking financing[J]. American Sociological Review,1999,64(4):481 - 505.

[254] 张敏,张一力. 任务紧迫性下关系嵌入、情绪劳动及个体创新行为的关系研究[J]. 管理工程学报,2015,29(2):19 - 30.

[255] 杨玲丽,万陆. 关系制约产业转移吗？："关系嵌入 - 信任 - 转移意愿"的影响研究[J]. 管理世界,2017(7):35 - 49.

[256] BLYLER M, COFF R W. Dynamic capabilities, social capital, and rent appropriation: ties that spit pies[J]. Strategic Management Journal,2003,24 (7):677 - 686.

[257] LIN J L,FANG S C,FANG S R,et al. Network embeddedness and technology transfer performance in R&D consortia in Taiwan[J]. Technovation,2009,29 (11):763 - 774.

[258] LEVIN D Z,CROSS R. The strength of weak ties you can trust: the mediating role of trust in effective knowledge transfer[J]. Management Science,2004, 50(11):1477 - 1490.

[259] RANGAN S. The problem of search and deliberation in economic action: when social networks really matter[J]. Academy of Management Review,2000,25 (4):813 - 828.

[260] WILLIAMSON O E. Transaction cost economics:the governance of contractual relations[J]. Journal of Law and Economics,1979,22(2):233 – 261.

[261] 赵辉,田志龙.伙伴关系、结构嵌入与绩效:对公益性 CSR 项目实施的多案例研究[J].管理世界,2014(6):142 – 156.

[262] BATJARGAL B. Social capital and entrepreneurial performance in Russia:a longitudinal study[J]. Organization Studies,2003,24(4):535 – 556.

[263] FLEMING L, CHEN D, MINGO S. Collaborative brokerage, generative creativity,and creative success[J]. Administration Science Quarterly,2007, 52(3):443 – 475.

[264] COLEMAN J. Foundations of social theory[M]. Cambridge:Belknap,1990.

[265] 钱锡红,杨永福,徐万里.企业网络位置、吸收能力与创新绩效:一个交互效应模型[J].管理世界,2010(5):118 – 129.

[266] GULATI R. Network location and learning:the influence of network resources and firm capabilities on alliance formation [J]. Strategic Management Journal,1999,20(5):397 – 420.

[267] 戴勇,朱桂龙,刘荣芳.集群网络结构与技术创新绩效关系研究:吸收能力是中介变量吗？[J].科技进步与对策,2018,35(9):16 – 22.

[268] 尹隽,郑青青,葛世伦,等.信息系统"功能任务网络"中位置及关系特征对企业信息系统使用的影响研究[J].系统工程理论与实践,2018,38(2):444 – 457.

[269] 付雅宁,刘凤朝,马荣康.发明人合作网络影响企业探索式创新的机制研究:知识网络的调节作用[J].研究与发展管理,2018,30(2):21 – 32.

[270] LANE C,BACHMANN R. The social constitution of trust:supplier relations in Britain and Germany[J]. Organization Studies,1996,17(3):365 – 395.

[271] ENGEL D, FIER A. Does R&D-infrastructure attract high-tech start-ups? [R]. ZEW Discussion Paper,No. 00 – 30,2000.

[272] 俞园园,梅强.基于组织合法性视角的产业集群嵌入创业研究[J].科学学与科学技术管理,2014,35(5):91 – 99.

[273] 罗兴武,项国鹏,宁鹏,等.商业模式创新如何影响新创企业绩效？:合法性及政策导向的作用[J].科学学研究,2017,35(7):1073 – 1084.

［274］ CINGANO F, PINOTTI P. Trust, firm organization, and the pattern of comparative advantage［J］. Journal of International Economics, 2016 (100): 1 – 13.

［275］ WIKLUND J, SHEPHERD D. Knowledge – based resources, entrepreneurial orientation, and the performance of small and medium – sized businesses［J］. Strategic Management Journal, 2003, 24 (13): 1307 – 1314.

［276］ PARK S H, LUO Y D. Guanxi and organizational dynamics: organizational networking in Chinese firms［J］. Strategic Management Journal, 2001, 22 (2): 455 – 477.

［277］ BOBILLO A M, LÓPEZ-ITURRIAGA F, TEJERINA-GAITE F. Firm performance and international diversification: the internal and external competitive advantages［J］. International Business Review, 2010, 19 (6): 607 – 618.

［278］ PARK S, LUO Y. Guanxi and organizational dynamics: organizational networking in Chinese firms［J］. Strategic Management Journal, 2001, 22 (5): 455 – 477.

［279］ HOANG H, ANTONCIC B. Network-based research in entrepreneurship: a critical review［J］. Journal of Business Venturing, 2003, 18 (2): 165 – 187.

［280］ MAMUNEAS T P, NADIRI M I. Public R&D policies and cost behavior of the US manufacturing industries［J］. Journal of Public Economics, 1996, 63 (1): 57 – 81.

［281］ SNIJDERS T A B, BOSKER R J. Multilevel analysis: an introduction to basic amd advanced multilevel modeling［M］. London: Sage, 1999.

［282］ COURGEAU D. Methodology and epistemology of multilevel analysis: approaches from different social sciences［M］. Norwell: Kluwer Academic Publisher, 2003.

［283］ 张京. 变革型领导与员工绩效的跨层次研究［D］. 北京: 中国地质大学, 2013.

［284］ 张玉喜, 赵丽丽. 政府支持和金融发展、社会资本与科技创新企业融资效率［J］. 科研管理, 2015, 36 (11): 55 – 63.

[285] 王辉,常阳.组织创新氛围、工作动机对员工创新行为的影响[J].管理科学,2017,30(3):51-62.

[286] 刘泱,朱伟,赵曙明.包容型领导风格对雇佣关系氛围和员工主动行为的影响研究[J].管理学报,2016,13(10):1482-1489.

[287] JAYAWARDHENA C,WRIGHT L T,MASTERSON R. An investigation of online consumer purchasing [J]. Qualitative Market Research:An International Journal,2003,6(1):58-65.

[288] BOLLEN K A. Structural equations with latent variables[M]. New York:Wliey,1989.

[289] 荣泰生.AMOS与研究方法[M].重庆:重庆大学出版社,2009.

[290] 张方华.网络嵌入影响企业创新绩效的概念模型与实证分析[J].中国工业经济,2010(4):110-119.

[291] CHIEN S H,CHEN Y H,HSU C Y. Exploring the impact of trust and relational embeddedness in E-marketplaces:an empirical study in Taiwan[J]. Industrial Marketing Management,2012,41(3):460-468.

[292] WORLD BANK. China-enterprise survey 2012[R]. Reference ID:CHN_2012_ES_v01_M,2012.

[293] 邢红萍,卫平.中国战略性新兴产业企业技术创新行为模式研究:基于全国七省市企业调查问卷[J].经济学家,2013(4):56-65.

[294] BLOMSTROM M,KOKKO A. Multinational corporations and spillovers[J]. Journal of Economic Surveys,1998,12(3):247-277.

[295] MALLICK R,CHAKRABORTY A. Credit gap in small business:some new evidence[R]. Working Paper from Econpapers,2002.

[296] 孙继红,武建龙,徐玉莲,等.促进战略性新兴企业自主创新的税收优惠政策重要性排序:基于企业调查问卷的实证研究[J].科技与管理,2013,15(4):1-5.

[297] 胡允银,邓蕾,吴海虹.基于SEM的中国知识产权形象要素构成评析[J].经济问题探索,2015(11):48-53.

[298] 周亚越,俞海山.区域农村青年创业与创业文化的实证研究:以宁波为例[J].中国农村经济,2005(8):37-44.

［299］蒋天颖,张一青,王俊江.企业社会资本与竞争优势的关系研究:基于知识的视角［J］.科学学研究,2010,28(8):1212 – 1221.

［300］OKSENBERG L,CANNELL C,KALTON G. New strategies for pretesting survey questions［J］. Journal of Official Statistics,1991,7(3):349 – 365.

［301］KELLY T G. The selection of upper and lower groups for the validation of test items［J］. Journal of Education Psychology,1939,30(1):17 – 24.

［302］CURETON E E. The upper and lower twenty-seven percent rule［J］. Psychometrika,1957,22(3):293 – 296.

［303］SOMERS T M,NELSON K,KARIMI J. Confirmatory factor analysis of the end-user computing satisfaction instrument:replication within an ERP domain ［J］. Decision Sciences,2003,34(3):595 – 621.

［304］KLINE R B. Principles and practice of structural equation modeling［M］. 2nd ed. . New York:Guilford,2005.

［305］PODSAKOFF P M,MACKENZIE S B,LEE J Y,et al. Commonmethod biases in behavioral research:a critical review of the literature and recommended remedies［J］. Journal of Applied Psychology,2003,88(5):879 – 903.

［306］PODSAKOFF P M,ORGAN D W. Self-reports in organizational research:problems and prospects［J］. Journal of Management,1986,12(4):531 – 544.

［307］FORNELL C,LARCKER D F. Structural equation models with unobservable variables and measurement errors［J］. Journal of Marketing Research,1981,18(2):39 – 50.

［308］HAIR J F J,ANDERSON R E,TATHAM R L,et al. Multivariate data analysis ［M］. 7th ed. . Englewood Cliffs:Prentice Hall,2009.

［309］JAMES J R,DEMAREE R G,WOLF G. Estimating within group interrater reliability with and without response bias［J］. Journal of Applied Psychology,1984,69(1):85 – 98.

［310］LEBRETON J M,SENTER J L. Answers to 20 questions about interrater reliability and interrater agreement［J］. Organizational Research Methods,2008,11(4),815 – 852.

［311］罗胜强,姜嬿. 管理学问卷调查研究方法［M］. 重庆:重庆大学出版社,2014.

［312］邱皓政. 量化研究法(二):统计原理与分析技术［M］. 台北:双叶书廊图书公司,2005.

［313］王凤彬,杨阳. 跨国企业对外直接投资行为的分化与整合:基于上市公司市场价值的实证研究［J］. 管理世界,2013(3):148 – 171.

［314］任颋,茹璟,尹潇霖. 所有制性质、制度环境与企业跨区域市场进入战略选择［J］. 南开管理评论,2015,18(2):51 – 63.

［315］赵晶,孟维烜. 官员视察对企业创新的影响:基于组织合法性的实证分析［J］. 中国工业经济,2016(9):109 – 126.

［316］温福星. 阶层线性模型的原理与应用［M］. 北京:中国轻工业出版社,2009.

［317］方杰,张敏强,邱皓政. 基于阶层线性理论的多层级中介效应［J］. 心理科学进展,2010,18(8):1329 – 1338.

［318］DAWSON J F,RICHTER A W. Probing three-way interactions in moderated multiple regression:development and application of a slope difference test［J］. Journal of Applied Psychology,2006,91(4):917 – 926.

附　　录

区域软环境对高新技术企业创新能力的影响调查问卷

尊敬的先生/女士:

您好!

非常感谢您参与本次问卷的填答。此调查问卷旨在了解区域软环境(区域科技环境、区域市场环境、区域金融环境、区域政府环境、区域法律环境、区域文化环境)对高新技术企业创新能力的影响,探索高新技术企业网络嵌入行为(关系嵌入、结构嵌入)与区域软环境的交互作用对高新技术企业创新能力的影响效果,进而更好地帮助我们提升中国高新技术企业的创新能力。

此问卷采用匿名作答的方式,调查结果会受到严格保密。我们郑重承诺,本次问卷采集到的数据资料仅用于本课题组纯粹的学术研究,不存在任何的商业用途。同时,我们也保证不会将您的个人信息,以及您所填写的问卷资料透漏给任何第三方,因此您不必有任何顾虑。请根据您所在企业和自己的实际情况如实填写,填写前请仔细阅读填写说明,真实表达您的意见,您所提供的资料对我们的学术研究会有很大的帮助。

感谢您花费宝贵的时间来完成这份问卷,再次对您的参与和帮助表示衷心的感谢!

哈尔滨工程大学经济管理学院

国家社会科学基金项目(11CGL040)课题组

2016 年 6 月

【填写说明】

请根据贵企业的实际情况以及您个人的实际情况进行填写或选择;选择部分为单项选择,在您认为合适的选项处打钩(✓)。

【您的基本信息】

☞您的职位_____

☞性别　□男　□女

☞婚姻情况　□已婚　□未婚

☞年龄　□30 岁及以下　□31～40 岁　□41～50 岁　□50 岁以上

☞学历　□大专及以下　□本科　□研究生

【您所在企业的基本信息】

☞企业所在城市_____

☞您所在企业的成立年限

□5 年以内　□6～10 年　□11～20 年　□20 年以上

☞您所在企业的性质

□国有或国有控股企业　□民营企业　□三资企业　□其他

☞您所在企业的企业规模

□小型企业　□中型企业　□大型企业

☞您所在企业的所属行业

□医药制造业　□航空航天器及设备制造业　□电子及通信设备制造业

□计算机及办公设备制造业　□医疗仪器设备及仪器仪表制造业

□信息化学品制造业　□其他行业_____

【调查问卷的主要题项】

☞网络嵌入

☞关系嵌入部分

01.与竞争对手相比,本企业与所在区域网络内的其他企业、机构的交流合作更频繁。

　　□非常不同意 □很不同意 □不同意 □不确定 □同意 □很同意 □非常同意

02.与竞争对手相比,本企业与所在区域网络内的其他企业、机构有更长期的交流合作关系。

□非常不同意 □很不同意 □不同意 □不确定 □同意 □很同意 □非常同意

03. 与竞争对手相比,本企业与所在区域网络内的其他企业、机构彼此间更加信任。

□非常不同意 □很不同意 □不同意 □不确定 □同意 □很同意 □非常同意

☞结构嵌入部分

04. 与竞争对手相比,本企业与所在区域网络内的其他企业、机构均保持沟通联系。

□非常不同意 □很不同意 □不同意 □不确定 □同意 □很同意 □非常同意

05. 与竞争对手相比,本企业在区域网络内的表现异常活跃。

□非常不同意 □很不同意 □不同意 □不确定 □同意 □很同意 □非常同意

06. 与竞争对手相比,本企业在区域网络内经常扮演关键角色。

□非常不同意 □很不同意 □不同意 □不确定 □同意 □很同意 □非常同意

07. 与竞争对手相比,本企业在区域网络内处于一个中心位置。

□非常不同意 □很不同意 □不同意 □不确定 □同意 □很同意 □非常同意

☞区域软环境

☞区域科技环境部分

08. 与竞争对手相比,本企业所在区域的基础研究研发资金投入更多。

□非常不同意 □很不同意 □不同意 □不确定 □同意 □很同意 □非常同意

09. 与竞争对手相比,本企业所在区域的产品开发(设计)研发资金投入更多。

□非常不同意 □很不同意 □不同意 □不确定 □同意 □很同意 □非常同意

10. 与竞争对手相比,本企业所在区域的工艺设计研发资金投入更多。

□非常不同意 □很不同意 □不同意 □不确定 □同意 □很同意 □非常

同意

☞区域市场环境部分

11. 与竞争对手相比,本企业所在区域的外资企业数量更多。

□非常不同意 □很不同意 □不同意 □不确定 □同意 □很同意 □非常同意

12. 与竞争对手相比,本企业所在区域的外资企业技术保密性更高。

□非常不同意 □很不同意 □不同意 □不确定 □同意 □很同意 □非常同意

13. 与竞争对手相比,本企业所在区域的外资企业产品市场占有率更高。

□非常不同意 □很不同意 □不同意 □不确定 □同意 □很同意 □非常同意

☞区域金融环境部分

14. 与竞争对手相比,本企业所在区域从银行获得贷款更容易。

□非常不同意 □很不同意 □不同意 □不确定 □同意 □很同意 □非常同意

15. 与竞争对手相比,本企业所在区域从银行获得足额贷款更容易。

□非常不同意 □很不同意 □不同意 □不确定 □同意 □很同意 □非常同意

16. 与竞争对手相比,本企业所在区域从银行贷款被要求的抵押、担保更少。

□非常不同意 □很不同意 □不同意 □不确定 □同意 □很同意 □非常同意

☞区域政府环境部分

17. 与竞争对手相比,本企业所在区域的政府在企业研发方面的税收优惠力度更大。

□非常不同意 □很不同意 □不同意 □不确定 □同意 □很同意 □非常同意

18. 与竞争对手相比,本企业所在区域的政府在企业产品出口方面的税收优惠力度更大。

□非常不同意 □很不同意 □不同意 □不确定 □同意 □很同意 □非常同意

19. 与竞争对手相比,本企业所在区域的政府在企业生产、销售等方面的税收优惠力度更大。

　　□非常不同意 □很不同意 □不同意 □不确定 □同意 □很同意 □非常同意

☞区域法律环境部分

20. 与竞争对手相比,本企业所在区域的知识产权法律制度体系更完善。

　　□非常不同意 □很不同意 □不同意 □不确定 □同意 □很同意 □非常同意

21. 与竞争对手相比,本企业所在区域的知识产权行政保护力度更大。

　　□非常不同意 □很不同意 □不同意 □不确定 □同意 □很同意 □非常同意

22. 与竞争对手相比,本企业所在区域的知识产权司法保护力度更高。

　　□非常不同意 □很不同意 □不同意 □不确定 □同意 □很同意 □非常同意

☞区域文化环境部分

23. 与竞争对手相比,勇于创新是本企业所在区域创业文化的核心精神。

　　□非常不同意 □很不同意 □不同意 □不确定 □同意 □很同意 □非常同意

24. 与竞争对手相比,本企业所在区域的创业与创业文化、创业精神的关联度更高。

　　□非常不同意 □很不同意 □不同意 □不确定 □同意 □很同意 □非常同意

25. 与竞争对手相比,诚实守信、遵纪守法是本企业所在区域创业价值观的集中体现。

　　□非常不同意 □很不同意 □不同意 □不确定 □同意 □很同意 □非常同意

☞高新技术企业创新能力

26. 与竞争对手相比,本企业对企业外部技术变化趋势有正确的反应。

　　□非常不同意 □很不同意 □不同意 □不确定 □同意 □很同意 □非常同意

27. 与竞争对手相比,本企业具有很强的获取企业外部新知识的能力。
□非常不同意 □很不同意 □不同意 □不确定 □同意 □很同意 □非常同意

28. 与竞争对手相比,本企业很好地将学来的知识与既有技术进行集成。
□非常不同意 □很不同意 □不同意 □不确定 □同意 □很同意 □非常同意

29. 与竞争对手相比,本企业将新技术应用于产品中以更好满足市场需求。
□非常不同意 □很不同意 □不同意 □不确定 □同意 □很同意 □非常同意

——————————调查问卷填写结束！再次感谢您的配合！——————————

后　记

　　高新技术企业是国家创新驱动发展战略实施的重要主体,高新技术企业创新能力的提升对于产业结构优化升级,激发全社会创新活力和深化国家创新体系建设具有重要意义。由于生产要素空间分布与流动存在区域差异,不同地区内的高新技术企业创新能力也相应存在差异,区域软环境对高新技术企业创新能力具有重要影响。因此,准确识别影响高新技术企业创新能力的关键区域软环境要素,进而探索区域软环境对高新技术企业创新能力的影响效果和影响机理,对提升中国高新技术企业整体创新能力和创新绩效水平、增强高新技术企业整体竞争实力、促进高新技术企业持续健康成长具有重要的理论价值和实践意义。本书按照"问题提出—理论分析—影响机理与实证检验—对策研究"的研究脉络,通过层层深入的研究与分析,得出以下研究结论:

　　第一,通过文献研究并结合高新技术企业自身特点提出区域软环境的构成要素,构建了区域软环境对高新技术企业创新能力影响的分析框架。首先,对区域与区域软环境、高新技术企业的内涵与特征、创新能力与高新技术企业创新能力等相关概念进行了界定、说明与辨析。对研究所涉及的理论如区域经济学、经济地理学、资源依赖理论、网络嵌入理论等进行了梳理与阐述,并结合本书研究主题进行了相关解析。其次,紧密围绕中国高新技术企业自身特点,提出了影响高新技术企业创新能力的区域软环境包括区域科技环境、区域市场环境、区域金融环境、区域政府环境、区域法律环境、区域文化环境等六方面。最后,构建了区域软环境对高新技术企业创新能力影响的分析框架,该框架主要包括高新技术企业创新能力发展态势的分析、影响高新技术企业创新能力的关键区域软环境要素识别、区域软环境对高新技术企业创新能力的影响效果分析、区域软环境对高新技术企业创新能力的跨层次影响机理分析等四个研究要点。

　　第二,对中国高新技术企业创新能力的发展在时间和空间两个层面进行了深入分析。为了深入了解中国高新技术企业创新能力的发展水平,基于中国大陆地区 30 个省(自治区、直辖市)的统计年鉴数据,采用核密度估计法对高新技术企业创新能力的发展态势进行了描述与分析。研究发现,从时间上来看,中国高新技术企业创新能力已由收敛趋于扩散,高新技术企业创新能力存在着极化发展的趋势。从空间上来看,四大地区高新技术企业创新能力呈现出不同的发展态势。东北地区高新技术企业创新能力可能存在极化的发展趋势;西部地区高新技术企业创新能力呈现均衡的发展趋势;东部地区和中部地区的高新技术企业创新能力呈现由均衡发展向极化发展的趋势。为了提高高新技术企业创新资源获取的有效性,提高创新资源投入的针对性,最大限度提高高新技术企业创新能力的稳定性、高效性、可持续性,通过构建影响高新技术企业创新能力的区域软环境要素指标体系,利用熵权法确定指标权重,通过对指标权重进行排序,识别了影响高新技术企业创新能力提升的关键区域软环境要素。研究发现,区域科技研发资金投入力度、区域市场开放程度、区域融资便利程度、区域政府对企业税收优惠扶持力度、区域知识产权保护力度、区域内的创业精神等六个区域软环境要素对高新技术企业创新能力具有重要影响。

第三,采用空间滞后模型对高新技术企业创新能力的影响效果及地区影响效果差异进行了空间计量检验。基于统计年鉴数据,采用空间滞后模型对中国大陆地区 30 个省(直治区、直辖市)高新技术企业创新能力开展了空间计量分析。研究发现,高新技术企业创新能力具有显著正向的空间相关性,呈现"高－高"和"低－低"的聚集效应;从全国范围来看,区域科技环境、区域金融环境、区域政府环境、区域文化环境对高新技术企业创新能力有显著促进作用。进一步就区域软环境对高新技术企业创新能力影响效果的地区差异进行了分析。研究发现,不同地区内各区域软环境对高新技术企业创新能力的影响差异显著。区域科技环境在四大地区对高新技术企业创新能力有显著促进作用;区域市场环境在西部地区对高新技术企业创新能力有显著抑制作用,在其他地区未产生影响;区域金融环境在西部地区和东北地区对高新技术企业创新能力有显著促进作用,在其他地区未产生影响;区域政府环境在东部地区对高新技术企业创新能力有显著促进作用,在其他地区未产生影响;区域法律环境在东部地区对高新技术企业创新能力有显著促进作用,在其他地区未产生影响;区域文化环境在东部地区和西部地区对高新技术企业创新能力有显著促进作用,在其他地区未产生影响。

第四，构建了区域软环境对高新技术企业创新能力影响的跨层次模型。根据网络嵌入理论，提出了关系嵌入、结构嵌入、区域软环境（区域科技环境、区域市场环境、区域金融环境、区域政府环境、区域法律环境、区域文化环境）、高新技术企业创新能力四个变量彼此间的相关假设。构建了以关系嵌入和结构嵌入为外生变量、高新技术企业创新能力为内生变量、区域软环境为调节变量的跨层次模型。在此基础上，采用问卷调查的方式进行相关研究数据的搜集，并就问卷设计、问卷预试、问卷发放和回收进行了说明及相关检验。同时，进一步对涉及问卷同质性问题、同源偏差问题、问卷量表的信效度、跨层次数据的聚合问题等进行了检验，以上检验均获得通过，由此说明区域软环境对高新技术企业创新能力影响的调查问卷满足本书的研究需要。

第五，采用跨层次模型分析就区域软环境对高新技术企业创新能力的跨层次影响机理进行了检验。基于318份高新技术企业调查问卷的实证研究发现，关系嵌入对高新技术企业创新能力有显著正向影响，结构嵌入对高新技术企业创新能力有显著正向影响；区域科技环境在关系嵌入与高新技术企业创新能力间起正向调节作用，区域金融环境在关系嵌入与高新技术企业创新能力间起正向调节作用，区域政府环境在关系嵌入与高新技术企业创新能力间起正向调节作用，区域文化环境在关系嵌入与高新技术企业创新能力间起正向调节作用，区域市场环境在关系嵌入与高新技术企业创新能力间的调节作用未能得到验证，区域法律环境在关系嵌入与高新技术企业创新能力间的调节作用未能得到验证；区域科技环境在结构嵌入与高新技术企业创新能力间起正向调节作用，区域政府环境在结构嵌入与高新技术企业创新能力间起正向调节作用，区域市场环境在结构嵌入与高新技术企业创新能力间的调节作用未能得到验证，区域金融环境在结构嵌入与高新技术企业创新能力间的调节作用未能得到验证，区域法律环境在结构嵌入与高新技术企业创新能力间的调节作用未能得到验证，区域文化环境在结构嵌入与高新技术企业创新能力间的调节作用未能得到验证。

第六，从政府和企业两个层面分别提出了促进中国高新技术企业创新能力提升的对策及建议。在优化区域软环境方面的政府对策建议包括针对区域科技环境要优化区域科技资金配置水平，具体包括进一步加大区域科技资金的投入力度，进一步强化区域科技资金的使用效率，进一步完善区域科技资金的管理水平;针对区域市场环境要规范区域外商企业引入制度,具体包括不断推进政府自身廉政建设水平,不断优化外商企业的引入结构,不断完善外商企业负面清单制度;针对区域金融环境要完善区域融资平台体系建设,具体包括鼓励银行等金融机构打造高新技术企业专属融资产品,拓宽企业融资渠道,推广知识产权抵押融资模式,积极引导和规范技术创新专项基金的发展与运行;针对区域政府环境要提高区域税收优惠政策效力,具体包括进一步丰富政府"一揽子"税收工具,充分发挥税收优惠政策的引导效应,深化政府效能改革与提升税收优惠政策精准性并举,从严把控税收源头,加强税收优惠政策的宣传力度;针对区域法律环境要推进区域产权保护深入落实,具体包括强化知识产权执法力度,树立高新技术企业法治观念与法治意识,增强区域间的产权执法合作;针对区域文化环境要培育区域创业精神落地生根,具体包括弘扬"双创"精神,彰显榜样力量,增强创业意识,营造创业氛围,强化创业教育,提升创业能力。

在促进创新能力提升方面的企业对策建议包括强化高新技术企业诚信体系建设,具体包括提高企业诚信意识,树立企业诚信观念,完善企业管理制度,确立诚信考核机制,增强企业的社会责任感和使命意识;提升高新技术企业自身能力建设,具体包括完善并强化高新技术企业创新能力,大力拓展人才引入渠道,完善并强化高新技术企业经营能力;加紧高新技术企业内部环境建设,具体包括不断提高高新技术企业科技能力建设水平,不断增强高新技术企业与政府、银行等的沟通协调能力,不断完善高新技术企业知识产权保护制度,不断培育企业创业精神,发展企业创新文化。

由于个人水平、研究条件和篇幅所限,本书还存在以下几方面局限性,有待于进一步开展深入的后续研究。首先,影响高新技术企业创新能力提升的潜在区域软环境要素尚可进一步挖掘和提炼,进一步增补和完善影响高新技术企业创新能力的区域软环境要素指标体系。其次,本书在研究区域软环境对高新技术企业创新能力的跨层次影响机理中所使用的量表仍具有进一步完善的空间,在后续研究中也可进一步拓展样本数据的发放渠道,扩大样本适用范围以进一步提高样本数据的质量。最后,在未来的研究中可针对不同的省份,考虑选取不同省域内典型的高新技术企业作为案例分析对象,就区域软环境对高新技术企业创新能力的影响机理做进一步的深入探讨与分析。上述不足之处和有待完善的地方,都将是著者未来的关注重点和思考、研究的方向。